中学教科書ワーク　学習カード
ポケットスタディ
対義語

Pocket Study

国語

対義語は？

☆☆☆

一　般
〈いっぱん〉

意味　広く全体にいきわたっていること。

例文　一般の読者の意見を集めて，発表する。

対義語は？

☆☆☆

往　路
〈おうろ〉

意味　行きに通る道。

例文　往路は上り坂が続いた。

2

対義語は？

☆☆

革　新
〈かくしん〉

意味　古いやり方を改め新しくすること。

例文　通信技術の革新が進んでいる。

3

対義語は？

☆☆☆

拡　大
〈かくだい〉

意味　より大きく広げること。

例文　写真を拡大する。

4

対義語は？

☆☆

既　知
〈きち〉

意味　既《すで》に知っていること。

例文　既知の生物には当てはまらない。

5

対義語は？

☆☆☆

許　可
〈きょか〉

意味　願いを聞き入れて，許すこと。

例文　体育館を使用する許可が下りる。

6

対義語は？

☆☆☆

偶　然
〈ぐうぜん〉

意味　たまたま起こること。

例文　ばったり会うなんて，偶然だね。

7

対義語は？

☆☆☆

具　体
〈ぐたい〉

意味　目に見える形をもっていること。

例文　具体的に希望を述べる。

8

対義語は？

☆☆☆

形　式
〈けいしき〉

意味　決まったしかた。見かけ。

例文　同じ形式で書類を作成する。

9

対義語は？

☆☆☆

決　定
〈けってい〉

意味　はっきりと決まること。

例文　今年の目標が決定する。

10

対義語は？

☆☆☆

原　因
〈げんいん〉

意味　物事が生じるもとになるもの。

例文　失敗した原因は，無理をしすぎたからだ。

11

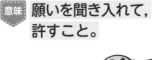

使い方

- ミシン目で切り取り，穴をあけてリングなどを通して使いましょう。
- カード１枚で１組の対義語が覚えられます。それぞれが反対の面の答えです。

対義語は？

☆☆☆

特殊
〈とくしゅ〉

意味 **普通《ふつう》とは違《ちが》っていること。**

ポイント
「特殊」の類義語は「特別」。

対義語は？

☆☆

保守
〈ほしゅ〉

意味 **今までのやり方を守ること。**

ポイント
「革新」の「革」は,「改める」という意味を表す。

対義語は？

☆☆☆

未知
〈みち〉

意味 **まだ知らないこと。**

ポイント
「既《き》」は「すでに起きていること」,「未」は「まだ～ない」という意味。

対義語は？

☆☆☆

必然
〈ひつぜん〉

意味 **必ずそうなること。**

ポイント
「偶然《ぐうぜん》」の「偶」は「たまたま」の意味,「必然」の「必」は「かならず」の意味。

対義語は？

☆☆☆

内容
〈ないよう〉

意味 **言葉などで表されたもの。中身。**

ポイント
「形式的」で，中身がなくうわべだけという意味を表すときの対義語は「実質的」。

対義語は？

☆☆☆

結果
〈けっか〉

意味 **あることから生じた事柄《ことがら》。**

ポイント
「物事の原因と結果」という意味を一語で表したのが,「因果」。

対義語は？

☆☆☆

復路
〈ふくろ〉

意味 **帰り道。**

ポイント
「往復」は，反対の意味の字を組み合わせた熟語。「行って帰ること」という意味。

対義語は？

☆☆☆

縮小
〈しゅくしょう〉

意味 **より小さく縮めること。**

ポイント
「拡大」の類義語は「拡張」。どちらも対義語は「縮小」になる。

対義語は？

☆☆☆

禁止
〈きんし〉

意味 **やってはいけないと止めること。**

ポイント
「許可」は打ち消しの語を付けて「不許可」という対義語を作れる。

対義語は？

☆☆☆

抽象
〈ちゅうしょう〉

意味 **共通項《こう》を抜《ぬ》き出してまとめること。**

ポイント
「具体的・抽象的」「具体化・抽象化」などと使われる。「具体」の類義語は「具象」。

対義語は？

☆☆☆

未定
〈みてい〉

意味 **まだ決まらないこと。**

ポイント
「文化祭の日時は未定だ。」のように使う。「未定」の対義語には「既定《きてい》」もある。

対義語は？

☆☆

建　設

〈けんせつ〉

意味　建物などを新たに作ること。

例文　大規模な橋の建設計画。

12

対義語は？

☆☆☆

権　利

〈けんり〉

意味　決まりで認められた資格。

例文　意見を述べる権利がある。

13

対義語は？

☆☆☆

肯　定

〈こうてい〉

意味　そのとおりであると認めること。

例文　事実関係を肯定する。

14

対義語は？

☆☆☆

質　疑

〈しつぎ〉

意味　疑問点を尋《たず》ねること。

例文　最後に質疑の時間を設けます。

15

対義語は？

☆☆☆

集　中

〈しゅうちゅう〉

意味　一つにまとめること。

例文　集中して夏休みの課題を進める。

16

対義語は？

☆☆

重　視

〈じゅうし〉

意味　大切であると考えること。

例文　人柄《ひとがら》を重視して決める。

17

対義語は？

☆☆☆

収　入

〈しゅうにゅう〉

意味　お金が入ること。

例文　毎月の収入を記録する。

18

対義語は？

☆☆☆

主　観

〈しゅかん〉

意味　自分だけの見方・考え方。

例文　主観を入れずに検討する。

19

対義語は？

☆☆☆

守　備

〈しゅび〉

意味　守ること。

例文　ゴール前の守備を固める。

20

対義語は？

☆☆☆

需　要

〈じゅよう〉

意味　必要な物を求めること。

例文　果物の需要が増える。

21

対義語は？

☆☆

慎　重

〈しんちょう〉

意味　注意深く，物事を行うこと。

例文　荷物を慎重に運ぶ。

22

対義語は？

☆☆☆

成　功

〈せいこう〉

意味　物事がうまくいくこと。

例文　宇宙計画が成功する。

23

対義語は？

☆☆☆

義務

〈ぎむ〉

意味 決まりでしなければならないこと。

ポイント

「勤労は国民の義務である。」のように使う。

対義語は？

☆☆

破壊

〈はかい〉

意味 壊《こわ》すこと。壊れること。

ポイント

「建設的」(物事をよくしようと積極的に臨《のぞ》む)⟷「破壊的」(物事を打ち壊す)。

対義語は？

☆☆☆

応答

〈おうとう〉

意味 尋《たず》ねられたことに答えること。

ポイント

「質疑」の類義語は「質問」。「質疑応答」という四字熟語で使うことも多い。

対義語は？

☆☆☆

否定

〈ひてい〉

意味 そうではないと打ち消すこと。

ポイント

「肯《こう》」には「うなずく・聞き入れる」，「否」には「認めない」という意味がある。

対義語は？

☆☆

軽視

〈けいし〉

意味 大切ではないと軽く見ること。

ポイント

対《つい》である「重」⟷「軽」を使った熟語は，「重度」⟷「軽度」，「重厚《じゅうこう》」⟷「軽薄《けいはく》」など。

対義語は？

☆☆☆

分散

〈ぶんさん〉

意味 分かれて散らばること。

ポイント

「集中」を精神的なものに使う場合の対義語は「散漫《さんまん》」。

対義語は？

☆☆☆

客観

〈きゃっかん〉

意味 自分の考えを入れずに見ること。

ポイント

「主客」とすると「主なものと付け足し」の意で，「主客《しゅかく》転倒《てんとう》」という四字熟語がある。

対義語は？

☆☆☆

支出

〈ししゅつ〉

意味 お金を支払《しはら》うこと。

ポイント

「収」には「お金が入ること」，「支」には「支払うこと」という意味がある。

対義語は？

☆☆☆

供給

〈きょうきゅう〉

意味 必要な物を与《あた》えること。

ポイント

経済用語の「需要《じゅよう》」は市場から物を買おうとすること，「供給」は市場に物を出して売ること。

対義語は？

☆☆☆

攻撃

〈こうげき〉

意味 攻《せ》めること。

ポイント

「攻守《こうしゅ》」(攻めることと守ること）という熟語も覚えよう。

対義語は？

☆☆☆

失敗

〈しっぱい〉

意味 物事をやり損《そこ》なうこと。

ポイント

ことわざ「失敗は成功のもと」は，「失敗から学ぶことが，後の成功につながる」意。

対義語は？

☆☆☆

軽率

〈けいそつ〉

意味 深く考えず，物事を行うこと。

ポイント

「軽率」は，「軽卒」と書かないように注意する。

対義語は？

☆☆☆

生　産

〈せいさん〉

意味　生活に必要な物を作ること。

例文　町には，りんごを生産する農家が多い。

24

対義語は？

☆☆

精　密

〈せいみつ〉

意味　細かなところまで正確であること。

例文　精密な機械を組み立てる。

25

対義語は？

☆☆☆

積　極

〈せっきょく〉

意味　物事を自ら進んですること。

例文　体育祭の運営に積極的に関わった。

26

対義語は？

☆☆

前　進

〈ぜんしん〉

意味　前に進むこと。

例文　作品の完成に向けて，一歩前進する。

27

対義語は？

☆☆☆

全　体

〈ぜんたい〉

意味　ある事柄《ことがら》の全て。

例文　学校全体で，美化運動に取り組む。

28

対義語は？

☆☆☆

増　加

〈ぞうか〉

意味　増えること。

例文　市の人口は年々増加している。

29

対義語は？

☆☆☆

総　合

〈そうごう〉

意味　多くのものを一つにまとめること。

例文　みんなの考えを総合して発表する。

30

対義語は？

☆☆

創　造

〈そうぞう〉

意味　新しいものを初めて作り出すこと。

例文　新たな舞台《ぶたい》を創造する。

31

対義語は？

☆☆☆

相　対

〈そうたい〉

意味　他のものとの関係で成り立つこと。

例文　相対的に女性の人数が多い。

32

対義語は？

☆☆☆

単　純

〈たんじゅん〉

意味　込《こ》み入っていないこと。

例文　単純な発想だが，着眼点がおもしろい。

33

対義語は？

☆☆☆

長　所

〈ちょうしょ〉

意味　優《すぐ》れているところ。

例文　彼《かれ》の長所はおおらかなところだ。

34

対義語は？

☆☆☆

直　接

〈ちょくせつ〉

意味　間に何も入れないこと。

例文　会場へ直接連絡《れんらく》してください。

35

対義語は？

☆☆

粗　雑

〈そざつ〉

意味 荒《あら》っぽくていいかげんなこと。

ポイント

「粗《そ》」「雑《ざつ》」は，どちらも「雑で，丁寧《ていねい》でない様子」を表す。

対義語は？

☆☆☆

消　費

〈しょうひ〉

意味 物などを使ってなくすこと。

ポイント

「生産者」⟷「消費者」という使い方もある。

対義語は？

☆☆

後　退

〈こうたい〉

意味 後ろへ下がること。

ポイント

「前」⟷「後」，「進」⟷「退」と，それぞれの漢字も対《つい》の関係になっている。

対義語は？

☆☆☆

消　極

〈しょうきょく〉

意味 物事を自ら進んでしないこと。

ポイント

「積極的・消極的」，「積極性・消極性」などと使う。「積極的」の類義語は「意欲的」。

対義語は？

☆☆☆

減　少

〈げんしょう〉

意味 減ること。

ポイント

「増えることと減ること」を一語で示すのが「増減」。

対義語は？

☆☆☆

部　分

〈ぶぶん〉

意味 幾《いく》つかに分けたうちの一つ。

ポイント

「全体」には「全部」「全面」，また「部分」には「一部」の類義語がある。

対義語は？

☆☆☆

模　倣

〈もほう〉

意味 まねること。似せること。

ポイント

「先生のお手本を模倣して書道の練習をした。」のように使う。

対義語は？

☆☆☆

分　析

〈ぶんせき〉

意味 細かく分けて調べること。

ポイント

「分析」の「析」には，「細かく分ける」という意味がある。

対義語は？

☆☆☆

複　雑

〈ふくざつ〉

意味 込《こ》み入っていること。

ポイント

「単純」の類義語の「簡単」も「複雑」の対義語である。

対義語は？

☆☆☆

絶　対

〈ぜったい〉

意味 他に比べるものがないこと。

ポイント

接尾語《せつび》「的」（～の性質をもつ）を付けて，「相対的」⟷「絶対的」のように使われる。

対義語は？

☆☆☆

間　接

〈かんせつ〉

意味 間に別のものを入れること。

ポイント

「彼《かれ》を間接的に知っている。」とは，他の人から彼のことを聞いて知っている，の意。

対義語は？

☆☆☆

短　所

〈たんしょ〉

意味 劣《おと》っているところ。

ポイント

「長所」＝「美点」⟷「短所」＝「欠点」。

対義語は？

☆☆☆

鈍 感

〈どんかん〉

意味 感じ方が鈍《にぶ》いこと。

例文 弟は痛みに鈍感だ。

36

対義語は？

☆☆☆

能 動

〈のうどう〉

意味 自分から働きかけること。

例文 何事にも能動的に挑戦《ちょうせん》したい。

37

対義語は？

☆☆

平 凡

〈へいぼん〉

意味 ありふれていること。

例文 平凡な仕上がりの曲だった。

38

対義語は？

☆☆☆

便 利

〈べんり〉

意味 役に立って，都合がよいこと。

例文 この道具は，とても便利だね。

39

対義語は？

☆☆

有 名

〈ゆうめい〉

意味 世間によく知られていること。

例文 祖父は剣道《けんどう》の達人として有名だ。

40

対義語は？

☆☆☆

有 利

〈ゆうり〉

意味 都合がよいこと。得なこと。

例文 人数の多いチームが有利だ。

41

対義語は？

☆☆☆

容 易

〈ようい〉

意味 たやすいこと。易しいこと。

例文 工夫《くふう》して持ち運びが容易な形状にした。

42

対義語は？

☆☆☆

楽 観

〈らっかん〉

意味 物事は全てうまくいくと思うこと。

例文 試験前は，必ず合格すると楽観的な気持ちでいた。

43

対義語は？

☆☆☆

利 益

〈りえき〉

意味 もうけ。役に立つこと。

例文 バザーの利益は全額寄付した。

44

対義語は？

☆☆☆

理 性

〈りせい〉

意味 冷静に，筋道立てて判断する能力。

例文 理性に従って行動する。

45

対義語は？

☆☆☆

理 想

〈りそう〉

意味 考えられる限り最も望ましい状態。

例文 理想の部屋になるように，模様替《が》えした。

46

対義語は？

☆☆☆

冷 静

〈れいせい〉

意味 気持ちが落ち着いている様子。

例文 冷静に判断して，状況《じょうきょう》を捉《とら》える。

47

対義語は？

☆☆☆

受　動

〈じゅどう〉

意味　他からの働きかけを受けること。

ポイント

「受動的な態度の参加者が多い。」のように，「的」を付けて使うことが多い。

対義語は？

☆☆☆

敏　感

〈びんかん〉

意味　感じ方がすばやいこと。

ポイント

「鈍《どん》」は，「にぶい」のほか，「とがっていない」意もあり，対《つい》になる字は「鋭《えい》」。

対義語は？

☆☆☆

不　便

〈ふべん〉

意味　便利でないこと。都合が悪いこと。

ポイント

「不」は，言葉の前に付けて「〜ない」と打ち消す意味を表す。

対義語は？

☆☆☆

非　凡

〈ひぼん〉

意味　普通《ふつう》よりかなり優《すぐ》れていること。

ポイント

「非」は，言葉の前に付けて「〜ではない」と打ち消す意味を表す。

対義語は？

☆☆☆

不　利

〈ふり〉

意味　都合が悪いこと。損をしそうなこと。

ポイント

「向かい風という不利な条件の中，懸命《けんめい》に走った。」のように使う。

対義語は？

☆☆☆

無　名

〈むめい〉

意味　名が知られていないこと。

ポイント

「無」は，言葉の前に付けて「ない」ことを表す。「有無《うむ》」のように「有（ある）」と対《つい》になる。

対義語は？

☆☆☆

悲　観

〈ひかん〉

意味　物事がうまくいかないと失望すること。

ポイント

「楽観的」「悲観的」など，三字熟語でも使われる。

対義語は？

☆☆☆

困　難

〈こんなん〉

意味　とても難しいこと。

ポイント

「難しいことと易しいこと」を一語で表す熟語は「難易」。

対義語は？

☆☆☆

感　情

〈かんじょう〉

意味　心の中に起こる気持ち。

ポイント

「感情」は，喜び・悲しみ・怒《いか》り・楽しさなどの心の動きを表す。「感情的」⟷「理性的」。

対義語は？

☆☆☆

損　失

〈そんしつ〉

意味　損をすること。なくすこと。

ポイント

「損失と利益」は「損益」。「損」は「得」も対《つい》になる字で，「損得」また「損失」⟷「利得」がある。

対義語は？

☆☆☆

興　奮

〈こうふん〉

意味　気持ちが高ぶること。

ポイント

「興」は盛《さか》んになる，「奮」は心をふるい起こす，という意味。

対義語は？

☆☆☆

現　実

〈げんじつ〉

意味　いま目の前にあらわれている状態。

ポイント

「理想的」「現実的」など，三字熟語でも使われる。「現実的」は「現実に合う様子」。

光村図書版 もくじ 国語1年

【図版提供】桑原茂夫，佐藤雅彦，光村図書出版 【写真提供】アフロ，ピクスタ 【イラスト】artbox （敬称略・五十音順）

確認のワーク　ステージ1

朝のリレー

学習のねらい
● 特徴《とくちょう》的な表現を味わいながら詩を読もう。
● 情景を想像しながら読もう。

解答　1ページ

教科書の要点

1 詩の種類　この詩に合うほうに○を付けなさい。　教見返し

この詩は、用語で分類すると、現代の話し言葉で書かれているので｛ア 文語詩　イ 口語詩｝であり、形式で分類すると、各行の音数に決まりがなく、自由に書かれているので｛ア 定型詩　イ 自由詩｝である。

2 表現技法　（　）に漢数字を書き入れなさい。　教見返し

● 対句《ついく》…言葉を形や意味が対応するように並べる方法。
→第（①　）連では「……とき～する（している）」という形で、同じ組み立ての句が並んでいる。

● 倒置《とうち》…普通《ふつう》の言い方と、言葉の順序を入れかえる方法。
→第（②　）連「ぼくらは朝をリレーするのだ／経度から経度へと」

3 構成のまとめ　（　）に詩の言葉を書き入れなさい。　教見返し

まとまり		内容
第一連	地球上の具体的な様子	夜 カムチャツカの若者 →夢を見ている 朝 （①　）の娘《むすめ》 →朝もやの中 夜 ニューヨークの少女 →寝《ね》がえりをうつ 朝 （②　）の少年 →朝陽《あさひ》にウインク ▼この地球ではいつもどこかで朝がはじまっている
第二連	作者の思い	▼ぼくらは朝を（③　）する ＝ そうしていわば交替《こうたい》で地球を守る ● 眠《ねむ》る前のひととき耳をすます ● どこかで目《め》覚《ざまし》時計のベルが鳴ってる →あなたの送った朝を誰《だれ》かが受けとめた証拠《しょうこ》

おさえよう

主題　この〔ア 地球　イ 宇宙〕では、いつもどこかで〔ア 夢　イ 朝〕がはじまっている。私たちは、リレーするように新しい朝を〔ア 探して　イ 受けとめて〕は次の仲間へと送り、つながり合って生きている。

知識の泉　漢字や語句のミニクイズです。勉強の合間に取り組んでみましょう。

基本問題

次の詩を読んで、問題に答えなさい。

教見返し

朝のリレー

谷川《たにかわ》　俊太郎《しゅんたろう》

カムチャツカの若者が
きりんの夢を見ているとき
メキシコの娘《むすめ》は
朝もやの中でバスを待っている
ニューヨークの少女が
ほほえみながら寝《ね》がえりをうつとき
ローマの少年は
柱頭を染める朝陽《あさひ》にウインクする
この地球では
いつもどこかで朝がはじまっている

①ぼくらは朝をリレーするのだ
経度から経度へと
そうしていわば交替《こうたい》で地球を守る
眠《ねむ》る前のひととき耳をすますと
②どこか遠くで目覚時計《めざまし》のベルが鳴ってる
それはあなたの送った朝を
誰《だれ》かがしっかりと受けとめた証拠《しょうこ》なのだ

（＊1〜17は行の番号です。）

1 よく出る　第一連で、作者はどのようなことを伝えようとしていますか。□に当てはまる言葉を、詩の中からぬき出しなさい。

□上では、いつも必ずどこかの場所が□をむかえているということ。

2 ①ぼくらは朝をリレーするのだ　とありますが、朝をリレーすることによって、どうするというのですか。詩の中から八字でぬき出しなさい。

攻略！　第一連をまとめている部分に着目しよう。

3 記述　②どこか遠くで目覚時計のベルが鳴ってる　は、どのような様子を表していますか。書きなさい。

（　　　）

4 この詩から読み取れることとして適切なものを次から一つ選び、記号で答えなさい。

ア　地球のさまざまな場所には、異なる文化があるということ。
イ　地球の人々は、いつもいそがしい毎日を送っているということ。
ウ　私たちは同じ地球で、つながりをもって生きているということ。
エ　人々は協力し合って、地球の環境《かんきょう》を守っているということ。

（　　　）

5 よく出る　この詩を朗読するとき、第一連、第二連とも、間《ま》を取るとよいところが一か所ずつあります。それぞれ、何行目の終わりで間を取りますか。行の番号で答えなさい。

①　第一連…（　　）行目　②　第二連…（　　）行目

知識の泉　Q　ことわざ「猿《さる》も木から落ちる」の意味は？

確認のワーク ステージ1 野原はうたう

学習のねらい
- 表現の特徴《とくちょう》をおさえ、えがかれている情景を思いうかべながら読もう。
- 詩に登場する生き物の心情をとらえよう。

解答 1ページ　予想問題 138ページ

基本問題

1 次の詩を読んで、問題に答えなさい。

教p.14

あしたこそ　　たんぽぽ　はるか

ひかりを　おでこに
くっつけて
はなひらく　ひを
ゆめにみて
たんぽぽわたげが
まいあがります

とんでいこう　どこまでも
あした
たくさんの「こんにちは」に
であうために

〈工藤《くどう》 直子《なおこ》「野原はうたう」による〉

1 第一連で、たんぽぽは、どのような日を待ち望んでいますか。詩の中からぬき出しなさい。

（　　　　）

攻略！ 何を「ゆめにみて」いるのかをおさえよう。

2 とんでいこう　どこまでも　について答えなさい。

(1) 何が飛ぶのですか。（　）に当てはまる言葉を、詩の中からぬき出しなさい。

たんぽぽの（　　　　）。

(2) この部分で用いられている表現技法を次から一つ選び、記号で答えなさい。

ア 比喩《ひゆ》　イ 倒置《とうち》　ウ 対句《ついく》　エ 省略　（　　）

(3) よく出る この表現について述べた文として適切なものを次から一つ選び、記号で答えなさい。

ア 見知らぬ土地へ行くことに不安をいだき、おそるおそる出発するたんぽぽの様子を表している。
イ 新しい出会いに希望をいだいて、遠くまで飛んでいこうとする、たんぽぽの決意を強調している。
ウ 仲間とはなればなれになることをさびしく思い、旅立ちをためらうたんぽぽの気持ちを暗示している。
エ 明日のことは何も考えず、今、空を飛ぶことを楽しみたいという、たんぽぽの生き方を印象づけている。

（　　）

知識の泉 A **名人もときには失敗する。**「河童《かっぱ》の川流れ」「弘法《こうぼう》も筆の誤り」も似た意味のことわざ。

2 次の詩を読んで、問題に答えなさい。

教 p.15

おれはかまきり

かまきり りゅうじ

①おう　なつだぜ
おれは　げんきだぜ
あまり　ちかよるな
おれの　こころも　かまも
どきどきするほど
ひかってるぜ

おう　あついぜ
おれは　がんばるぜ
もえる　ひをあびて
かまを　ふりかざす　すがた
②わくわくするほど
きまってるぜ

〈工藤《くどう》　直子《なおこ》「野原はうたう」による〉

1 よく出る　①おう　なつだぜ　とありますが、「おう」や「……ぜ」といった表現は、どのような印象をあたえますか。適切でないものを次から一つ選び、記号で答えなさい。

ア　投げやりで、ふきげんな感じ。
イ　明るくて、はずむような感じ。
ウ　力強く、呼びかけているような感じ。
エ　若者らしく、生き生きとした感じ。

2 記述　②わくわくするほど／きまってるぜ　とありますが、この表現から、「かまきり　りゅうじ」のどのような気持ちが読み取れますか。わかりやすく書きなさい。

3 よく出る　この詩の特徴《とくちょう》についての説明として適切なものを次から一つ選び、記号で答えなさい。

ア　第一連は、作者からかまきりへ語りかける形になっている。
イ　第一連では、かまきりの様子が客観的にえがかれている。
ウ　第一連と第二連とで、対応する表現が多く見られる。
エ　かまきりに対する作者の思いが直接歌われている。

4 この詩は、どのように音読するのが適切ですか。次から一つ選び、記号で答えなさい。

ア　やさしくささやくように読む。
イ　ゆったりと重々しい感じで読む。
ウ　おこったように早口で読む。
エ　力強くはっきりと読む。

攻略！　「かまきり　りゅうじ」の口調を生かす読み方を考えよう。

知識の泉　Q　——線を漢字で書くと？　試ケン・ケン査・危ケン

確認のワーク ステージ1

シンシュン

［聞く］情報を的確に聞き取る

解答 2ページ ｜ スピードチェック 2ページ ｜ 予想問題 139ページ

学習のねらい
- 心情や行動を表す語句に注意して読み、人物の心情をとらえよう。
- 場面の展開に着目して読み、二人の関係の変化をとらえよう。

漢字と言葉

1 漢字の読み 読み仮名《がな》を横に書きなさい。

*は新出漢字　▼は新出音訓・◎は熟字訓

❶ *驚く　❷ *僕　❸ *嫌い　❹ 牛*丼
❺ *靴下　❻ *殴る　❼ *悔しい　❽ *黙る
❾ *離れる　❿ *怖がる　⓫ ▼謝る　⓬ ◎笑顔

2 漢字の書き 漢字に直して書きなさい。

❶ 名前が（ ちが ）う。　❷ 席を（ はな ）れる。
❸ 先生が（ おこ ）る。　❹ （ くつした ）をはく。
❺ 急に（ ふ ）り返る。　❻ しばらく（ だま ）る。

3 語句の意味 意味を下から選んで、線で結びなさい。

❶ 切りだす・　　・ア 改まって話し始める。
❷ しかめる・　　・イ みじめである。
❸ 情けない・　　・ウ 顔にしわを寄せる。

4 情報を的確に聞き取る 話を聞くとき、自分にとって必要な情報を的確にとらえるために大切なことは、何ですか。適切でないものを次から一つ選び、記号で答えなさい。

ア 目的に応じて、必要な情報は何かを考えながら聞くこと。
イ 後で確認《かくにん》できるように、相手の言葉を全てメモに取ること。
ウ 箇条《かじょう》書きにするなど、メモの取り方を工夫《くふう》すること。
エ わかりにくかったところは、質問して確認すること。　（　　）

教科書の要点　シンシュン

1 登場人物 （　）に教科書の言葉を書き入れなさい。 教 p.22

①（　　　）…語り手である「僕」。中学一年生。
②（　　　）…「僕」にそっくりな同級生。

2 あらすじ 正しい順番になるように、番号を書きなさい。 教 p.22〜27

（　）小説の話をきっかけに、「僕」たちは離れていった。
（　）「僕」たちは、前にもましておしゃべりになった。
（　）「僕」たちは、中学校入学後、すぐに仲よくなった。

二人の関係の変化に注意して読もう。

知識の泉 A 験・検・険。 「へん」の違いに注意して書き分けよう。

3 構成のまとめ

（　）に教科書の言葉を書き入れなさい。教p.22〜27

	発端《ほったん》	山場（事件）	結末
場面	教初め〜p.23・⑦ 入学直後	p.23・⑨〜25・③ 小説をめぐって	p.25・⑤〜終わり 仲直り
出来事	●「僕」は中学校の入学式で初めてシンタに会った。 ●「僕」とシンタはすぐに仲よくなった。 ↓いつもいっしょで、みんなは二人を「シンシュン」とよんだ。	●国語の授業で小説を読んだ。 ●休み時間、「僕」はシンタに小説の話を切りだした。 ●「僕」とシンタの意見がくい違った。 ●「僕」とシンタは、だんだん離れていった。	●クラスメイトに「シンタとけんかしたの。」ときかれた「僕」は、シンタに話しかけた。 ●「僕」とシンタは、前にもましておしゃべりになった。
心情や行動	僕「僕がいる。」と思った。＝そっくり シンタ「シュンタとなら、いくらでも話していられるよ。」 ▼好きなものも（①　　）なものも、笑うところも（②　　）ところも同じ。……自分自身と話しているようなものだった。	僕 すごく（③　　）だと思い、シンタに話そうと思った。 シンタ 顔をしかめた。「あれ、（④　　）だ。」 ▼「僕」は、頭をがつんと殴られたような気がしたが、思わず、シンタといっしょに（⑤　　）。 ▼悲しく、悔しかったけれども、シンタと違う自分は嫌だった。違うところがあれば、僕らはきっと（⑥　　）なる。 ▼「僕」は、シンタと話すときに迷うようになった。↓黙ってしまった。	僕 ちゃんとけんかしよう。↓「あの小説が好きなんだ。」 僕「シンタと（⑦　　）ところを発見するのが怖かったんだ。」 シンタ「僕も！」「またシュンタを傷つけるのも怖かったしさ。」 僕「だからこそ（⑧　　）よ。どうして好きなのか、どうして嫌いなのか。」 シンタ「うん。話そう。」↓自分たちが全然違う人間だと認識《にんしき》する。

おさえよう

主題 好きなものや嫌いなものが（ア 同じだ　イ 違う）からこそ仲よしだと思っていた二人の中学生が、たがいに（ア 同じ　イ 違う）人間であることを認めて、さらに友情を深めていく姿をえがいている。

知識の泉

Q「どうあつかってよいかわからず持て余す」という意味の慣用句は？　□を焼く

実力判定テストA ステージ2　シンシュン

30分

自分の得点まで色をぬろう!
100点　合格!　80　もう一歩　60　がんばろう!　0
/100

解答 2ページ

1 次の文章を読んで、問題に答えなさい。　教p.23・⑭〜24・⑨

〔「僕」(シュンタ)とシンタは、見た目も、好きなものや嫌いなものもそっくりで、仲よしだった。国語の授業で読んだ小説を好きだと思った「僕」は、シンタもその小説を好きだろうと思った。〕

休み時間、僕はいつものようにシンタの席へ行った。待ち切れなかった。わくわくしながら小説の話を切りだすと、シンタは顔をしかめた。

「①あれ、嫌いだ。」

頭をがつんと殴られたような気がした。

「暗くてさ。何が書きたいんだろう。」

僕は思わず、シンタといっしょにうなずいた。

「②そうだよな。僕も嫌い。」

その日は、ずっと苦しかった。

僕が好きなものを、シンタが嫌いと言ったことが悲しかった。「僕は好きだ。」と言えなかったことが悔しかった。でも、シンタと違う自分は嫌だった。僕たちは好きなものや嫌いなものが同じだから「シンシュン」コンビなんだ。違うところがあれば、僕らはきっといっしょにいられなくなる。それは嫌だった。③絶対に嫌だった。

〈西《にし》 加奈子《かなこ》「シンシュン」による〉

---

1 よく出る　①あれ、嫌いだ。という言葉を聞いたときの「僕」の様子を次から一つ選び、記号で答えなさい。(10点)

ア　自分の思いを否定されたので、腹を立てた。
イ　そういう感想もあるだろうなと、納得《なっとく》した。
ウ　予想外の答えに、大きなショックを受けた。
エ　なぜ嫌いなのだろうかと、興味を引かれた。

(　　)

攻略!　「頭をがつんと殴られたような気がした」ことに着目しよう。

2 ②そうだよな。僕も嫌い。と言ったことに対して、「僕」は、後でどのように思いましたか。(　)に当てはまる言葉を、文章中からぬき出しなさい。(10点)

自分が好きなものを好きだと正直に言えなかったことが、(　　)。

3 ③絶対に嫌だった。について答えなさい。

(1) よく出る　どうなることが絶対に嫌だったのですか。(　)に当てはまる言葉を、文章中からぬき出しなさい。10点×2(20点)

二人に(　　)ところがあることで、シンタと(　　)こと。

(2) 記述　「僕」が(1)のように思ったのは、シンタとコンビでいるためにはどのようなことが必要だと考えていたからですか。(15点)

(　　)

知識の泉　A 手。〈例〉やんちゃな弟に手を焼く。

2 次の文章を読んで、問題に答えなさい。

教 p.24・⑩〜25・⑪

それから僕は、シンタと話すときに迷うようになった。休み時間も放課後も、相変わらずシンタといっしょにいたけど、前みたいに話せなくなった。

僕は①あたりまえのことばかりを話した。「雨が降っているね。」とか、「あしたは一時間目から体育だね。」とか。

シンタもなんだかおかしかった。僕と同じように口数が少なくなって、僕みたいにあたりまえのことしか話さなかった。②とうとう僕らは黙ってしまった。黙ってしまうと後はただ気まずくて、だから僕たちはだんだん離れていった。

クラスのみんなは「シンシュン」コンビがいっしょにいないことを心配してくれた。でも、僕たちは自分たちに何があったのか、みんなに説明することができなかった。

ある日、クラスメイトが僕に、

「シンタとけんかしたの。」

そうきいてきた。僕はそのときこう思った。ああ、けんかできたら楽だろうな。何もしていないのに、こんなふうに気まずくなるなんて。僕は自分が情けなかった。そうだ、どうせなら、ちゃんとけんかしよう。勇気がいることだったけど、こうやって気まずいよりはましだ。僕は③シンタに話しかけた。

「シンタ。」

〈西《にし》 加奈子《かなこ》「シンシュン」による〉

---

1 よく出る ①あたりまえのこと とありますが、それはどのようなことですか。次から一つ選び、記号で答えなさい。（10点）

ア シンタが好きだとわかっていること。
イ 好き嫌いが分かれない、単なる事実。
ウ 過去に二人で話したことのある話題。
エ 「僕」が感じたありのままの気持ち。

（　　）

2 ②とうとう僕らは黙ってしまった。とありますが、この後、二人の関係はどうなりましたか。□に当てはまる言葉を、文章中からぬき出しなさい。10点×2（20点）

□□□□ なり、だんだん □□□□ いった。

3 ③シンタに話しかけた とありますが、「僕」がシンタに話しかけることにしたのは、なぜですか。次から一つ選び、記号で答えなさい。（15点）

ア あたりさわりのない話のほうが、何も話さない関係のままでいるよりはましだと思ったから。
イ 「僕」が好きな小説のよさを伝えることで、シンタにも小説を好きになってもらいたかったから。
ウ たとえ言い争いになったとしても、シンタの考えが間違っていることをはっきり伝えたかったから。
エ 今の気まずい状態が続くよりは、自分の考えを伝えたうえでぶつかり合うほうがいいと思ったから。

（　　）

攻略！ 「僕」は、「どうせなら、ちゃんとけんかしよう」と思っている。

知識の泉 Q ——線を正しく書き直すと？ 中学生を対照とした企画《きかく》である。

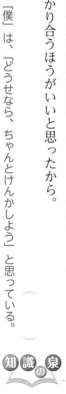

実力判定テストB ステージ3　シンシュン

次の文章を読んで、問題に答えなさい。

教p.25・⑤〜27・⑪

ある日、クラスメイトが僕に、

「シンタとけんかしたの。」

そうきいてきた。僕はそのときこう思った。ああ、けんかできたら楽だろうな。何もしていないのに、こんなふうに気まずくなるなんて。僕は自分が情けなかった。そうだ、①どうせなら、ちゃんとけんかしよう。勇気がいることだったけど、こうやって気まずいよりはましだ。僕はシンタに話しかけた。

「シンタ。」

シンタは僕を見た。ちょっと怖がっているみたいに見えた。

「僕、あの小説が好きなんだ。」

「え？」

「②あの、国語の小説。」

覚えていないかもしれない。急にこんなことを言うのは変だ。でも、そこから話をするしかなかった。僕は必死だった。だから、

「覚えているよ。」

シンタがそう言ってくれたときは驚いた。それから、こう続けたときも。

「僕が嫌いって言ったとき、シュンタが傷ついたのもわかった。」

気づいていたんだ。謝ろうとした僕より先に、シンタが③「ごめん。」と言った。


「僕たち、あれからちょっとおかしいよな。ちょっとっていうより、だいぶ。」

「うん。なんか。」

「④つまらないことばかり話してさ。」

「本当にそうだね。」

シンタと僕が久しぶりに話をしているのを、クラスメイトたちが見ているのがわかった。

でも、僕は気にしなかった。

「僕、シンタと違うところを発見するのが怖かったんだ。」

シンタも、気にしていなかった。

「僕も！」

思ったより、大きな声が出たのだろう。シンタは照れくさそうに笑った。

「またシュンタを傷つけるのも怖かったしさ。」

シンタのその笑顔《えがお》が、僕は好きだった。大好きだった。

「傷つかないよ。」

「え？」

「⑤僕の好きなものをシンタが嫌いでも、僕は傷つかないよ。あ、ううん、傷つくかもしれないけど、でも、じゃあ、だからこそ話そうよ。どうして好きなのか、どうして嫌いなのか。」

シンタはまっすぐ僕を見た。⑥僕もシンタをまっすぐに見た。僕

30分

自分の得点まで色をぬろう！
100点　合格！　80　もう一歩　60　がんばろう！　0
/100

解答 2ページ

知識の泉　A 対象。「対象」＝相手・目標。同音異義語に「対照＝比べ合わせる」「対称《たいしょう》＝つり合う」。

たちはそっくりだった。

「うん。話そう。」

そっくりだけど、全然違う人間なのだった。

「話そう。たくさん。」
⑦僕たちはそれから、前にもましておしゃべりになった。

〈西《にし》 加奈子《かなこ》「シンシュン」による〉

1 記述 ①どうせなら、ちゃんとけんかしよう　とありますが、そのために「僕」はどうしましたか。次の言葉に続けて書きなさい。（15点）

国語の小説について、

（　　　　）

2 ②あの、国語の小説。と言ったときの「僕」の様子を表している言葉を、文章中から二字でぬき出しなさい。（10点）

□□

3 ③ごめん。とありますが、シンタは何を謝ったのですか。次から一つ選び、記号で答えなさい。（10点）

ア 「僕」を傷つけたこと。　イ 「僕」に先に謝らせたこと。
ウ ずっと黙っていたこと。　エ 国語の小説が嫌いなこと。
（　　）

4 ④つまらないことばかり話してさ。について答えなさい。

(1) よく出る つまらないことばかり話したのは、なぜですか。「僕」とシンタに共通する理由について、（　）に当てはまる言葉を、文章中からぬき出しなさい。5点×2（10点）

相手と（　　　　）ところを発見するのが（　　　　）から。

(2) (1)の理由の他に、シンタがつまらないことばかり話した理由を書きなさい。（15点）
（　　　　）

5 記述 ⑤僕の好きなものをシンタが嫌い　だったときは、どうするようにしようと、「僕」は言いましたか。（15点）
（　　　　）

6 よく出る ⑥僕もシンタをまっすぐに見た。とありますが、このとき、「僕」はどういうことに気づきましたか。□に当てはまる言葉を、文章中からぬき出しなさい。（10点）

「僕」とシンタはそっくりだが、□□□□□□なのだということ。

7 レベルUP ⑦僕たちはそれから、前にもましておしゃべりになった。とありますが、ここから二人がどうなったことがわかりますか。次から一つ選び、記号で答えなさい。（15点）

ア 意見が違うことはなくなり、以前と同じ親友にもどった。
イ 相手に合わせるように努力し、けんかをさけるようになった。
ウ 違いを認め合い、相手をより理解しようとするようになった。
エ 楽しいことだけを話し、気楽に付き合えるようになった。
（　　）

知識の泉 Q 慣用句「目が回る」に意味が近い熟語は？　ア＝疲労《ひろう》　イ＝多忙《たぼう》

確認のワーク ステージ1
情報整理のレッスン　比較・分類
情報を整理して書こう　わかりやすく説明する

解答 3ページ　スピードチェック 2ページ

学習のねらい
●目的に合わせて情報を整理する方法を学ぼう。
●情報を整理してわかりやすく説明する方法を確認《かくにん》しよう。

漢字

1 漢字の読み 読み仮名《がな》を横に書きなさい。

❶ *捉える　❷ *甘えん*坊　❸ 類▼似点　❹ *椅子　❺ 付*箋　❻ ▼傷む　❼ 検*索　❽ 特*徴

*は新出漢字　▼は新出音訓・◎は熟字訓

2 漢字の書き 漢字に直して書きなさい。

❶（けんさく　）をかける。　❷ 両者を（ひかく　）する。　❸（いす　）にすわる。　❹ 内容を（とら　）える。

基本問題　情報整理のレッスン

よく出る　次の三つの参考書の紹介文《しょうかい》について、答えなさい。

A　ハイレベルな応用問題を多数収録。入試に対応可能な実力をつける！　一、二〇〇円。
B　学校の教科書の内容に対応した問題集。丁寧《ていねい》な解説付きで、基礎《きそ》からわかる！　八〇〇円。
C　入試対策に！　過去の入試問題を豊富に収録。難問には解説動画付き。　一、九八〇円。

1 A〜Cの参考書を観点別に整理し、表にまとめます。（　）に当てはまる言葉を書きなさい。

	値段	特長
A	一、二〇〇円	●ハイレベルな（①　）を収録。 ●入試に対応可能。
B	（②　）円	●（③　） ●丁寧な解説で、基礎からわかる。
C	一、九八〇円	●過去の入試問題を豊富に収録。 ●難問には（④　）付き。

2 次のような場合、A〜Cのどの参考書を選ぶのがよいと思われますか。A〜Cを比較して、それぞれ記号で答えなさい。

① 学校の授業内容の中で、苦手な部分を勉強したい。（　）
② 入試に向けて勉強したいが、値段は低くおさえたい。（　）

攻略！　1の表をもとに、値段や特長を比較して考える。

知識の泉　A イ。〈例〉開店の準備で，目が回るいそがしさだ。

★ 基本問題 情報を整理して書こう

次の文章を読んで、問題に答えなさい。

1 今日は、私のおすすめの公園である「西山親水公園」の紹介《しょうかい》をしたいと思う。おすすめのポイントは三つある。

2 一つ目は、「親水公園」の名のとおり、だれもが水に親しめるところだ。公園内には滝《たき》や小川があり、夏になると子供たちが水遊びをすることができる。

3 □は、敷地《しきち》が広大なところだ。学校の近くの「東町公園」のような遊具はないが、芝生《しばふ》におおわれた広々とした広場があり、スポーツをしたりお弁当を広げてピクニックをしたりと、自由に楽しむことができる。桜の季節には、レジャーシートを広げてくつろぐ花見客も大勢見られる。

4 三つ目は、自然が豊かなところだ。公園には水辺だけでなく林もある。季節ごとにさまざまな花がさき、チョウやトンボなどの昆虫《こんちゅう》を観察することもできる。この公園では、二十年ほど前からホタルの保護・再生活動にも取り組んでいて、近年では、夏の夜に多くのホタルの姿が見られるようになっている。

5 もうすぐ夏がやってくる。水遊び、レジャー、生き物の観察には絶好の季節だ。ぜひ一度おとずれてみてほしい。

＊1～5は段落番号です。

1 この文章の目的は、何ですか。次から一つ選び、記号で答えなさい。

ア 「西山親水公園」の特徴や魅力《みりょく》を、整理して伝えること。
イ 「東町公園」より「西山親水公園」のほうがよいと伝えること。
ウ 「西山親水公園」の取り組みへの協力を呼びかけること。
エ 「西山親水公園」への行き方や利用方法を伝えること。

（　　）

2 この文章は、「初め」「中」「終わり」という構成になっています。「中」は、どこからどこまでですか。段落番号で答えなさい。

（　　）段落 ～ （　　）段落

3 文章中の□に当てはまる言葉を、考えて三字で書きなさい。

攻略！ 段落の初めにある、順序を表す言葉に着目しよう。

4 よく出る この文章に見られる工夫《くふう》として適切なものを次から全て選び、記号で答えなさい。

ア 他の人の意見や参考文献《ぶんけん》などを挙げることで、説得力を高めている。
イ 初めに、いくつの項目《こうもく》について話すのかをはっきりと示している。
ウ 別のものと比較することで、相違点をわかりやすく説明している。
エ 楽しかった自分の体験を、5W1Hをふまえて具体的に説明している。

（　　）

知識の泉 Q 「冷たい石でも，三年すわり続ければ温まる」ことからできたことわざは？

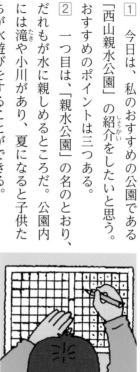

確認のワーク ステージ1

漢字1 漢字の組み立てと部首
漢字に親しもう1

解答 4ページ　スピードチェック2ページ

学習のねらい
- 漢字を組み立てている部分の名前と、表す意味を理解しよう。
- 部首による漢字の分類について理解しよう。

漢字

1 漢字の読み 読み仮名《がな》を横に書きなさい。

*は新出漢字　▼は新出音訓・◎は熟字訓

① *疲労　② 悪*癖　③ *越境　④ *超過
⑤ *劣等感　⑥ *腎臓　⑦ 起*訴　⑧ *頑固
⑨ *汚▼染　⑩ 安*泰　⑪ *恭順　⑫ *懸命
⑬ *傑作　⑭ 楽*譜　⑮ *稽古　⑯ *捻*挫

2 漢字の書き 漢字に直して書きなさい。

① （　どうよう　）を歌う。　② 気温の（　じょうしょう　）。
③ （　くのう　）の表情。　④ 要求を（　きょひ　）する。
⑤ 健康を（　いじ　）する。　⑥ （　てぶくろ　）をはめる。
⑦ （　えりもと　）を直す。　⑧ 機械の（　あつか　）い。

基本問題　漢字1

1 よく出る　（　）に当てはまる言葉を書きなさい。

	部分	部分の例（よび名）	漢字の例
	（①　）	言（②　）	記
		亻（にんべん）	休
	（③　）	刂（りっとう）	割
		力（④　）	動
	かんむり	𥫗（⑤　）	算
		人（ひとやね）	今
	（⑥　）	灬（れんが・れっか）	熱
		心（⑦　）	志
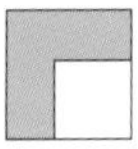	（⑧　）	广（⑨　）	広
		疒（やまいだれ）	痛
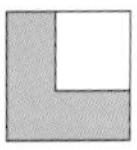	にょう	辶（しんにょう しんにゅう）	道
		走（⑩　）	越
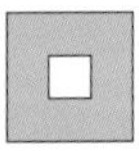 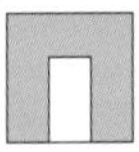	（⑪　）	口（くにがまえ）	国
		門（⑫　）	開

知識の泉　**A 石の上にも三年。**「辛抱《しんぼう》強く続ければ，必ず成功する」という意味。

2

よく出る

次の漢字の黒い部分のよび名を平仮名《がな》で書きなさい。

① 仲（　　）
② 利（　　）
③ 顔（　　）
④ 照（　　）
⑤ 疲（　　）
⑥ 宿（　　）
⑦ 陸（　　）
⑧ 遠（　　）
⑨ 打（　　）
⑩ 園（　　）
⑪ 都（　　）
⑫ 起（　　）

攻略！ ⑦と⑪は、形は似ていても、よび名は異なるので注意。

3

次の漢字の部分が表す意味を後から一つずつ選び、記号で答えなさい。

① 亻（　　）
② 宀（　　）
③ 刂（　　）
④ 辶（　　）
⑤ 頁（　　）
⑥ 囗（　　）
⑦ 灬（　　）
⑧ 扌（　　）
⑨ 疒（　　）
⑩ 走（　　）
⑪ 言（　　）
⑫ 氵（　　）

ア 火　イ 病気　ウ 水　エ 家・屋根
オ 囲む　カ 走る　キ 頭　ク 道・進む
ケ 手　コ 人　サ 言葉　シ 刀・切る

攻略！ それぞれの部分をもつ漢字を思いうかべて、その意味に着目する。

4

次の漢字の部分を二つずつ組み合わせて漢字を作り、二字の熟語を完成させなさい。

① 女　入　宀　王
② 己　日　音　言
③ 丙　阝　疒　完
④ 玉　首　囗　辶

5

（　）に当てはまる言葉を書きなさい。

心（こころ）……………思・悲
⺗（したごころ）…………恭
忄（　①　）……慣・快

「心」という（　②　）でまとめられる。

6

次の漢字群は、どの部首に属していますか。後から一つずつ選び、記号で答えなさい。

① 地・型・基・在（　　）
② 洗・氷・漢・泰（　　）
③ 然・災・焼・灰（　　）
④ 貯・買・財・費（　　）

ア「水」の部首　イ「火」の部首
ウ「土」の部首　エ「貝」の部首

知識の泉 Q「つじつまが合わないこと」という意味の故事成語は？

確認のワーク ステージ1
ダイコンは大きな根？

解答 4ページ ｜ スピードチェック 3ページ ｜ 予想問題 140ページ

学習のねらい
- 段落の役割に注意して読み、文章の内容を捉えよう。
- 筆者が、比較をどのように使っているか考えよう。

漢字と言葉

1 漢字の読み　読み仮名《がな》を横に書きなさい。

＊は新出漢字　▼は新出音訓・◎は熟字訓

①＊茎（訓読み）　②＊双葉　③＊伸びる　④胚《はい》＊軸
⑤＊跡（訓読み）　⑥＊辛い　⑦知＊恵　⑧細＊胞
⑨破＊壊　⑩＊抑える　⑪＊魅力

2 漢字の書き　漢字に直して書きなさい。

①（みりょく　）がある。　②建物を（はかい　）する。
③生活の（ちえ　）。　④身長が（の　）びる。
⑤（から　）い料理。　⑥手の（あと　）が付く。

3 漢字の意味　意味を下から選んで、線で結びなさい。

①器官・　・ア　十分に生かして使うこと。
②単純・　・イ　こみ入っていない様子。
③活用・　・ウ　生物の体の中で一定の働きをもつ部分。

教科書の要点

1 問題提起　（　）に教科書の言葉を書き入れなさい。　教p.42〜43

筆者の問いかけ

- 私たちが普段《ふだん》食べている（①　）の白い部分は、どの（②　）なのだろうか。
- ダイコンの白い部分を構成する二つの（②　）の（③　）が違っているのは、なぜだろうか。

2 要点　（　）に教科書の言葉を書き入れなさい。　教p.43〜45

答え

ダイコンの白い部分は、（①　）と（②　）の二つの器官から成っていて、器官の（③　）によって味も違う。

筆者が問いを示している段落と、答えを述べている段落を捉えよう。

知識の泉 A　矛盾《むじゅん》。〈例〉今の話は，昨日までの話と矛盾している。

3 構成のまとめ

（　）に教科書の言葉を書き入れなさい。（各段落に1～10の番号を付けて読みましょう。）

教 p.42～45

まとまり	導入	本文						まとめ
	植物としての野菜	ダイコンの白い部分はどの器官なのか			器官によるダイコンの味の違い			野菜の新しい魅力
	1段落	2段落	3段落	4段落	5段落	6～8段落	9段落	10段落
内容	▼私たちは、いろいろな種類の野菜を食べている。植物である野菜は、根や葉、茎、花、実などの（①　　）からできている。	問い① ▼私たちが普段食べているダイコンの白い部分は、どの（②　　）なのだろうか。	考察 ▼ダイコンの芽であるカイワレダイコンは、双葉と（③　　）、その間に伸びた（④　　）（茎）から成り立っている。	答え① ・ダイコンの下のほう…（⑤　　）が太ってできている。 ・ダイコンの上のほう…（⑥　　）が太ったもの。 ↓ ダイコンの白い部分は、根と胚《はい》軸の二つの器官から成っている。	問い② ▼二つの器官の（⑦　　）が違っているのは、なぜだろうか。	答え② ▼胚軸…水分や、（⑧　　）などの栄養分を送る役割。 味の特徴 水分が多く、（⑨　　）がある。 ▼根…栄養分を守るための（⑩　　）をたくわえている。 味の特徴 （⑪　　）。	補足 特徴の活用 例 大根下ろし ・下の部分を使う。 ・力強く直線的に下ろす。｝（⑫　　）が増す。 ・上の部分を使う。 ・やさしく下ろす。｝辛みが抑えられる。	▼ダイコンの白い部分は異なる器官から成っていて、器官の働きによって味も違う。 ▼ダイコンを植物として観察すると興味深い発見があるように、他の野菜も調べてみると、新しい魅力が見えてくるだろう。

おさえよう

要旨《ようし》 ダイコンの白い部分は〔ア 二つ　イ 三つ〕の器官から成っている。これらの器官は味も違っていて、胚軸の部分は〔ア 甘み　イ 辛み〕があり、根の部分は〔ア 甘い　イ 辛い〕のが特徴である。味の違いには、それぞれの器官の働きが違うことや、植物が身を守るための知恵ともいえる理由が関係している。

知識の泉 Q 「おおざと」と「者」を組み合わせてできる漢字は？

実力判定テストA ステージ2　ダイコンは大きな根？

30分

自分の得点まで色をぬろう！ 100点 合格！ 80 もう一歩 60 がんばろう！ 0　/100

解答 4ページ

1 次の文章を読んで、問題に答えなさい。　教 p.42・①〜43・⑨

1 私たちは、毎日いろいろな種類の野菜を食べています。野菜は植物ですから、根や葉、茎、花、実などの器官からできています。例えば、キャベツやレタスなら葉の部分を食べていますし、トマトやナスなら実の部分を食べています。

2 それでは、①私たちが普段《ふだん》食べているダイコンの白い部分はどの器官なのでしょうか。漢字で「大根」と書くくらいですから、根のように思うかもしれませんが、そんなに単純ではありません。

3 その疑問に答えるために、②ダイコンの芽であるカイワレダイコンを見ながら考えてみます。カイワレダイコンは、双葉と根、その間に伸びた胚《はい》軸とよばれる茎から成り立っています。根の部分には、種から長く伸びた主根《しゅこん》と、主根から生えている細いひげのような側根《そっこん》があります。

4 これに対して、私たちが食べるダイコンをよく見てみると、下のほうに細かい側根が付いていたり、側根の付いていた跡に穴が空いていたりするのがわかります。ダイコンの下のほうは主根が太ってできているのです。いっぽう、ダイコンの上のほうを見ると、側根がなく、すべすべしています。この上の部分は、根ではなく胚軸が太ったものです。つまり、ダイコンの白い部分は、根と胚軸の二つの器官から成っているのです。

〈稲垣《いながき》 栄洋《ひでひろ》「ダイコンは大きな根？」による〉

1 よく出る ①私たちが普段食べているダイコンの白い部分はどの器官なのでしょうかとありますが、どの器官を食べていることになるのですか。（　）に当てはまる言葉を、文章中からぬき出しなさい。　10点×2（20点）

(1) ダイコンの上のほう…（　　）

(2) ダイコンの下のほう…（　　）

2 ②ダイコンの芽であるカイワレダイコンを見ながら考えてみますとありますが、この一文にはどのような働きがありますか。次から一つ選び、記号で答えなさい。　（10点）

攻略！ 後の段落から、答えが述べられている一文を探そう。

ア 2段落の内容について、補足的な説明を加えている。
イ 2段落の内容について、対立する別の考え方を示している。
ウ 2段落の問いについて、具体例で説明することを示している。
エ 2段落の問いについて、答えを明らかにしている。

（　　）

3 この文章で「問いと答え」の関係になっているのは、どの段落とどの段落ですか。次から一つ選び、記号で答えなさい。　（10点）

ア 1段落と3段落　　イ 1段落と4段落
ウ 2段落と3段落　　エ 2段落と4段落

（　　）

2 次の文章を読んで、問題に答えなさい。

教p.43・⑩〜44・⑫

1 ①この二つの器官は、じつは味も違っています。なぜ、違っているのでしょう。

2 胚軸《はい》の部分は水分が多く、甘みがあるのが特徴です。胚軸は、地下の根で吸収した水分を地上の葉などに送り、葉で作られた糖分などの栄養分を根に送る役割をしているからです。

3 いっぽう、根の部分は辛いのが特徴です。ダイコンは下にいくほど辛みが増していきます。ダイコンのいちばん上の部分と、いちばん下の部分を比較すると、②下のほうが十倍も辛み成分が多いのです。ここには、植物の知恵ともいえる理由がかくされています。

4 根には、葉で作られた栄養分が豊富に運ばれてきます。これは、いずれ花をさかせる時期に使う大切な栄養分なので、土の中の虫に食べられては困ります。そこで、虫の害から身を守るため、辛み成分をたくわえているのです。ダイコンの辛み成分は、普段《ふだん》は細胞の中にありますが、虫にかじられて細胞が破壊されると、化学反応を起こして、辛みを発揮するような仕組みになっています。そのため、③たくさんの細胞が壊れるほど辛みが増すことになります。

〈稲垣《いながき》 栄洋《ひでひろ》「ダイコンは大きな根?」による〉

1 ①この二つの器官は、……違っています。について答えなさい。

(1) どのように違うのですか。（　）に当てはまる言葉を、文章中からぬき出しなさい。　5点×2（10点）

胚軸の部分は（　　　）があり、根の部分は（　　　）。

(2) 胚軸の部分は、なぜ(1)のような味になるのですか。その理由が書かれている一文を文章中からぬき出し、初めの五字を書きなさい。（10点）

2 よく出る ②下のほうが十倍も辛み成分が多いとありますが、それはなぜですか。（　）に当てはまる言葉を、文章中からぬき出しなさい。　5点×2（10点）

ダイコンの根には大切な栄養分が運ばれてくるので、（　　　）ため、（　　　）から。

3 記述 ③たくさんの細胞が壊れるほど辛みが増すことになりますとありますが、それはなぜですか。簡潔に書きなさい。（20点）

攻略！ 直後の「ここ」が指すのは、「下のほうが十倍も辛み成分が多い」こと。

4 各段落の役割を説明したものとして、適切なものを次から二つ選び、記号で答えなさい。　5点×2（10点）

ア 1段落は、読者に問いを投げかけている。
イ 2段落は、他の人の意見を引用している。
ウ 3段落は、1・2段落をまとめている。
エ 3段落は、読者に新たな問いを投げかけている。
オ 4段落は、3段落の内容をくわしく説明している。
カ 4段落は、1〜3段落の内容をまとめている。

（　）（　）

知識の泉 Q □に当てはまる漢字は？　クラスの意見をまとめるのは□が折れた。

確認のワーク ステージ1

ちょっと立ち止まって

解答 5ページ　スピードチェック 4ページ　予想問題 141ページ

学習のねらい
●段落のまとまりに注意して読み、文章の要旨《ようし》を捉えよう。
●主張と事例との関係に注意して読み、筆者の考えを捉えよう。

漢字と言葉

1 漢字の読み　読み仮名《がな》を横に書きなさい。

＊は新出漢字　▼は新出音訓・◎は熟字訓

① 指＊摘　② ＊影絵　③ ＊架かる　④ ＊珍しい
⑤ ＊顎（訓読み）　⑥ ▼化＊粧台　⑦ ▼座る　⑧ ＊秀＊麗
⑨ ＊露出　⑩ ＊荒々しい　⑪ ＊縛る　⑫ ▼試す

2 漢字の書き　漢字に直して書きなさい。

① （きょり）が長い。　② 誤りを（してき）する。
③ 岩が（ろしゅつ）する。　④ （おく）の方を向く。
⑤ （う）かび上がる。　⑥ ひもで（しば）る。

3 語句の意味　意味を下から選んで、線で結びなさい。

① 消え去る・　・ア 主な題材の後ろにある部分。
② 背景・　・イ はっきり気にする。
③ 意識する・　・ウ すっかりなくなる。

教科書の要点

1 話題　文章中の三つの図について次のようにまとめました。（　）に教科書の言葉を書き入れなさい。 教 p.46〜48

① 一つ目の図（ルビンのつぼ）
・見えるもの
　（　）のような形をしたつぼ。
　向き合っている二人の（　）の影絵。

② 二つ目の図
・見えるもの
　奥の方を向いた（　）女性の絵。
　コートに顎をうずめた（　）の絵。

③ 三つ目の図
・見えるもの
　（　）の前に座っている女性の絵。
　（　）をえがいた絵。

2 筆者の考え　筆者は、物を見るときにどうすることをすすめていますか。□に教科書の言葉を書き入れなさい。 教 p.49

□□□□を試してみること。

知識の泉　A 骨。「骨が折れる」＝苦労する。面倒《めんどう》だ。

3 構成のまとめ

（　　）に教科書の言葉を書き入れなさい。（各段落に1～10の番号を付けて読みましょう。）

教 p.46～49

	序論	本論			結論
	1段落	2～5段落	6～7段落	8～9段落	10段落
まとまり	話題提示	一つ目の図	二つ目の図	三つ目の図	まとめ
内容	自分ではAだと思っていたものが、人からBともいえると（①　　）され、そうもいえると教えられる経験は多い。	●「ルビンのつぼ」の図からは、（②　　）のような形をしたつぼと、向き合っている（③　　）の影絵を見てとることができる。 ・つぼを（④　　）に見る。…見えているはずの二人の顔が見えなくなる。 ・二人の顔を（④　　）に見る。…つぼの絵が消え去る。	●二つ目の図は、（⑨　　）の絵と見る人もいれば、（⑩　　）の絵と見る人もいるだろう。	●三つ目の図は、（⑫　　）から見るか（⑬　　）から見るかによって、全く違う絵として受け取られる。	一つの図でも風景でも、（⑮　　）によって見えてくるものが違う。
		▼同じようなことは、日常生活の中でもよく経験する。あるものに（⑤　　）が引きつけられると、周辺のものは全て、単なる（⑥　　）になってしまう。 ▼（⑦　　）という働きには、一瞬《いっしゅん》のうちに、（⑧　　）に見るものを決めたり、変えたりできるという、思いがけない一面がある。	▼何かの絵を別の絵と見るためには、今見えている絵を（⑪　　）して捨て去らなければならない。	▼絵に限ったことではなく、（⑭　　）やビルについても同じようなことが起こる。	◆物を見るときには、ちょっと立ち止まって、他の見方を試してみてはどうだろうか。➡新しい発見の驚きや喜びがある。

おさえよう

要旨《ようし》 一つの図でも風景でも、見方によって見えてくるものは〔ア 違う　イ 変わらない〕。物を見るときには、中心に見るものや見るときの距離を〔ア 一定にする　イ 変える〕など、〔ア 同じ　イ 他の〕見方を試してみれば、その物の他の面に気づき、新しい発見の驚きや喜びを味わうことができるだろう。

知識の泉 Q「よけいな心配をすること」を表す故事成語は？　ア＝杞憂《きゆう》　イ＝守株《しゅしゅ》

実力判定テストA ステージ2

ちょっと立ち止まって

30分

自分の得点まで色をぬろう!
100点 合格! 80 もう一歩 60 がんばろう! 0
/100

解答 5ページ

1 次の文章を読んで、問題に答えなさい。 教p.46・③〜47・⑯

上の図は「ルビンのつぼ」と題されたものである。よく見ると、この図から二種類の絵を見てとることができるはずだ。白い部分を中心に見ると、①優勝カップのような形をしたつぼがくっきりと浮かび上がる。このとき、黒い部分はバックにすぎない。今度は逆に、黒い部分に注目してみる。すると、②向き合っている二人の顔の影絵が見えてきて、白い部分はバックになってしまう。

この図の場合、つぼを中心に見ているときは、見えているはずの二人の顔が見えなくなり、二人の顔を中心に見ると、一瞬《いっしゅん》のうちに、目からつぼの絵が消え去ってしまう。

③このようなことは、日常生活の中でもよく経験する。今、公園の池に架かっている橋の辺りに目を向けているとしよう。すると、橋の向こうから一人の少女がやって来る。④目はその少女に引きつけられる。このとき、橋や池など周辺のものは全て、単なる背景になってしまう。カメラでいえば、あっという間に、ピントが少女に合わせられてしまうのである。ところが逆に、その橋の形が珍しく、それに注目しているときは、その上を通る人などは背景になってしまう。

⑤見るという働きには、思いがけない一面がある。一瞬のうちに、中心に見るものを決めたり、それを変えたりすることができるのである。

〈桑原《くわばら》 茂夫《しげお》「ちょっと立ち止まって」による〉

1 ①優勝カップのような形をしたつぼ　②向き合っている二人の顔の影絵　は、「ルビンのつぼ」をどのように見ると、見えてきますか。(　)に当てはまる言葉を、第一段落の中からぬき出しなさい。 5点×2(10点)

① (　　)を中心に見る。

② (　　)を中心に見る。

2 よく出る ③このようなこと とは、どのようなことですか。次から一つ選び、記号で答えなさい。 (10点)

ア 一つの図から、二種類の絵が同時に浮かび上がること。
イ 黒い部分より、白い部分に目が引きつけられること。
ウ 中心に見るものによって、見えるものが変わること。
エ 動いているものに、なんとなく注目してしまうこと。(　)

3 攻略! 前の段落の内容を指している。

④目はその少女に引きつけられる。とありますが、このとき、橋や池などは、どのようなものになるのですか。文章中から二字でぬき出しなさい。 (10点)

4 ⑤見るという働きには、思いがけない一面がある。とありますが、それはどのような一面ですか。そのことが書かれている一文を文章中からぬき出し、初めの五字を書きなさい。 (10点)

知識の泉 **A** ア。「守株《しゅしゅ》」=いつまでも古い習慣にとらわれ，進歩がないこと。

2 次の文章を読んで、問題に答えなさい。

教p.48・⑧〜49・⑨

上の図*を見てみよう。化粧台の前に座っている女性の絵が見えるであろう。ところがこの図も、①もう一つの絵をかくしもっている。目を遠ざけてみよう。すると、たちまちのうちに、この図はどくろをえがいた絵に変わってしまう。同じ図でも、近くから見るか遠くから見るかによって、全く違う絵として受け取られるのである。

②このことは、なにも絵に限ったことではない。遠くから見れば秀麗な富士山も、近づくにつれて、岩石の露出した荒々しい姿に変わる。また、遠くから見ればきれいなビルも、近づいて見ると、ひび割れてすすけた壁面《へきめん》のビルだったりする。

私たちは、ひと目見たときの印象に縛られ、一面のみを捉えて、その物の全てを知ったように思いがちである。しかし、一つの図でも風景でも、見方によって見えてくるものが違う。そこで、③物を見るときには、ちょっと立ち止まって、④他の見方を試してみてはどうだろうか。中心に見るものを変えたり、見るときの距離を変えたりすれば、その物の他の面に気づき、新しい発見の驚きや喜びを味わうことができるだろう。

＊図は省略しています。

〈桑原《くわばら》茂夫《しげお》「ちょっと立ち止まって」による〉

1 ①もう一つの絵をかくしもっている について答えなさい。

(1) 「もう一つの絵」とは、この図の場合、どのような絵ですか。文章中からぬき出しなさい。 (10点)

(2) 記述 「もう一つの絵」は、どうすることで見えてきますか。 (10点)

2 よく出る ②このこと とは、どのようなことですか。次から一つ選び、記号で答えなさい。 (10点)

ア 同じ図でも、中心に見る部分をどこにするかによって、いろいろな見え方ができるということ。
イ 同じ図でも、見る人のそのときの気分によって、よく見えたり悪く見えたりするということ。
ウ 同じ図でも、きれいな面を見るかそうでない面を見るかによって、見え方が変わってくるということ。
エ 同じ図でも、近くから見るか遠くから見るかによって、全く違う絵として受け取られるということ。

3 ③物を見るとき とありますが、「私たち」は物を見るとき、どのように思いこむ傾向《けいこう》があるのですか。そのことが書かれている一文を文章中からぬき出し、初めの五字を書きなさい。 (10点)

4 ④他の見方 とは、どのようにすることですか。二つ書きなさい。 10点×2(20点)

攻略！ 「他の見方」として提案されていることを書こう。

確認のワーク ステージ1

思考のレッスン1 意見と根拠
話の構成を工夫《くふう》しよう／漢字に親しもう2

解答 6ページ　スピードチェック 4ページ

学習のねらい
●意見と根拠の結び付きに注意して、意見を聞いたり伝えたりしよう。
●伝えたいことを明確にして話の構成を考える方法を身につけよう。

漢字

1 漢字の読み 読み仮名《がな》を横に書きなさい。

＊は新出漢字 ▼は新出音訓・◎は熟字訓

①▼基づく　②思い＊込み　③確▼認　④＊圏内
⑤▼競い合う　⑥二＊塁手　⑦大▼技　⑧＊砲丸
⑨▼割く　⑩▼弓道　⑪三連＊覇　⑫＊匹敵
⑬＊酢酸　⑭＊臼歯　⑮＊皆勤　⑯光＊沢

2 漢字の書き 漢字に直して書きなさい。

① （しんらい）性が高い。　② 自信を（そうしつ）する。
③ 意見と（こんきょ）。　④ 野球の（しんぱん）。
⑤ 拍手《はくしゅ》（かっさい）。　⑥ （かいひん）公園。
⑦ （こうたく）のある布。　⑧ （きそ）を固める。

基本問題　思考のレッスン1

1 よく出る 意見に対して、説得力のある根拠が示されているものには○、そうでないものには×を書きなさい。

① 文化祭の出し物は、合奏がよいと思う。クラス内のアンケートで希望者が最も多かったし、みんなで協力して一つのものを作り上げることに意義があると思うからだ。（　）

② 重要な事柄《ことがら》を相手に伝えるには、手紙よりもメールのほうが便利だと思う。なぜなら、メールなら後から読み返すことができるからだ。（　）

2 次の意見と根拠は、どのような考えでつながっていますか。意見と根拠をつなぐ考えを推測して書きなさい。

意見　買い物に行くときは、マイバッグを持っていくべきだ。

意見と根拠をつなぐ考え（　　　　）

根拠　プラスチックごみは、海に流出して魚の体内に蓄積《ちくせき》されるなど、地球環境《かんきょう》に悪影響《えいきょう》をあたえている。

知識の泉　A 宿。「字」は「子」の部首に属する。

基本問題 話の構成を工夫《くふう》しよう

次のスピーチを読んで、問題に答えなさい。

初め

みなさんには、習慣にしていることがありますか。今日は、私の毎日の習慣、ジョギングについてお話しします。

中

きっかけは、一年前に、友達から地域のマラソン大会にさそわれたことです。走っている間はつらかったけれど、完走したときにはなんとも言えない達成感があり、体をきたえて、もう一度出場したいと思いました。それ以来、私は毎日ジョギングを続けています。

始めたばかりのころは、走るとすぐに息が苦しくなりましたが、だんだん体が慣れ、今では、約五キロメートルある公園の周りを一周しても、息が上がらなくなりました。毎日続けることで成長できるし、その成長を自分ではっきり感じることができるのが、ジョギングのよいところだと思います。

私が特におすすめしたいのは、夕方のジョギングです。気温が下がるので、すずしい風を感じながら走ることができます。それに、空がだんだんオレンジ色になり、周りの風景が赤く染まっていくのを見ながら走るのは、とてもいい気持ちです。

終わり

みなさんも、ジョギングを毎日の習慣にしてみてはどうでしょうか。これで、私のスピーチを終わります。ありがとうございました。

---

1 このスピーチは、「初め」「中」「終わり」という構成になっています。それぞれどのような内容を述べていますか。後から「初め」「終わり」は一つずつ、「中」は二つ選び、記号で答えなさい。

「初め」……（　　）　「中」…（　　）（　　）

「終わり」…（　　）

ア 呼びかけと聞き手への挨拶《あいさつ》。

イ スピーチの話題提示。

ウ 動機になった出来事の説明。

エ 具体的な体験の説明。

2 聞き手への問いかけ、呼びかけについて答えなさい。

(1) 「初め」の部分から、聞き手の興味を引くための問いかけをぬき出し、初めの五字を書きなさい。

(2) 「終わり」の部分から、聞き手にジョギングをすすめるための呼びかけをぬき出し、初めの五字を書きなさい。

攻略！ 聞き手を巻き込む話し方になっている文を探そう。

3 よく出る このスピーチの表現の工夫として適切なものを次から一つ選び、記号で答えなさい。

ア 資料や図版を示しながら、客観的に根拠を説明している。

イ 以前と今とを比較して、自分にとってのよさを説明している。

ウ 順序を表す言葉を使い、体験をわかりやすく説明している。

エ 比喩《ひゆ》を使って、自分の心情や様子を印象的に説明している。

（　　）

確認のワーク ステージ1

文法への扉《とびら》1　言葉のまとまりを考えよう
（文法1　言葉の単位）

学習のねらい
● 言葉の単位について理解しよう。
● 文を文節に区切ったり、単語に分けたりできるようにしよう。

解答 6ページ　スピードチェック 18ページ

教科書の要点

1 文法とは　（　）に教科書の言葉を書き入れなさい。　教 p.238

言葉がどのような（①　　　）で組み立てられ、どのように（②　　　）かという、言葉に関する決まりを（③　　　）という。

2 言葉の単位　（　）に教科書の言葉を書き入れなさい。　教 p.239〜241

言葉の単位	特徴
文章・談話	● 一まとまりの内容を、（①　　　）で書き表したものを文章という。 ● （②　　　）で表された一まとまりの内容を、談話とよぶことがある。 ● 多くの場合、複数の（③　　　）が集まってできている。
段落	● 書き手が、意図をより明確に伝えるために、文章を内容のまとまりごとに区切ったもの。 ● 段落の初めは（④　　　）し、一字下げる。

文	● 一まとまりの内容を表す、一続きの言葉。 ● 書き表すときは、最後に「（⑤　　　）」を付ける。「？（疑問符《ふ》）」や「！（感嘆《かんたん》符）」を付ける場合もある。 公園の池に白い水鳥がいる。
文節	● 発音や（⑥　　　）のうえで不自然にならないように、文をできるだけ短く区切ったまとまり。 ● 文を文節に区切るためには、区切り目に「ね」「さ」などを入れてみるとよい。 公園の ね 池に ね 白い ね 水鳥が ね いる ね 。
単語	● 言葉の意味を壊さないように、（⑦　　　）をさらに細かく分けたもの。それだけで使える言葉としては最小の単位。 ● 単語は、その働きにより、いくつかの種類に分けられる。

単語の種類

公園　池　水鳥	ものの名前を表すもの。
白い　いる	動作（変化）や様子を表すもの。
の　に　が	別の単語の下に付いて、文節を作るもの。

基本問題

1 次の文章は、いくつの段落からできていますか。算用数字で答えなさい。

その日は、雨が降っていた。

僕は友達から借りた本が雨にぬれないように、着ていた服の下におし込んだ。そして、ゆっくり歩きだした。

もう五月だというのに、風が冷たく感じられた。


（　　）

2 次の文章は、いくつの文からできていますか。算用数字で答えなさい。

朝、庭に出ると、ピンクのばらがさいていました。

「やっとさいてくれたんだね。」

私は思わず花に話しかけていました。お母さんが台所からこちらを見て、ほほえみました。


（　　）

3 よく出る 例にならって、次の文を文節に区切りなさい。

例 僕が／本を／読む。

① 私の妹はまだとても小さい。
② 遠くにきらきらかがやく湖が見える。
③ 先生が理由をくわしく説明する。
④ よく晴れた空を飛行機が通り過ぎる。
⑤ 暖かな春の光が降り注ぐ。
⑥ 雨が上がって大きなにじが現れた。

攻略！ ③「説明する」、④「通り過ぎる」、⑤「降り注ぐ」に注意。

4 よく出る 例にならって、次の文を単語に分けなさい。

例 僕|が|本|を|読む。

① 兄は自転車で学校へ向かう。
② ベンチに座り、冷たいジュースを飲む。
③ 夏休みに友達と山登りをする。
④ あの問題はたいへん難しい。
⑤ 向こうに図書館の入り口がある。
⑥ やみの中から波の音が聞こえる。
⑦ 私は毎日、ピアノを一時間練習する。
⑧ 赤い葉っぱがどんどん散り始める。

攻略！ まず文節に区切ってから、単語に分けるとよい。

5 次の――線の単語は、どのような働きをしていますか。後から一つずつ選び、記号で答えなさい。

① おもしろい映画。（　　）
② 東京へ行く。（　　）
③ 魚が泳ぐ。（　　）
④ 制服を着る。（　　）
⑤ その人は困っているようだ。（　　）
⑥ 前へ進む。（　　）

ア ものの名前を表すもの。
イ 動作（変化）や様子を表すもの。
ウ 別の単語の下に付いて、文節を作るもの。

知識の泉 Q「伸」の「亻」のよび名は？

実力判定テストA ステージ2

文法への扉《とびら》1　言葉のまとまりを考えよう（文法1　言葉の単位）

30分

自分の得点まで色をぬろう！
100点　合格！　80　もう一歩　60　がんばろう！　0
/100

解答 7ページ

1 次の文章を読んで、問題に答えなさい。

日本語には、雨を表す言葉がたくさんある。例えば、春雨《はるさめ》、五月雨《さみだれ》、時雨《しぐれ》、麦雨《ばくう》、菜種梅雨《なたねづゆ》、月時雨《つきしぐれ》、狐《きつね》の嫁入《よめい》りなどがある。数え上げればきりがないほどだ。

日本の四季の変化に富んだ豊かな自然と、日本人の繊細《せんさい》な感性が、このような言葉を生み出したのではないかと思う。

(1) この文章は、いくつの段落からできていますか。算用数字で答えなさい。（3点）（　　）

(2) この文章は、いくつの文からできていますか。算用数字で答えなさい。（3点）（　　）

2 次の文章に句点を付けなさい。　完答3点×2（6点）

① 道に沿ってたくさんの桜の木がある木は春に美しい花をさかせてくれる私はこの道が好きだ

② 犬は人間の様子を見て気持ちを読み取るのが得意である人間の目の動きや表情をすばやく読み取ってそれに合わせた行動を取ることができる

3 次の中から、文を文節に区切ったものとして正しいものを一つずつ選び、記号で答えなさい。　3点×2（6点）

①
ア すみ／切った／夜空に／天の／川が／横たわる。
イ すみ／切った／夜空に／天の／川が／横／たわる。
ウ すみ切った／夜空に／天の川が／横たわる。
エ すみ切った／夜空に／天の川が／横／たわる。
（　　）

②
ア 急行列車で／映画館へ／行こうと／思う。
イ 急行／列車で／映画館へ／行こうと／思う。
ウ 急行列車で／映画館へ／行こう／と／思う。
エ 急行／列車で／映画館／へ／行こう／と／思う。
（　　）

4 よく出る　例にならって、次の文を文節に区切りなさい。　完答3点×6（18点）

例 ねこが／魚を／食べる。

① 風にふかれて、旗がばたばた音を立てる。

② 卵を銀色のボウルに入れてかき混ぜる。

③ キャンプ用品を購入《こうにゅう》してから家に帰る。

④ 強い雨が降ったが、すぐにやんだ。

知識の泉　**A にんべん。**「人」の意味を表す。

⑤「若草物語」という本を読んだ。

⑥私の兄は、鉄道会社に勤めている。

攻略！ 区切り目に「ね」などを入れて、自然に意味が通るか確かめる。

5 次の言葉の中から、一つの単語（複合語）であるものを全て選び、記号で答えなさい。

完答（3点）

ア やってみる　**イ** 落ち葉　**ウ** 月と星
エ あの日　**オ** 乗りかえる　**カ** 好きな本
キ 一生懸命　**ク** 通学路

（　　　）

6 よく出る 例にならって、次の文を単語に分けなさい。

完答3点×7（21点）

例 ねこ｜が｜魚｜を｜食べる。

①鳥の鳴き声が森の中にひびきわたる。

②白いちょうがひらひら花壇《かだん》を飛び回る。

③ここから学校まで、徒歩で三十分かかる。

④子犬が急に公園の方へ走りだす。

⑤夕方になり、家に帰る準備を始める。

⑥父は、ときどき弟と買い物をする。

⑦姉は、大学で宇宙の成り立ちを研究する。

攻略！ ⑥「買い物をする」と⑦「研究する」の違いに注意する。

7 よく出る 例にならって、次の文を「／」で文節に区切り、「｜」を引いて単語に分けなさい。

完答3点×6（18点）

例 ねこ｜が／魚｜を／食べる。

①私は毎朝、家の前を掃除《そうじ》する。

②思い出に残るすばらしい体験だ。

③僕の祖母は、いつも元気だ。

④六時を過ぎると、空が明るくなる。

⑤妹は、ちょうど昼食を食べている。

⑥試《し》行《こう》錯《さく》誤《ご》の末、やっと作品ができあがる。

攻略！ ②「体験だ」、③「元気だ」の違いに注意する。

8 次の——線の単語は、それぞれどのような働きをしていますか。後から一つずつ選び、記号で答えなさい。

2点×11（22点）

・①校庭②を　③ゆっくり　④歩く。
・⑤先生⑥が　⑦熱心に　⑧教える。
・⑨美しい　⑩景色⑪だ。

ア ものの名前を表すもの。
イ 動作（変化）や様子を表すもの。
ウ 別の単語の下に付いて、文節を作るもの。

①（　）②（　）③（　）④（　）
⑤（　）⑥（　）⑦（　）⑧（　）
⑨（　）⑩（　）⑪（　）

知識の泉 Q 故事成語「五十歩百歩《ごじっぽひゃっぽ》」の意味は？

確認のワーク ステージ1

情報を集めよう／情報を読み取ろう
情報を引用しよう

解答 7ページ　スピードチェック 5ページ

学習のねらい
- 効果的な情報の集め方と活用のしかたを知ろう。
- グラフの特徴や読み方を知ろう。
- 適切な引用のしかたを知ろう。

漢字

1 漢字の読み 読み仮名を横に書きなさい。

*は新出漢字　▼は新出音訓・◎は熟字訓

❶*絞り込む　❷*請求　❸▼頭文字　❹▼欲しい
❺▼出▼納　❻片◎仮名　❼*抜き出す　❽*遵守

2 漢字の書き 漢字に直して書きなさい。

❶（てつがく）の本。　❷（ちょうこく）作品。
❸（せつじょく）を果たす。　❹大半を（し）める。

基本問題　情報を集めよう

1 次の説明に合う言葉を後から一つずつ選び、記号で答えなさい。

① 図書館の本の一般《いっぱん》的な分類方法。（　）
② 本の中の重要な事柄《ことがら》や語句がどのページに出てくるかを示したもの。（　）
③ 本について、司書に相談することができる窓口。（　）

ア 索引　イ レファレンスコーナー　ウ 日本十進分類法

2 よく出る 次の内容を図書館で調べる場合、何を使って調べるとよいですか。後から一つずつ選び、記号で答えなさい。

① 「小豆」の読み方。（　）
② 「わだち」とは何か。（　）
③ 季語「ほたる」の表す季節。（　）
④ 昨年の東京都の人口。（　）

ア 国語辞典　イ 年鑑《ねんかん》　ウ 歳時記《さいじき》　エ 漢和辞典

攻略！ 「年鑑」とは、年間の統計や調査結果を収録したもの。

3 よく出る インターネットで情報を集めるときの検索方法と注意点をまとめました。（　）に当てはまる言葉を後から一つずつ選び、記号で答えなさい。

① 情報の検索方法
- 知りたい情報の（　）を入力して検索すると、その言葉に（　）のある情報を絞り込むことができる。
- （　）が多すぎたら、キーワードを増やして絞り込む。
- 関連する本や資料の（　）をつけるときにも役立つ。

② 情報の信頼性の確認
- いつ、（　）が、どんな目的で発信したものかを確かめる。
- 複数の情報を（　）する。

ア 比較　イ 関係　ウ 検索結果
エ キーワード　オ だれ　カ 見当

知識の泉　A たいして違わないこと。　似た意味の故事成語に「大同小異」がある。

基本問題 情報を読み取ろう

☆ 次のグラフは、学校図書館の本の貸し出しについて調べた結果を示したものです。これを見て、問題に答えなさい。

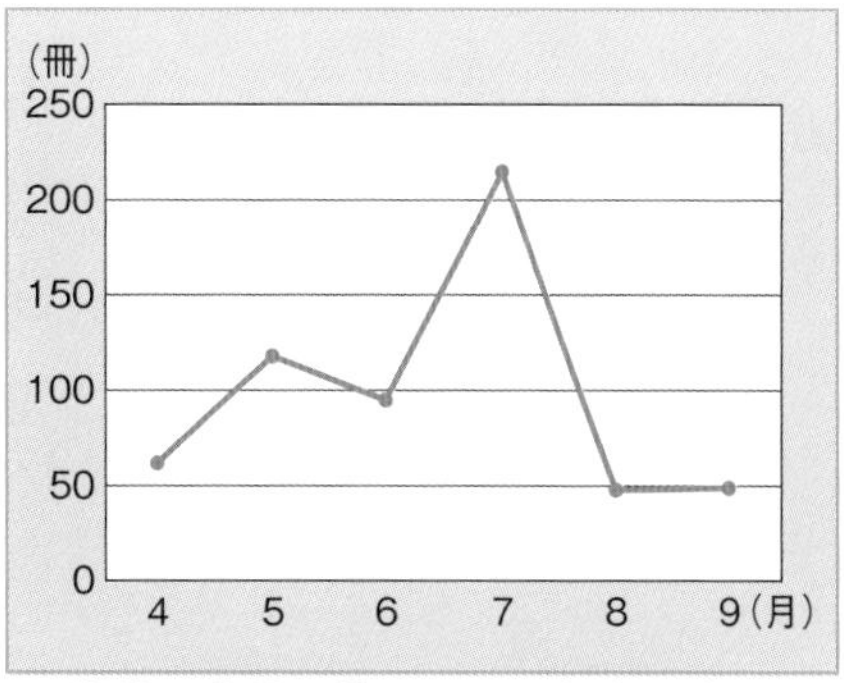

A 学校図書館の貸し出し冊数（月別）

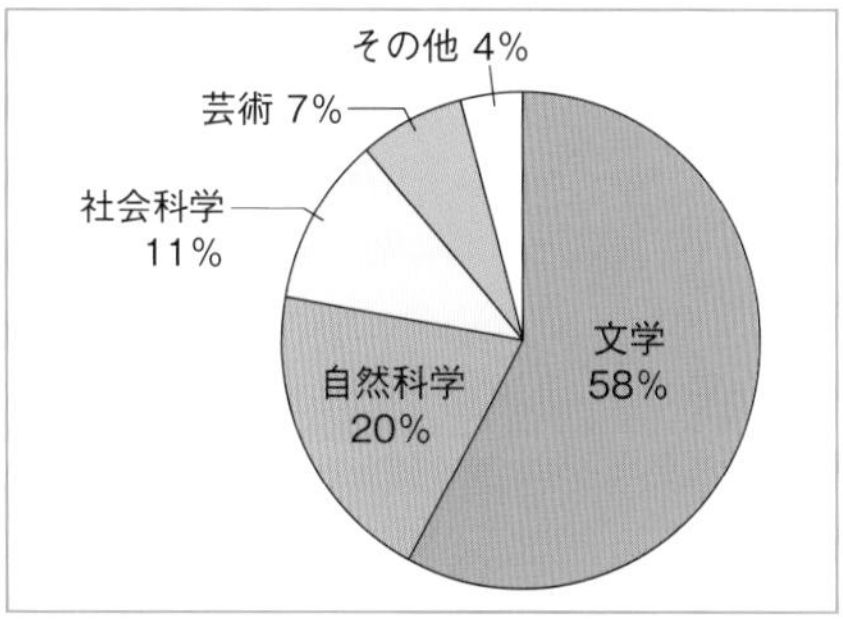

B 分野別の貸し出し冊数の割合（4～9月）

1 A・Bのグラフから読み取れる内容として正しいものを次から一つ選び、記号で答えなさい。

ア 貸し出される本の分野は文学が最も多く、半数近くになる。

イ 貸し出し冊数は七月に最も多くなり、二百冊を上回る。

ウ 自然科学の本は、社会科学の本より貸し出し冊数が少ない。

エ 九月の貸し出し冊数は、五月と同程度である。　（　　）

2 よく出る 次のときは、どんなグラフを使うのがよいですか。後から一つ選び、記号で答えなさい。

●時間の推移に応じた数量の変化をわかりやすく示したいとき。　（　　）

ア 折れ線グラフ　イ 棒グラフ　ウ 帯グラフ　エ 円グラフ

基本問題 情報を引用しよう

1 よく出る 情報を引用するときの注意点を次のようにまとめました。（　）に当てはまる言葉を後から一つずつ選び、記号で答えなさい。

●引用部分は（①　　）でくくるなどして、自分の文章と（②　　）する。

●引用する際には、誤字・脱字《だつじ》がないように、（③　　）に抜き出す。

●引用した文章や資料の（④　　）を明確に示す。

●引用部分は、（⑤　　）の範囲《はんい》に絞る。

ア 必要最低限　イ 出典　ウ 区別　エ かぎ（「」）　オ 正確

2 次の場合は、著作権の侵害《しんがい》になりますか。侵害にならないものには○、侵害になるものには×を書きなさい。

① なくなってから九十年たつ著作者の詩の全文を、無許可でインターネットの個人のブログに掲載《けいさい》した。　（　　）

② レポートを書くときに、図書館の本にのっていた図表を引用したが、著作者の許可を得なかった。　（　　）

③ 著作者の許可を得ずに、好きなアニメのイラストをまねてかき、欲しいという人に千円で売った。　（　　）

④ 著作者にイラストを本に掲載する許可を得た後で、本の編集上の都合でイラストの一部を改変した。　（　　）

⑤ 新聞記事の一部を、出典を明記したうえで授業で必要な範囲だけ引用したが、新聞社の許可は得なかった。　（　　）

攻略！ ③は、イラストを販売《はんばい》したことになる。

知識の泉 Q ――線を漢字で書くと？ シコウ錯誤《さくご》を重ねる。

確認のワーク ステージ1　詩の世界

学習のねらい
●それぞれの詩にえがかれた情景を想像しながら読もう。
●詩の表現に注意して読み、その効果を考えよう。

解答 8ページ　スピードチェック 5ページ　予想問題 142ページ

漢字と言葉

1 漢字の読み　読み仮名《がな》を横に書きなさい。

＊は新出漢字　▼は新出音訓・◎は熟字訓

❶＊普通　❷＊隅（訓読み）　❸＊渡り　❹＊弧　❺砂＊漠　❻＊咲く　❼＊戻る

2 漢字の書き　漢字に直して書きなさい。

❶（　　）《こ》をえがく。　❷（　　）《さばく》が広がる。
❸（　　）《ふつう》のこと。　❹花が（　）《さ》く。
❺元に（　）《もど》る。　❻教室の（　）《すみ》。

3 語句の意味　意味を下から選んで、線で結びなさい。

❶めぐる　・　・ア　交差する。入りまじる。
❷まじわる　・　・イ　かたむける。
❸ぬけ出す　・　・ウ　あちこち移り動く。
❹かしげる　・　・エ　ある場所から出ていく。
❺息せき切る　・　・オ　急いで息づかいが激しくなる。

教科書の要点

1 詩の種類　三編の詩に合うほうに○を付けなさい。　教p.68〜71

これらの詩は、用語で分類すると、現代の話し言葉で書かれているので｛ア 文語詩／イ 口語詩｝であり、形式で分類すると、各行の音数に決まりがなく、自由に書かれているので｛ア 定型詩／イ 自由詩｝である。

2 表現技法　（　）に教科書の言葉を書き入れなさい。　教p.68〜71

●直喩《ちょくゆ》…「まるで……」「あたかも……」「……ようだ」「……みたいだ」などの言葉を使ってたとえる方法。
→「一枚の絵」では、水鳥が湖水の隅で動きをとめた様子を（①　　　）にたとえている。

●擬人《ぎじん》法…人間でないものを人間にたとえて表す方法。
→「未確認飛行物体」では、「（②　　　）」を人間に見立てて、「台所をぬけ出し」「一生けんめいに」「息せき切って」などと表現している。

知識の泉　A　試行。「試行錯誤《しこうさくご》」＝「試みと失敗をくり返しながら，解決策を見つけること」という意味。

3 構成のまとめ

（　）に教科書の言葉を書き入れなさい。

●「一枚の絵」 教p.68〜69

まとまり	内容
第一連 湖水をめぐる水鳥	▼早朝、水鳥が（①　）をめぐる。 表現「画家きどりで 足を／（②　）にして。」 …水鳥が、湖水というキャンバスに絵をかいていると見立てた。
第二連 動きをとめた水鳥	▼水鳥は、水面《みなも》に朝の色を配る。 ←配りおわると ▼湖水の隅で動きをとめた。 表現「自筆の（③　）のように。」 第一連で、水鳥が絵をかいていると見立てた表現を受けている。

●「朝」 教p.70

内容
▼朝の（④　）は遠く、屋根に接しているように見えるが、（⑤　）ことはない。 …遠くまで続く朝の空の様子を短い詩で表現。

●「未確認飛行物体」 教p.70〜71

まとまり	内容
第一連 未確認飛行物体の正体	表現「（⑥　）だって、空を飛ばないとはかぎらない。」 …読者を空想の世界へ引き込む。
第二連 空飛ぶ薬缶《やかん》	▼（⑦　）のいっぱい入った薬缶が、毎夜、台所をぬけ出して飛んで行く。 表現「夜ごと、（⑧　） 台所をぬけ出し」「心もち身を（⑨　）」「一生けんめいに」 薬缶を擬人化した表現 …空飛ぶ薬缶をユーモラスに表現した。
第三連 砂漠の花に水をやる薬缶	▼薬缶は息せき切って空を飛んで行く。 ▼薬缶は、（⑩　）のまん中に一輪咲いた淋《さび》しい花「＝（⑪　）な白い花」に、水をみんなやって戻って来る。 …薬缶は、砂漠の花に水をやるために飛んでいた。＝愛情・やさしさ

おさえよう

主題

●「一枚の絵」…湖水をめぐる水鳥を〔ア 画家　イ 音楽家〕に見立て、情景をイメージ豊かにえがく。

●「朝」…朝の〔ア すみわたる　イ どんよりした〕空の様子を、少ない言葉で豊かに表現。

●「未確認飛行物体」…〔ア 好《こう》奇《き》心　イ 大切なものへの愛情〕をいだいて飛ぶ薬缶の姿をユーモラスにえがく。

知識の泉 Q □に共通して入る数は？　三つ子の魂《たましい》□まで・雀《すずめ》□まで踊《おど》り忘れず

実力判定テストA ステージ2

詩の世界

30分

自分の得点まで色をぬろう！
合格！　もう一歩　がんばろう！
0　60　80　100点
/100

解答 8ページ

1 次の詩を読んで、問題に答えなさい。

教 p.68〜69

一枚の絵

木坂《きさか》 涼《りょう》

一羽の水鳥が
ことのほか早く起きて
①湖水を
めぐった。
画家きどりで
足を
絵筆にして。

水面《みなも》に
朝の色を配りおわると
水鳥は
湖水の隅で
動きをとめた。
②自筆の
サインのように。

〈「詩の世界」による〉

---

1 よく出る ①湖水を／めぐった とありますが、作者はその姿をどのような姿として表現していますか。（　）に当てはまる言葉を、詩の中から抜き出しなさい。　10点×2（20点）

（　　　）に見立てた水鳥が、足を（　　　）にして湖面に絵をかいている姿。

2 水鳥が湖水をめぐった後、水面はどうなりましたか。□に当てはまる言葉を、詩の中から抜き出しなさい。（10点）

□□□になった。

攻略！ 第二連で水鳥が水面に何をしたかがえがかれている。

3 ②自筆の／サインのように。について答えなさい。

(1) 水鳥のどのような様子をたとえた表現ですか。「……様子。」につながるように、詩の中から抜き出しなさい。（10点）

（　　　）様子。

(2) このようにたとえる表現技法を、何といいますか。次から一つ選び、記号で答えなさい。（10点）

ア 直喩《ちょくゆ》　イ 対句《ついく》
ウ 倒置《とうち》　エ 擬人法《ぎじんほう》

（　　　）

2 次の詩を読んで、問題に答えなさい。 教p.70〜71

未確認飛行物体

入沢《いりさわ》 康夫《やすお》

薬缶《やかん》だって、
空を飛ばないとはかぎらない。

水のいっぱい入った薬缶が
夜ごと、こっそり台所をぬけ出し、
①町の上を、
畑の上を、また、つぎの町の上を
心もち身をかしげて、
一生けんめいに飛んで行く。

天の河の下、渡りの雁《かり》の列の下、
人工衛星の弧の下を、
②息せき切って、飛んで、飛んで、
(でももちろん、そんなに速かないんだ)
そのあげく、
砂漠のまん中に一輪咲いた淋《さび》しい花、
大好きなその白い花に、
水をみんなやって戻って来る。

〈「詩の世界」による〉

---

1 題名の「未確認飛行物体」の正体は、何ですか。詩の中から二字で抜き出しなさい。（5点）

2 よく出る ①町の上を、／畑の上を、また、つぎの町の上を という部分と、形や意味のうえで対応している二行を詩の中から抜き出し、初めの五字を書きなさい。（10点）

攻略！ 「上」と対《つい》になる言葉をおさえよう。

3 ②息せき切って について答えなさい。

(1) 何のどのような様子を表した表現ですか。（　）に当てはまる言葉を、詩の中から抜き出しなさい。 5点×2（10点）

（　　）の（　　）な様子。

(2) この部分で用いられている表現技法を次から一つ選び、記号で答えなさい。（10点）

ア 直喩《ちょくゆ》　イ 対句《ついく》
ウ 倒置《とうち》　エ 擬人《ぎじん》法

4 水のいっぱい入った薬缶が／夜ごと、こっそり台所をぬけ出し とありますが、それは何のためだったのですか。（　）に当てはまる言葉を、詩の中から抜き出しなさい。 5点×3（15点）

（　　）まで飛んで行って、そこに咲いた（　　）な白い花に、（　　）をいっぱいやるため。

確認のワーク ステージ1

比喩で広がる言葉の世界

解答 9ページ　スピードチェック 5ページ　予想問題 143ページ

学習のねらい
●比喩の定義と効果について理解しよう。
●段落の役割をおさえ、文章の内容を正確に捉えよう。

漢字と言葉

1 漢字の読み　読み仮名《がな》を横に書きなさい。

＊は新出漢字　▼は新出音訓・◎は熟字訓

①比＊喩　②＊帆（訓読み）　③事＊柄　④＊瞬時
⑤思い＊描く　⑥＊尽くす　⑦＊雷（訓読み）　⑧＊響き渡る
⑨激＊烈　⑩＊迫力　⑪＊緊張　⑫＊輝きだす

2 漢字の書き　漢字に直して書きなさい。

①（　　）《きんちょう》を解く。　②（　　）《はくりょく》がある。
③力を（　　）《あた》える。　④星が（　　）《かがや》きだす。
⑤思い（　　）《えが》く。　⑥波に（　　）《ゆ》られる。

3 語句の意味　意味を下から選んで、線で結びなさい。

①思い描く・　　・ア 非常に激しい様子。
②尽くす・　　・イ 心に浮かべる。
③激烈・　　・ウ 全部出し切る。

教科書の要点

1 話題　比喩とは、何ですか。（　）に教科書の言葉を書き入れなさい。　教p.73〜74

ある事柄を、（　　）のある別の事柄で表すこと。
詩「土」では、蝶《ちょう》の羽がヨットの（　　）にたとえられている。

2 要点　筆者は、比喩にはどのような効果があると述べていますか。□に教科書の言葉を書き入れなさい。　教p.74〜75

●□□をわかりやすく伝える効果。
●物事の□□をより生き生きと印象づける効果。

3 筆者の考え　筆者は、比喩を使いこなすと、どうなると考えていますか。（　）に教科書の言葉を書き入れなさい。　教p.75

表現は輝きだし、伝えたいことをより（　　）、（　　）に相手に届けることができるようになる。

知識の泉　A イ。「どんな貴重なものでも，価値のわからない人には意味がないこと」という意味。

4 構成のまとめ

（　）に教科書の言葉を書き入れなさい。（各段落に1～8の番号を付けて読みましょう。）教p.73～75

	序論	本論	本論	本論	結論
まとまり	1～2段落	3段落	4～5段落	6～7段落	8段落
	比喩の例	比喩とは	比喩の効果	比喩の発想	比喩が広げる言葉の世界
内容	三好達治《みよしたつじ》「土」 ●蟻《あり》にひかれていく（①　　　）が、ヨットにたとえられている。 ↓ゆらゆらと運ばれていく蝶の羽が、波に揺られながら進んでいく（②　　　）のイメージに重なる。	▼ある事柄を、（③　　　）のある別の事柄で表すことを、比喩という。 **条件** ●たとえるものと、たとえられるものとの間に（④　　　）があり、それが広く共有されていること。	**比喩の効果①** ▼比喩には、（⑤　　　）をわかりやすく伝える効果がある。 **具体例** ●「ドーナツのような形」 ↓相手がよく知っているものでたとえれば、未知のものでもわかりやすく説明することができる。 **比喩の効果②** ▼比喩には、物事の（⑥　　　）をより生き生きと印象づける効果もある。 **具体例** ●「雷のような大声」 ↓声の大きさを雷鳴にたとえるだけではなく、雷のもつ激烈さや迫力、おそろしさなどのイメージも重ねている。	▼比喩の発想は、普段私たちが比喩だと認識していないような表現の中にも生きている。 ▼思考や（⑦　　　）など、形のないものでも、比喩の発想によって表現していくことができる。 **具体例** ●「頭の中に入れておく」「頭の中がいっぱいだ」→「頭」を「（⑧　　　）」として捉えている。 ●「深く感謝する」「深い感動」→「深い」を「表面からはうかがい知れないほどの中身がある」という意味で用いている。	◆比喩は言葉の世界を豊かに広げる。比喩を使えば、表現は輝きだし、伝えたいことをよりわかりやすく、（⑨　　　）に相手に届けることができる。 ◆私たちは、比喩を使い、表現を（⑩　　　）していく力をもっている。

おさえよう

要旨《ようし》 比喩とは、ある事柄を、〔ア 似たところのある　イ 似たところのない〕別の事柄で表すことで、〔ア 重量　イ 形状〕をわかりやすく伝える効果や、物事の特性をより生き生きと印象づける効果がある。形のないものでも、比喩の発想によって表現していくことができる。〔ア 言葉　イ 現実〕の世界を豊かに広げる比喩を使いこなそう。

知識の泉 Q「予定より費用がかかる」という意味の慣用句は？　□が出る

実力判定テストA　ステージ2

比喩で広がる言葉の世界

30分

自分の得点まで色をぬろう!
100点 合格! 80 もう一歩 60 がんばろう! 0
/100

解答 9ページ

1 次の文章を読んで、問題に答えなさい。　教 p.74・①〜74・⑰

　このように、ある事柄を、似たところのある別の事柄で表すことを、比喩という。「ヨットのようだ」のように、「まるで」「ようだ」「みたいだ」などを使って表すこともあるが、「あの人は歩く辞書だ」のように、それらの言葉を使わずに表現することもある。大切なことは、①たとえるものと、たとえられるものとの間に共通点があり、それが広く共有されていることだ。蝶《ちょう》の羽は、ヨットの帆に形が似ている。だから、読者は瞬時に情景を思い描く。「あの人は歩く辞書だ」と聞けば、「あの人」が豊富な知識をもち、たずねればいつでも必要な知識を与えてくれることが伝わってくる。辞書にはたくさんの言葉の意味がのっており、知りたいことがあるときに役立つものだと多くの人に共有されているからだ。

　したがって、相手がよく知っているものでたとえれば、未知のものでもわかりやすく説明することができる。例えば、②図のような形の部品をあなたならどのように説明するだろうか。真ん中に穴の空いた丸いドーナツを相手が知っているならば、一言で「ドーナツのような形」ということができる。しかし、もし比喩を使わないとしたら、言葉を尽くしても、伝えることは難しいのではないだろうか。このように、比喩には、形状をわかりやすく伝える効果がある。

〈森山《もりやま》 卓郎《たくろう》「比喩で広がる言葉の世界」による〉

1 よく出る　比喩とは、どういうことだと定義されていますか。文章中から二十三字で抜き出し、初めと終わりの五字を書きなさい。（10点）

□□□□□ ～ □□□□□

2 ①たとえるものと、……共有されている　とありますが、「あの人は歩く辞書だ」という比喩が伝わるのは、どのようなことが広く共有されているからですか。次から二つ選び、記号で答えなさい。　10点×2（20点）

ア 「あの人」が豊富な知識をもっていること。
イ 「あの人」にたずねれば、必要な知識を与えてくれること。
ウ 辞書にはたくさんの言葉の意味がのっていること。
エ 辞書は知りたいことがあるときに役立つこと。

（　　）（　　）

3 ②図のような形の部品　とありますが、筆者はこの図を示すことで、どのようなことを説明していますか。（　）に当てはまる言葉を、文章中から抜き出しなさい。（10点）

比喩には、（　　　　）があるということ。

攻略! 図の例の後で「このように」とまとめていることを捉えよう。

2 次の文章を読んで、問題に答えなさい。

教p.75・①〜75・⑬

また、比喩には、物事の特性をより生き生きと印象づける効果もある。例えば、①「雷のような大声」という場合、声の大きさを響き渡る雷鳴にたとえているだけでなく、雷のもつ激烈さや迫力、おそろしさなどのイメージも重ねている。

実は、②こうした比喩の発想は、普段私たちが比喩だと認識していないような表現の中にも生きている。例えば、「頭の中に入れておく」「そのことで頭の中がいっぱいだ」「緊張して、頭の中が空っぽになる」などという表現では、「頭」が「入れ物」、知識や感情が「その中に入っているもの」として捉えられている。「胸がいっぱいだ」「心が満たされる」なども同様だろう。

さらに、③「深く感謝する」「深い感動」のような表現にも、比喩の発想が生かされている。本来、「深い」は、「深い池」のように、表面からの距離が離れている様子を表す。しかし、表面からはうかがい知れないほどの中身があるといった意味で、精神活動についても「深さ」が用いられる。思考や感情など、形のないものでも、こうした比喩の発想によって表現していくことができる。

〈森山《もりやま》 卓郎《たくろう》「比喩で広がる言葉の世界」による〉

1 よく出る ①「雷のような大声」という例によって、筆者は比喩のどのような効果を説明していますか。文章中から抜き出しなさい。（10点）

（　　）

2 ②こうした比喩の発想は、……生きている について答えなさい。

(1) 「頭の中に入れておく」という表現には、どのような「比喩の発想」が生きていますか。（　）に当てはまる言葉を、文章中から抜き出しなさい。 5点×2（10点）

「頭」という（　　）の中に、（　　）というものが入っていると捉える発想。

(2) (1)と同じような発想の表現を次から一つ選び、記号で答えなさい。（10点）

ア 強いチームに胸を借りる。　イ 希望に胸をふくらませる。

ウ 食べ過ぎて胸が焼ける。　エ 胸を反らして腕《うで》を広げる。

（　　）

3 ③「深く感謝する」……生かされている について答えなさい。

(1) 記述 「深い感動」という表現では、どの言葉をどのような意味で用いていますか。（20点）

（　　）

(2) これらの表現によって、どのようなことを説明していますか。□に当てはまる言葉を、文章中から抜き出しなさい。（10点）

□□□□□□でも、比喩の発想によって、その特性を表現することができるということ。

攻略！ (1)については、直後の説明を読み取ってまとめよう。

知識の泉 Q ――線を漢字で書くと？　出発がノびる。

確認のワーク ステージ1

言葉1 指示する語句と接続する語句
言葉を集めよう もっと「伝わる」表現を目ざして

漢字

1 漢字の読み 読み仮名《がな》を横に書きなさい。

*は新出漢字 ▼は新出音訓・◎は熟字訓

① 名*称　② *伐採　③ ▼並列　④ *累加
⑤ *掛ける　⑥ 選*択　⑦ 事*項　⑧ *蓄える
⑨ *紹*介　⑩ ◎小豆　⑪ *柔らかい　⑫ 修*飾
⑬ 工▼夫　⑭ *溶ける　⑮ ▼極めて　⑯ ▼程よい

2 漢字の書き 漢字に直して書きなさい。

① （れんらく）を聞く。
② 自己（しょうかい）をする。
③ 力を（たくわ）える。
④ （すず）しい風。
⑤ （とびら）を閉める。
⑥ 口に（ふく）む。
⑦ 家の（かぎ）。
⑧ （す）き通った氷。

解答 10ページ スピードチェック 6ページ

学習のねらい
● 指示する語句と接続する語句の働きについて確認しよう。
● 表現を豊かにするため、使える言葉の量を増やそう。

基本問題 言葉1

1 （　）に当てはまるこそあど言葉を書き入れなさい。

	こ	そ	あ	ど
事物	①（　）	②（　）	あれ	どれ
場所	③（　）	④（　）	あそこ	どこ
方向	こちら	⑤（　）	あちら	どちら
状態	こんな ⑦（　）	そんな そう	⑥（　） ああ	どんな どう
指定	この	その	⑧（　）	⑨（　）

2 よく出る 次の——線の語句が指している部分に〜〜線を引きなさい。

① 向こうのかべに掛けた写真を見てください。あれは、修学旅行のときのものです。
② 大きな公園があるのが見えますか。私はいつもあそこで遊んでいました。
③ 全力を尽くす。これが、私のいつも心がけていることだ。
④ 先生はこうおっしゃった。「努力が大切だ。」
⑤ トナカイとカモシカ。前者はシカ科、後者はウシ科の動物だ。

知識の泉 A 延。「延びる」＝時間や距離が長くなる。「伸びる」＝ものが長くなる。成長する。

3 [　]から言葉を選び、（　）に書き入れなさい。

順接（前に述べたことが、後に述べることの原因・理由となる。）
例 だから・それで・すると・①（　）

逆接（前に述べたこととは逆になることが後にくる。）
例 しかし・けれども・だが・②（　）

並列・累加（前に述べたことと並べたり、それに付け加えたりする。）
例 そして・また・しかも・③（　）

対比・選択（前に述べたことと比べたり、どちらかを選んだりする。）
例 または・それとも・もしくは・④（　）

説明・補足（前に述べたことをまとめたり、補ったりする。）
例 ただし・つまり・例えば・⑤（　）

転換《てんかん》（前に述べたことと、話題を変える。）
例 さて・ところで・ときに・⑥（　）

あるいは　そのうえ　ところが
なぜならば　では　したがって

4 よく出る **次の[　]に当てはまる言葉を後から一つずつ選び、記号で答えなさい。（ただし、記号は一度しか使えません。）**

① 天気予報は雨だった。[　]、かさは持たなかった。（　）
② 入場料は五百円です。[　]、小学生以下は無料です。（　）
③ 駅まで走った。[　]、電車の発車時刻に間に合った。（　）
④ 雪が降ってきた。[　]、風も強くなってきた。（　）

ア それで　イ しかも　ウ けれども
エ または　オ ただし　カ ところで

5 **次の文章が【　】の気持ちを表すように、「だから」と「しかし」のどちらかを（　）に書きなさい。**

① 毎日勉強した。（　）、テストは九十点だった。
【九十点という結果に不満な気持ち。】

② 毎日勉強した。（　）、テストは九十点だった。
【九十点という結果に満足する気持ち。】

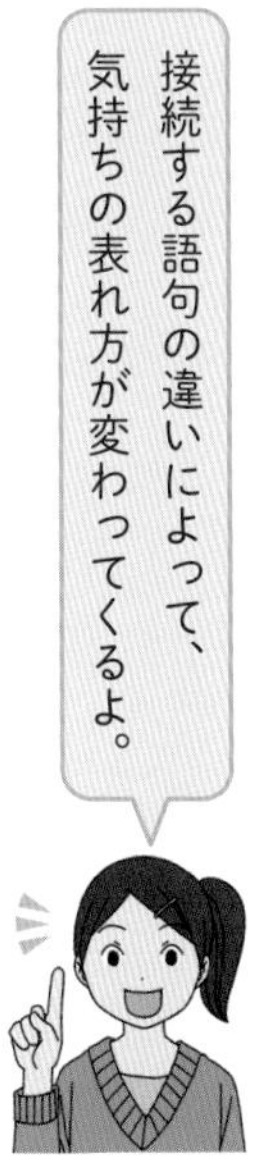
接続する語句の違いによって、気持ちの表れ方が変わってくるよ。

基本問題　言葉を集めよう

★ **次の――線の言葉を言いかえた表現として適切なものを後から一つずつ選び、記号で答えなさい。**

① 合格の知らせを受けて、私は喜んだ。（　）
② 姉は悲しそうな表情をしていた。（　）
③ お化けの話を聞いて、怖かった。（　）
④ ニュースを見た父は、怒った。（　）

ア いきどおった
イ しんみりした
ウ 有頂天《うちょうてん》になった
エ 身の毛もよだつ思いだった

攻略！ それぞれの様子や気持ちに合う表現を選ぼう。

知識の泉　Q「庫」の「广」のよび名はどっち？　ア＝やまいだれ　イ＝まだれ

確認のワーク ステージ1

本の中の中学生

解答 11ページ　スピードチェック 7ページ

学習のねらい
- 中学生が主人公の小説や、実在の人物の中学時代を描いたノンフィクションを読もう。
- 登場人物の考え方などに着目しよう。

漢字

1 漢字の読み　読み仮名《がな》を横に書きなさい。

*は新出漢字　▼は新出音訓・◎は熟字訓

①*幅（訓読み）　②▼臨む　③気▼後れ　④*澄み切る　⑤一*斉　⑥*魔女　⑦▼厳か　⑧*胴　⑨*履く　⑩*核心　⑪植木*鉢　⑫*棚　⑬*擦り傷　⑭*暇（訓読み）　⑮*磨き続ける

2 漢字の書き　漢字に直して書きなさい。

①（　　）《こもん》の先生。　②コートを（　　）《ぬ》ぐ。
③（　　）《うで》を伸ばす。　④（　　）《かみ》の毛を切る。
⑤（　　）《かれ》の名前。　⑥しおりを（　　）《はさ》む。

教科書の要点

1 内容のまとめ　（　）に教科書の言葉を書き入れなさい。教 p.84〜89

作品	内容
「あと少し、もう少し」	●中学最後の駅伝大会の第一区の走者、設楽《したら》。 ▼周りの様子に（①　　）しそうになる。 ▼走るのは嫌いだが、駅伝は好き➡自分にも仲間とよんでも許される存在がいると思える。
「西の魔女が死んだ」	●祖母との生活に期待と不安を感じる、まい。 ▼祖母の言葉「まいといっしょに暮らせるのは（②　　）です。」➡不安が消える。
「ブラインドの向こうに見える光」	●パラリンピックの競泳で三大会連続金メダルを獲得《かくとく》した河合純一《かわいじゅんいち》選手。 ▼視力を失っても、「（③　　）」をコーチにして、水泳の技術を磨き続けた。

おさえよう

主題
- 「あと少し、もう少し」…〔ア 家族　イ 仲間〕の存在に支えられながらスタートする駅伝の走者を描く。
- 「西の魔女が死んだ」…祖母の言葉で、今後の生活に〔ア 希望　イ 不安〕をいだく少女の姿を描く。
- 「ブラインドの向こうに見える光」…常に〔ア 前向き　イ 自信なさげ〕に練習に取り組む水泳選手を描く。

知識の泉　A イ。　形の似ているものに注意。「やまいだれ」→疒。「がんだれ」→厂。

★ 基本問題

次の文章を読んで、問題に答えなさい。 教 p.84・下②〜85・上⑳

ベンチコートを脱いで、軽くジャンプをする。ひんやりした風を腕に感じる。念入りにアップして温めたはずの身体《からだ》なのに、寒さのせいか緊張のせいかうっすら鳥肌《とりはだ》が立つ。

周りに立つ十七人の選手は、みんな一区にふさわしいはなやかさや勢いがある。そこにいるだけで人を引きつける、桝井《ますい》みたいに。やっぱり僕とは違うんだ。そう気後れしそうになって、①小さく深呼吸をした。この地域は山に囲まれているから、競技場の周辺も駅伝コースも緑がふんだんにある。澄み切った空気が身体の奥まで澄ましてくれる。

走るのは好きか？　答えはノーだ。こんなに大変でしんどいこと、できればやりたくない。

でも、駅伝は好きか？　そうなると、答えはイエスになる。②任される。襷《たすき》をつないでいく。その感覚は好きだ。駅伝をしているときだけは、僕にも仲間とよんでも許される存在がいるんだと思える。

スタート一分前。そう放送が流れ、みんなが一斉にラインに並ぶ。空気がひときわ張りつめる。他の学校の先生たちは、競技場内は三十秒ペースで走れとか、あいつの後ろについていけとか、最後のアドバイスに余念がない。

③「設楽《したら》君、がんばって。」

そんな中、上原《うえはら》先生は願い事をたくすかのように言った。具体的じゃない いつもどおりの言葉。だけど、僕はがんばってと言ってもらえることが、幸せなことだと知っている。

〈瀬尾《せお》まいこ「あと少し、もう少し」による〉

1 ①小さく深呼吸をした のは、なぜですか。□に当てはまる言葉を、文章中から抜き出しなさい。

周りに立つ一区の選手たちに［　　］や［　　］を感じて、［　　］しそうになる自分を、落ち着かせたかったから。

2 ②任される。襷をつないでいく。その感覚は好きだ。とありますが、それはなぜですか。「……から。」につながるように、文章中から二十五字で抜き出し、初めと終わりの五字を書きなさい。

［　　　　　］〜［　　　　　］から。

3 よく出る ③設楽君、がんばって。と言われて、「僕」はどう思いましたか。次から一つ選び、記号で答えなさい。

ア　願い事をたくされても困ると思っている。
イ　具体的な指示をしてほしいと思っている。
ウ　緊張させないでほしいと思っている。
エ　期待されるのは幸せだと思っている。
（　　）

攻略！ 最後の文に、先生の言葉に対する「僕」の気持ちが書かれている。

実力判定テストA ステージ2　本の中の中学生

30分

自分の得点まで色をぬろう！
合格！ もう一歩 がんばろう！
100点 80 60 0
/100

解答 11ページ

1 次の文章を読んで、問題に答えなさい。　教 p.87・上⑥〜87・下⑫

祖母の家でしばらく暮らすことになったまいは、母と祖母の家を訪ねた。母は祖母に、当たりさわりのないことを話し続けていた。

裏庭には、料理の最中に台所から出てきてすぐ採れるよう、葱《ねぎ》、山椒《さんしょう》、パセリにセージ、ミントやフェンネル、月桂樹《げっけいじゅ》などが植えてあった。まいはぼんやりと外を見ながら、本当にそれらが陽《ひ》の光をいっぱいに浴びて生き生きしていると思い、①話はまだ核心にきていないと思った。

まいは立ち上がって二枚のドアに挟まれた小さいサンルームに行った。完全に外でもなく、完全に内でもないその空間には、ガラスのかべに細めの板が数枚渡してあり、小さい植木鉢や植木ばさみ、じょうろなどが置いてあった。下の方には棚はなく、長年のどろはねなどでガラスがひどく汚れていた。おまけにゆかのれんがには、隅の方に雑草が生えていた。

ママが声のトーンを落とした。さあ、また「扱いにくい子」を口にするのか。けれど、何をしゃべっているのかうまく聞こえない。

まいはしゃがんで、その雑草をつくづくと見た。小さな青い花を付けている。勿忘草《わすれなぐさ》をうんと小さくしたような花だ。

突然《とつぜん》、おばあちゃんの力強い声が響いた。

「まいといっしょに暮らせるのは喜びです。私はいつも まいのような子が生まれてきてくれたことを感謝していましたから。」

まいは目を閉じた。そしてゆっくり深呼吸し、再び開けた。②この小さな青い花はなんて愛らしいのだろう。まるで存在がきらきら光っているようだ。まいはその花をそっと両てのひらで包むようにした。

「まーい。」

と、ママが声をかけた。

まいははじかれたように立ち上がって返事をした。

〈梨木《なしき》 香歩《かほ》「西の魔女が死んだ」による〉

1 ①話はまだ核心にきていない　とありますが、話が「核心」にきたと考えられるのは、どの段落からですか。その段落の初めの五字を書きなさい。（10点）

2 まいと暮らすことに対する、おばあちゃんの気持ちがわかる言葉を、文章中から二字で抜き出しなさい。（15点）

3 よく出る　②この小さな……光っているようだ。という表現から読み取れるまいの気持ちを次から一つ選び、記号で答えなさい。（15点）

ア　おばあちゃんとの暮らしに希望を感じていること。
イ　おばあちゃんとの暮らしに不安をいだいていること。
ウ　ママと離れて暮らすことに怒りを覚えていること。
エ　ママと離れて暮らすことに興味をもっていること。
（　　）

知識の泉　A イ。「杜撰《ずさん》」＝詩や文に誤りが多いこと。物事がいいかげんなこと。

2 次の文章を読んで、問題に答えなさい。

教 p.88・下⑨〜89・上⑫

中学三年生になったとき、とうとう河合《かわい》の目は、完全に物を見ることができなくなってしまった。太陽の明るさを感じることはできるが、部屋の明かりがついているのかどうかがわからないほどに。しかし、水泳部の顧問の先生は、河合に言った。

「何回水をかいたらかべが来るのか、身体《からだ》で覚えるんだ。水泳を続けたいのなら、①ストロークでそれをつかめるようになるまで練習するんだ。」

必死に泳いでいる最中にそんな無理なこと言うなよ、と河合は思った。とはいえ全力で泳ぎながらかべに向かって頭から激突《げきとつ》するのは、本当に痛かった。痛くないようにするためには、スピードを落とすしかない。②しかし、競技者としてそんなことはできるはずもなかった。頭をぶつけた痛みが「ストロークの数を覚えるしかないだろう。」と河合に言っていた。顧問の先生と、③この「痛み」をコーチにして、ブラインドとなった河合は、④水泳の技術を磨き続けたのだった。

水泳部の仲間は、かべに当たっても痛くないよう、河合が泳ぐコースのかべにタオルを何枚もはり付けてくれた。そして河合は中学校の県大会決勝にまで進み、この年九位に入賞したのだった。

〈小林《こばやし》 良介《りょうすけ》「ブラインドの向こうに見える光」による〉

1 ①ストロークでそれをつかめるように とありますが、何をつかめるようにするのですか。「……ということ。」につながるように、文章中から抜き出しなさい。（15点）

（　　　　）ということ。

攻略！ 先生が河合に指示したことを捉えよう。

2 記述 ②しかし、競技者としてそんなことはできるはずもなかった。とありますが、ここから、河合のどのような気持ちがわかりますか。（　）に当てはまる言葉を考えて書きなさい。（15点）

競技者として、（　　　　）ことを決してあきらめたくないという強い気持ち。

3 ③この「痛み」をコーチにして とありますが、どういうことですか。□に当てはまる言葉を、文章中から抜き出しなさい。（15点）

かべに激突する「痛み」が、□□□□□□□□ことを河合に決意させたということ。

4 よく出る ④水泳の技術を磨き続けた 河合に対して、水泳部の仲間はどうしましたか。次から一つ選び、記号で答えなさい。（15点）

ア 河合が特別扱いされることに抗議《こうぎ》した。
イ 河合が練習しやすいように協力した。
ウ 河合をライバル視して練習にはげんだ。
エ 河合に水泳は無理だと止めようとした。

（　　）

知識の泉 Q 「知り合いが多い」という意味の慣用句は？ □が広い

確認のワーク ステージ1
大人になれなかった弟たちに……

解答 12ページ｜スピードチェック 7ページ｜予想問題 144ページ

学習のねらい
●描写に注意して読み、登場人物の行動や心情の変化を捉えよう。
●時代背景をふまえ、題名のもつ意味を考えよう。

漢字と言葉

1 漢字の読み　読み仮名《がな》を横に書きなさい。

①空*襲　②*爆*弾　③*盗み飲み　④*疎開
⑤親*戚　⑥*渓流　⑦*覆う　⑧*隣村
⑨*乾く　⑩爆*撃　⑪*杉板　⑫*削る

*は新出漢字　▼は新出音訓・◎は熟字訓

2 漢字の書き　漢字に直して書きなさい。

①皆に（　　）《えんりょ》する。　②品物を（　　）《こうかん》する。
③お（　　）《かし》を食べる。　④（　　）《もも》の花が咲く。
⑤味が（　　）《うす》い。　⑥土を（　　）《ほ》る。

3 語句の意味　意味を下から選んで、線で結びなさい。

①おちおち・　　・ア　そばにいて看病する。
②みとる・　　・イ　安心して。
③ひもじい・　　・ウ　空腹である。

教科書の要点

1 設定　（　）に教科書の言葉を書き入れなさい。　教p.96〜99

●時…（①　　）の真っ最中。
●主な場所…前半＝「僕」の自宅。
後半＝石釜《いしがま》という山あいの村。（福岡から南へ二十キロくらいの所。）「僕」たちの疎開先。
●主な登場人物…「僕」、母、弟（名前＝（②　　））。

2 あらすじ　正しい順番になるように、番号を書きなさい。　教p.96〜103

（　）「僕」たちは山あいの村へ疎開した。

（　）「僕」に弟が生まれた。

（　）原子爆弾が落とされ、まもなく戦争が終わった。

（　）病気になった弟は、十日間ほど入院して死んだ。

（　）空襲がひどくなり、母が疎開しようと言いだした。

（　）毎日のように空襲を受ける状況《じょうきょう》で、甘いものなど全くなく、「僕」は弟のミルクを盗み飲みした。

知識の泉　A 顔。〈例〉父は，この地域ではとても顔が広い。

3 構成のまとめ

（　）に教科書の言葉を書き入れなさい。教p.96～103

	第一のまとまり	第二のまとまり	第三のまとまり	第四のまとまり
場面	教初め～99・② 戦争中の家族の生活	p.99・③～102・② 疎開	p.102・③～103・⑪ 弟の病気と死	p.103・⑫～終わり 弟の死後
出来事	●小学校四年生のとき、弟（ヒロユキ）が生まれた。 ●父は戦争に行っていた。＝太平洋戦争の真っ最中。 ●食べ物が十分になかったので、母は「僕」たちに食べさせて、自分はあまり食べなかった。 ●一缶の①（　　）が、ヒロユキの食べ物。 ➡「僕」は、ヒロユキのミルクを盗み飲みした。	母「疎開しよう」…引っ越しの相談に田舎へ。 親戚の人「うちに食べ物はない」 ●行ったこともない山あいの村に疎開が決まる。 ●母は田植えを手伝い、昼ご飯を残して持ち帰った。	●ヒロユキは栄養失調になり、十日間ほど入院して死んだ。 ●母が弟をおんぶして、「僕」と歩いて帰った。 ●母は弟を棺に入れようとしたが、棺が小さすぎて入らなかった。	●戦争が終わった。
心情や様子	▼子供たちにはなんとか食べさせようという、母の愛情。 僕 盗み飲みがどんなに②（　　）ことかわかっていたが、飲んでしまった。＝やるせなさ 甘いお菓子などない時代	母「帰ろう」…強い顔・悲しい悲しい顔・③（　　）顔。 ➡深い悲しみと、自分が子供を守るという決意。 ▼子供たちをなんとか育てようという、母の強い意志。	僕 弟の口に、綿に含ませた水を飲ませた夜を忘れられない。 母「ヒロユキは④（　　）だった。……みとられて死んだのだから。」 ➡そう思わざるをえない、やるせなさ、つらさ。 母「⑤（　　）なっていたんだね」…初めて泣いた。 ➡子供を守れなかったやりきれなさ、深い悲しみ。	僕 ひもじかったことと、⑥（　　）は一生忘れない。 ➡戦争をにくみ、平和を願う気持ち。

おさえよう

主題 〔ア 戦争　イ 疎開〕のために、大人になる前に命を絶たれた多くの子供たちの死を悲しむとともに、〔ア 永遠の平和を願う　イ 昔をなつかしむ〕気持ちが込められた物語。

知識の泉 Q「川を背に陣《じん》を取り，勝利を収めた」という故事が基になった故事成語は？

実力判定テストA ステージ2

大人になれなかった弟たちに……

30分

自分の得点まで色をぬろう!
100点 合格! 80 もう一歩 60 がんばろう! 0
/100

解答 12ページ

★ 次の文章を読んで、問題に答えなさい。

教 p.98・②〜99・⑫

そのころは食べ物が十分になかったので、母は僕たちに食べさせて、自分はあまり食べませんでした。でも弟のヒロユキには、母のお乳が食べ物です。母は自分が食べないので、お乳が出なくなりました。①ヒロユキは食べるものがありません。おもゆといっておかゆのもっと薄いのを食べさせたり、やぎのミルクを遠くまで買いに行って飲ませたりしました。

でも、ときどき配給がありました。ミルクが一缶、それがヒロユキの②大切な大切な食べ物でした……。

みんなにはとうていわからないでしょうが、そのころ、甘いものはぜんぜんなかったのです。あめもチョコレートもアイスクリームも、お菓子はなんにもないころなのです。食いしん坊だった僕には、甘い甘い弟のミルクは、よだれが出るほど飲みたいものでした。

母は、よく言いました。ミルクはヒロユキのご飯だから、ヒロユキはそれしか食べられないのだからと――。

でも、③僕はかくれて、ヒロユキの大切なミルクを盗み飲みしてしまいました。それも、何回も……。

僕にはそれがどんなに悪いことか、よくわかっていたのです。でも、僕は飲んでしまったのです。僕は弟がかわいくてかわいくてしかたがなかったのですが、④……それなのに飲んでしまいました。

あまり空襲がひどくなってきたので、母は疎開しようと言いだしました。それである日、祖母と四歳の妹に留守番を頼んで、母が弟をおんぶして僕と三人で、⑤親戚のいる田舎《いなか》へ出かけました。

ところが、親戚の人は、はるばる出かけてきた母と弟と僕を見るなり、うちに食べ物はないと言いました。僕たちは食べ物をもらいに行ったのではなかったのです。引っ越しの相談に行ったのに。母はそれを聞くなり、僕に帰ろうと言って、くるりと後ろを向いて帰りました。

そのときの顔を、僕は今でも忘れません。⑥強い顔でした。でも悲しい悲しい顔でした。僕はあんなに⑦美しい顔を見たことはありません。僕たち子供を必死で守ってくれる母の顔は、美しいです。僕はあのときのことを思うと、いつも胸がいっぱいになります。

〈米倉《よねくら》 斉加年《まさかね》「大人になれなかった弟たちに……」による〉

1 ①ヒロユキは食べるものがありません。とありますが、そうなったのはなぜですか。（　）に当てはまる言葉を、文章中から抜き出しなさい。（10点）

母が食べ物を「僕」たちに食べさせ、自分はあまり食べなかったため、（　　　　）が出なくなったから。

2 ②大切な大切な食べ物でした…… とありますが、どのような点で「大切」だったのですか。（　）に当てはまる言葉を、母の言葉の中から抜き出しなさい。（10点）

ヒロユキは、ミルクがご飯で、それしか（　　　）という点。

3 よく出る ③僕はかくれて、ヒロユキの大切なミルクを盗み飲みしてしまいました とありますが、「僕」がこのようなことをしたのは、なぜですか。次から一つ選び、記号で答えなさい。（15点）

ア 「僕」はお菓子を何も食べられないのに、甘いミルクを独り占めできるヒロユキがうらやましかったから。
イ 母がヒロユキばかりをかわいがることに反発して、母とヒロユキを困らせてやろうと思ったから。
ウ ヒロユキのことがかわいく、盗み飲みが悪いことだとわかってもいたが、ひもじくてがまんできなかったから。
エ ヒロユキにとってのミルクの大切さが理解できず、なんの悪気もなく、甘いものが欲しいと思ったから。（　）

攻略！ 「僕」にとってミルクがどのようなものだったのかを読み取ろう。

4 ④……それなのに飲んでしまいました から、「僕」のどのような気持ちがわかりますか。次から二つ選び、記号で答えなさい。5点×2（10点）

ア 納得《なっとく》　イ 困惑《こんわく》　ウ 後悔
エ 満足感　オ 罪悪感
（　）（　）

5 ⑤親戚のいる田舎へ出かけました について答えなさい。

(1) 何をするために出かけたのですか。文章中から七字で抜き出しなさい。（10点）

(2) 記述 親戚の人は、「僕」たちが何をしに来たと思ったのですか。（15点）

6 よく出る ⑥強い顔でした。でも悲しい悲しい顔でした。 とありますが、「僕」は、母の顔に何を感じたのですか。次から一つ選び、記号で答えなさい。（15点）

ア 頼みを断られたことに対する大きな落胆《らくたん》と、これからどうすればよいのかわからないという絶望感。
イ 思わぬ仕打ちを受けたことに対する悲しみと、自分が子供を守らなければならないという強い決意。
ウ 約束を破られたことに対する激しい怒りと、それでもなんとかなるだろうという開き直りの気持ち。
エ 冷たくあしらわれたことに対するさびしさと、生きる道をとざされてしまったという無力感。（　）

攻略！ 「強い」と「悲しい」が表すものをそれぞれおさえよう。

7 ⑦美しい顔 とありますが、「僕」は、母のどのようなところを「美しい」と思っていますか。「……ところ。」につながるように、文章中から十二字で抜き出しなさい。（15点）

ところ。

実力判定テストB ステージ3

大人になれなかった弟たちに……

30分

自分の得点まで色をぬろう!
合格! もう一歩 がんばろう!
100点 80 60 0
/100

解答 13ページ

次の文章を読んで、問題に答えなさい。 教 p.102・③〜103・⑯

ヒロユキは病気になりました。僕たちの村から三里くらい離れた町の病院に入院しました。僕は学校から帰ると、毎日、まきと食べ物を祖母に用意してもらい、母と弟のいる病院に、バスに乗って出かけました。

十日間くらい入院したでしょうか。①ヒロユキは死にました。

暗い電気の下で、小さな小さな口に綿に含ませた水を飲ませた夜を、僕は忘れられません。泣きもせず、弟は静かに息をひきとりました。母と僕に見守られて、弟は死にました。病名はありません。栄養失調です……。

死んだ弟を母がおんぶして、僕は片手にやかん、そして片手にヒロユキの身の回りのものを入れた小さなふろしき包みを持って、家に帰りました。

白い乾いた一本道を、②三人で山の村に向かって歩き続けました。バスがありましたが、母は弟が死んでいるのでほかの人に遠慮したのでしょう、三里の道を歩きました。

空は高く高く青く澄んでいました。ブウーンブウーンというB29の独特のエンジンの音がして、③青空にきらっきらっと機体が美しく輝いています。道にも畑にも、人影はありませんでした。歩いているのは三人だけです。

母がときどきヒロユキの顔に飛んでくるはえを手ではらいながら、言いました。

④「ヒロユキは幸せだった。母と兄とお医者さん、看護婦さんにみとられて死んだのだから。空襲の爆撃で死ねば、みんなばらばらで死ぬから、もっとかわいそうだった。」

家では祖母と妹が、泣いて待っていました。部屋を貸してくださっていた農家のおじいさんが、杉板を削って⑤小さな小さな棺を作っていてくださいました。弟はその小さな小さな棺に、母と僕の手でねかされました。小さな弟でしたが、棺が小さすぎて入りませんでした。

母が、大きくなっていたんだね、とヒロユキのひざを曲げて棺に入れました。そのとき、⑥母は初めて泣きました。

父は、戦争に行ってすぐ生まれたヒロユキの顔を、とうとう見ないままでした。

弟が死んで九日後の八月六日に、ヒロシマに原子爆弾が落とされました。その三日後にナガサキに――。

そして、六日たった一九四五年八月十五日に戦争は終わりました。

⑦僕はひもじかったことと、弟の死は一生忘れません。

〈米倉《よねくら》 斉加年《まさかね》「大人になれなかった弟たちに……」による〉

知識の泉 A 不運が重なること。 似た意味のことわざは，「弱り目にたたり目」。

1 ①ヒロユキは死にました。について答えなさい。

(1) その原因は何ですか。文章中から四字で抜き出しなさい。（10点）

(2) このように表現することで、どのようなことを表していますか。次から一つ選び、記号で答えなさい。（12点）

ア 簡潔に述べることで、逆に、その悲しみが言いようもないほど深いことを表している。

イ 事実のみを述べることで、当時の感情をよく思い出せないということを表している。

ウ 過去形で述べることで、今となっては子供時代のなつかしい思い出であることを表している。

エ 冷静に述べることで、戦争中では弟の死もしかたなかったとあきらめていることを表している。

2 ②三人 とは、だれのことですか。文章中から抜き出しなさい。完答（10点）

3 よく出る ③青空にきらっきらっと機体が美しく輝いています とありますが、この表現から、「僕」のどのような様子が読み取れますか。次から一つ選び、記号で答えなさい。（12点）

ア 空を行く飛行機の自由な姿に強くあこがれる様子。

イ 爆撃機を単に美しいと感じるほどにうつろな様子。

ウ B29の姿をおそろしく思ってあわてふためく様子。

エ 機体の美しさについ見とれるほどおだやかな様子。

4 よく出る ④ヒロユキは幸せだった。とありますが、このときの母の気持ちを次のようにまとめました。（　）に当てはまる言葉を、文章中から抜き出しなさい。7点×2（14点）

（　　）で死んだのではなく、自分たちに（　　）死んだことがせめてもの救いだったと思わなければ、ヒロユキがかわいそうでやりきれない。

5 ⑤小さな小さな棺 と同じように、くり返しの表現を用いて、弟の小ささを強調している部分を、文章中のこれより前の部分から七字で抜き出しなさい。（10点）

6 記述 ⑥母は初めて泣きました とありますが、母が泣いたのは、どのようなことに気づいたからですか。文章中の言葉を使って書きなさい。（12点）

7 レベルUP ⑦僕はひもじかったことと、弟の死は一生忘れません。という部分から、「僕」のどのような気持ちが読み取れますか。「戦争」「平和」という言葉を使って書きなさい。（20点）

知識の泉 Q 「しめすへん」と「土」を合わせてできる漢字は？

確認のワーク　ステージ1

星の花が降るころに

学習のねらい
●比喩表現について理解し、内容を想像しながら読もう。
●場面と場面、場面と人物などの描写を結び付けて読もう。

解答 13ページ　スピードチェック 8ページ　予想問題 145ページ

漢字と言葉

1 漢字の読み
読み仮名《がな》を横に書きなさい。

＊は新出漢字 ▼は新出音訓・◎は熟字訓

①先＊輩　②＊廊下　③＊眺める　④＊騒々しさ
⑤＊唇　⑥＊駆け寄る　⑦＊魂（訓読み）　⑧＊憎らしい
⑨日＊陰　⑩＊拭く　⑪＊掃▼除　⑫＊抱える

2 漢字の書き
漢字に直して書きなさい。

①（ちょうせん）する。　②（ぼうし）をかぶる。
③（なみだ）がにじむ。　④背中を（お）す。
⑤（おそ）い時刻。　⑥友達を（さそ）う。

3 語句の意味
意味を下から選んで、線で結びなさい。

① 誤解・　　・ア 間違って理解すること。
② 繊細《せんさい》・　　・イ 外側を形作る線。
③ 輪郭《りんかく》・　　・ウ 感情がこまやかな様子。

教科書の要点

1 登場人物
（　）に教科書の言葉を書き入れなさい。 教 p.106〜108

①（　）…物語の主人公。中学生。
②（　）…小学生のとき、主人公と仲が良かった友達。
③（　）…主人公の同級生。サッカー部。

2 あらすじ
正しい順番になるように、番号を書きなさい。 教 p.106〜113

（　）「私」は、夏実《なつみ》と二人で銀木犀《ぎんもくせい》の花が散るのを見た。

（　）「私」は公園に寄り、夏実との思い出の銀木犀の花を土の上に落とした。

（　）「私」は帰りに戸部《とべ》君と話した。顔を見合わせ笑っていたら、涙がにじんできた。

（　）「私」は夏実と仲直りしようとするが、失敗した。その様子を戸部君に見られた。

知識の泉　A 社。「しめすへん」と形の似たものに，「ネ」（ころもへん）がある。

3 構成のまとめ

（　）に教科書の言葉を書き入れなさい。教p.106〜113

	第一のまとまり	第二のまとまり	第三のまとまり	第四のまとまり
場面	教初め〜p.106・⑤ 去年の秋	p.106・⑦〜109・⑪ 教室と廊下	p.109・⑬〜112・⑦ 校庭	p.112・⑨〜終わり 公園
出来事	●夏実と二人で銀木犀の木の真下に立ち、白く小さな星の形の花が散るのを長いこと見上げていた。	●戸部君に、「あたかも」という言葉を使って文章を作る問題がわからないと言われた。 ●廊下で夏実を待つ。 ●夏実がこちらに向かってくるのが見えた。 ●夏実に声をかけたが、夏実は顔を背け、目の前を通り過ぎて行ってしまった。 ●戸部君がこちらを見ていることに気づく。	●水飲み場の近くに座って戸部君を探した。 ●戸部君は、一人で黙々とボールを磨いていた。 ●戸部君が来て、「あたかも」を使った冗談を言った。	●帰り道、（⑦　）のある公園に立ち寄った。 ●銀木犀の木の真下に立ち、持っていた銀木犀の星形の花を土の上に落として、木の下から出た。
「私」の心情や様子	▼二人で木に閉じ込められた、と言って（①　）夏実を思い出す。 ＝仲が良かったころの思い出。	▼いきなり変なことを言いだす戸部君。戸部君のことが小学生のころからわからないままだ。 ▼銀木犀の花が入った、お守りみたいな小さなビニール袋を、ポケットの上からそっとなでた。＝夏実と（②　）をするという決意。 ▼自分の（③　）がどこにあるのかがはっきりわかった。＝緊張 音のないこま送りの映像を見ているよう。 貧血を起こしたときに見える白々とした光景。｝大きなショック ▼夏実の他には（④　）とよびたい人なんてだれもいない。	▼戸部君が、夏実とのことをどこまでわかっているのか探りたい。 ▼戸部君の姿と自分を比べる。→自分の考えていたことが、ひどく小さく、（⑤　）ことに思えてきた。 ▼戸部君と顔を見合わせ笑っていたら、（⑥　）がにじんできた。	▼夏実と花を拾える日が来るかもしれない。それとも違うだれかと拾うかもしれない。あるいはそんなことはもうしないかもしれない。 ➡どちらにしても、大丈夫、きっとなんとかやっていける。

おさえよう

主題 親友との関係に悩んでいた主人公が、同級生の意外な一面や、〔ア 古い葉を落として新しい葉を生やす　イ 葉をずっと落とさない〕木の生命力を知って、〔ア 過去をなつかしむ　イ 前向きに生きようとする〕物語。

知識の泉 Q ことわざ「のれんに腕押し」の意味は？

実力判定テストA ステージ2 星の花が降るころに

30分

自分の得点まで色をぬろう!
100点　合格!　80　もう一歩　60　がんばろう!　0
/100

解答 14ページ

★ 次の文章を読んで、問題に答えなさい。

教 p.107・⑬〜109・⑪

隣の教室の授業も終わったらしく、椅子を引く音がガタガタと聞こえてきた。私は①戸部《とべ》君を押しのけるようにして立ち上がると廊下に向かった。

戸部君に関わり合っている暇はない。今日こそは仲直りをすると決めてきたのだ。はられたポスターや掲示《けいじ》を眺めるふりをしながら、②廊下で夏実《なつみ》が出てくるのを待った。

夏実とは中学に上がってもずっと親友でいようと約束をしていた。だから春の間はクラスが違っても必ずいっしょに帰っていた。それなのに、何度か小さな擦れ違いや誤解が重なるうち、別々に帰るようになってしまった。おたがいに意地を張っていたのかもしれない。

③お守りみたいな小さなビニール袋をポケットの上からそっとなでた。中には銀《ぎん》木犀《もくせい》の花が入っている。もう香りはなくなっているけれどかまわない。去年の秋、この花で何か手作りに挑戦しようと言ってそのままになっていた。香水はもう無理でも試しにせっけんを作ってみよう、そして秋になったら新しい花を拾って、それでポプリなんかも作ってみよう……そう誘ってみるつもりだった。夏実だって、私から言いだすのをきっと待っているはずだ。

④夏実の姿が目に入った。教室を出てこちらに向かってくる。

そのとたん、私は自分の心臓がどこにあるのかがはっきりわかった。どきどき鳴る胸をなだめるように一つ息を吸ってはくと、ぎこちなく足をふみ出した。

「あの、夏実——」

私が声をかけたのと、隣のクラスの子が夏実に話しかけたのが同時だった。夏実は一瞬とまどったような顔でこちらを見た後、隣の子に何か答えながら私からすっと顔を背けた。そして目の前を通り過ぎて行ってしまった。音のないこま送りの映像を見ているように、変に長く感じられた。

騒々しさがやっと耳に戻ったとき、教室の中の戸部君がこちらを見ていることに気づいた。私はきっとひどい顔をしている。唇がふるえているし、目のふちが熱い。⑤きまりが悪くてはじかれたようにその場を離れると、窓に駆け寄って下をのぞいた。裏門にも、コンクリートの通路にも人の姿はない。⑥どこも強い日差しのせいで、色が飛んでしまったみたい。貧血を起こしたときに見える白々とした光景によく似ている。

⑦私は外にいる友達を探しているふうに熱心に下を眺めた。本当は友達なんていないのに。夏実の他には友達とよびたい人なんてだれもいないのに。

〈安東《あんどう》　みきえ「星の花が降るころに」による〉

知識の泉 A 手応えがないこと。「豆腐《とうふ》にかすがい」「ぬかに釘《くぎ》」も似た意味のことわざ。

1 ①戸部君を押しのけるようにして という行動には、「私」の戸部君に対するどのような気持ちが表れていますか。「……という気持ち。」につながるように、文章中から抜き出しなさい。（10点）

（　　　　）という気持ち。

2 ②廊下で夏実が出てくるのを待った について答えなさい。

(1) 何のために待ったのですか。「……ため。」につながるように、文章中から六字で抜き出しなさい。（10点）

□□□□□□ため。

(2) 「私」と夏実の関係が以前と変わったことと、その理由がわかる部分を、文章中から連続する二文で抜き出し、一文目の初めの五字を書きなさい。（10点）

□□□□□

3 ③お守りみたいな小さなビニール袋 とありますが、「お守りみたいな」という表現から、「私」のどのような様子が読み取れますか。次から一つ選び、記号で答えなさい。（10点）

ア 新しい親友ができますようにと願いを込めている様子。
イ 自分と夏実を結び付けるものとして大切にしている様子。
ウ どんな願望もかなえてくれると信じて宝物にしている様子。
エ 香水やせっけんを手作りするのを楽しみにしている様子。

（　　）

攻略！ ビニール袋の中に銀木犀の花が入っていることから考える。

4 よく出る ④そのとたん、……はっきりわかった。とは、どういうことですか。わかりやすく書きなさい。（10点）

（　　　　）

5 夏実に声をかける前、「私」は、現在の夏実の気持ちをどのように想像していましたか。それがわかる一文を文章中から抜き出し、初めの五字を書きなさい。（10点）

□□□□□

6 記述 ⑤きまりが悪くて とありますが、きまりが悪かったのは、なぜですか。簡潔に書きなさい。（15点）

（　　　　）

7 よく出る ⑥どこも強い日差しのせいで、……光景によく似ている。という表現から、このときの「私」はどのような様子であったと考えられますか。次から一つ選び、記号で答えなさい。（10点）

ア 夏実の冷たい反応に、怒りを抑え切れないでいる様子。
イ 外にいる友達を見つけ出せず、がっかりしている様子。
ウ 戸部君が話しかけてくれることを、期待している様子。
エ 夏実に無視されてショックを受け、呆然《ぼうぜん》としている様子。

（　　）

8 記述 ⑦私は外にいる友達を探しているふうに熱心に下を眺めた。とありますが、そのようにしたのは、なぜですか。（15点）

（　　　　）

攻略！ 「友達を探しているふうに」とあることに注意する。

知識の泉 Q ――線を漢字で書くと？　目がサめる。お茶がサめる。

実力判定テストB ステージ3

星の花が降るころに

30分

自分の得点まで色をぬろう!
100点 合格! 80 もう一歩 60 がんばろう! 0
/100

解答 14ページ

★ 次の文章を読んで、問題に答えなさい。

教p.109・⑮〜112・⑦

もう九月というのに、昨日も真夏日だった。校庭に出ると、毛穴という毛穴から魂がぬるぬると溶け出してしまいそうに暑かった。

運動部のみんなは①サバンナの動物みたいで、入れかわり立ちかわり水を飲みにやって来る。水飲み場の近くに座って戸部《とべ》君を探した。夏実《なつみ》とのことを見られたのが気がかりだった。繊細《せんさい》さのかけらもない戸部君だから、みんなの前で何を言いだすか知れたものじゃない。どこまでわかっているのか探っておきたかった。だいたいなんであんな場面をのんびりと眺めていたのだろう。それを考えると弱みをにぎられた気分になり、八つ当たりとわかっても憎らしくてしかたがなかった。

②戸部君の姿がやっと見つかった。なかなか探せないはずだ。サッカーの練習をしているみんなとは離れた所で、一人ボールを磨いていた。

サッカーボールはぬい目が弱い。そこからほころびる。だから砂を落としてやらないとだめなんだ。使いたいときだけ使って、手入れをしないでいるのはだめなんだ。いつか戸部君がそう言っていたのを思い出した。

日陰もない校庭の隅っこで背中を丸め、黙々とボール磨きをしている戸部君を見ていたら、③なんだか急に自分の考えていたことがひどく小さく、くだらないことに思えてきた。

立ち上がって水道の蛇口《じゃぐち》をひねった。水をぱしゃぱしゃと顔にかけた。冷たかった。溶け出していた魂がもう一度引っ込み、④やっと顔の輪郭《りんかく》が戻ってきたような気がした。

てのひらに水を受けて何度もほおをたたいていると、足音が近づいてきた。後ろから「おい。」と声をかけられた。戸部君だ。ずっと耳になじんでいた声だからすぐわかる。

顔を拭きながら振り返ると、戸部君が言った。

「俺、考えたんだ。」

ハンドタオルから目だけを出して戸部君を見つめた。⑤何を言われるのか少し怖くて黙っていた。

「ほら、『あたかも』という言葉を使って文を作りなさいってやつ。」

「ああ、なんだ。あれのこと。」

「いいか、よく聞けよ……おまえは俺を意外とハンサムだと思ったことが――」にやりと笑った。「――あたかもしれない。」

やっぱり戸部君って、わけがわからない。

二人で顔を見合わせてふき出した。中学生になってちゃんと向き合ったことがなかったから気づかなかったけれど、私より低かったはずの戸部君の背はいつのまにか私よりずっと高くなっている。

私はタオルを当てて笑っていた。⑥涙がにじんできたのはあんまり笑いすぎたせいだ、たぶん。

〈安東《あんどう》 みきえ「星の花が降るころに」による〉

知識の泉 A 覚・冷。　「覚める」＝意識がはっきりする。「冷める」＝冷たくなる。

1 ①サバンナの動物　とは、だれの、どのような様子をたとえたものですか。簡潔に書きなさい。（15点）

（　　　　）

2 ②戸部君の姿がやっと見つかった。について答えなさい。

(1) 「私」はこれまで、戸部君のことをどのような性格の人間だと思っていましたか。文章中から十字で抜き出しなさい。（10点）

□□□□□□□□□□性格。

(2) 記述　「私」が戸部君を探していたのは、なぜですか。文章中の言葉を使って書きなさい。（15点）

（　　　　）

(3) 探しているとき、「私」は戸部君に対してどのような感情をもっていましたか。そのことがわかる一文を文章中から抜き出し、初めの五字を書きなさい。（10点）

□□□□□

3 よく出る　③なんだか急に……くだらないことに思えてきた　とありますが、「私」がそのような気持ちになったのは、なぜですか。次から一つ選び、記号で答えなさい。（15点）

ア　一人離れた所でボールを磨く戸部君の様子を見て、自分よりもさびしそうだと感じられたから。

イ　夏実と仲直りすることができなくても、自分には戸部君という友達がいるのだと気づいたから。

ウ　夏実とのことを戸部君がみんなに言うかもしれないと、一方的に疑っていた自分を深く反省したから。

エ　みんなのことを考えて自ら努力する戸部君に比べ、自分のことしか考えていない自分がつまらなく思えたから。

（　　）

4 レベルUP　④やっと顔の輪郭が戻ってきたような気がした　とは、どのような感じですか。（　）に当てはまる言葉を考えて書きなさい。（10点）

ようやく（　　　　）を取り戻したような感じ。

5 ⑤何を言われるのか少し怖くて黙っていた。とありますが、「私」は、戸部君に何を言われることをおそれていたのですか。文章中から六字で抜き出しなさい。（10点）

□□□□□□

6 よく出る　⑥涙がにじんできたのはあんまり笑いすぎたせいだ、たぶん。とありますが、「笑いすぎた」こと以外で、「涙がにじんできた」理由として考えられるものを次から一つ選び、記号で答えなさい。（15点）

ア　戸部君の作った短文が、予想していた以上にひどかったので、期待を裏切られてがっかりしたから。

イ　低かったはずの戸部君の背が、自分より高くなっていたことに初めて気がついて驚いたから。

ウ　落ち込んでいる自分を笑わせようとする戸部君の思いやりが伝わってきて、うれしかったから。

エ　いろいろとくだらない話をする戸部君の無神経さに、心の中でずっと腹を立てていたから。

（　　）

知識の泉　Q「ちらっと聞く」のはどっち？　ア＝耳が痛い　イ＝小耳に挟む

確認のワーク ステージ1

聞き上手になろう／項目を立てて書こう／[推敲《すいこう》]読み手の立場に立つ

解答 15ページ　スピードチェック 9ページ

学習のねらい
- 質問のしかたやきき方の工夫を身につけよう。
- 項目ごとに整理して、わかりやすく伝える方法を知ろう。

漢字 1 漢字の読み

読み仮名《がな》を横に書きなさい。

＊は新出漢字　▼は新出音訓・◎は熟字訓

❶◎心地

基本問題　聞き上手になろう

1 話を聞いたとき、次のような言葉を返すことには、どのような意味がありますか。後から一つずつ選び、記号で答えなさい。

① それはつまり……ということですか。（　）
② 美術部の部長だそうですが、部長になってよかったことは何ですか。（　）
③ へえ、美術部の部長をしているんですね。（　）

ア 聞いたことをくり返し、話を受け止めていることを伝える。
イ 相手の言葉を引用して質問し、ききたい内容を明確にする。
ウ 他の言葉で言い換え、話を理解していることを伝える。

2 よく出る 次の質問は、ア「閉じた質問（クローズド・クエスチョン）」、イ「開いた質問（オープン・クエスチョン）」のどちらですか。記号で答えなさい。

① なぜ、数学が好きなのですか。（　）
② 数学と物理では、どちらが好きですか。（　）

基本問題　項目を立てて書こう

★ 次の案内文を読んで、問題に答えなさい。

○○年9月9日

保護者の皆様

［　　　　］

絵画展示会のご案内

残暑が厳しい毎日ですが，皆様いかがお過ごしでしょうか。

さて，東中学校では，今年も下記のとおり絵画の展示会を行います。ぜひお越しください。

記

1　日付　9月22日
2　場所　東中学校体育館
3　その他
・校舎正面玄関に受付があります。
・スリッパなどをご持参ください。
・車での来校はご遠慮ください。

以上

1 案内文の□には何が入りますか。次から一つ選び、記号で答えなさい。（　）

ア 挨拶《あいさつ》　イ 行事名
ウ 受取人　エ 差出人

2 よく出る この案内文には、必要な情報が欠けています。その情報を次から一つ選び、記号で答えなさい。（　）

ア 校長の挨拶　イ 開催《かいさい》の日付
ウ 開始、終了《しゅうりょう》の時間　エ おすすめの作品名

攻略！ 展示会に来る人にとって必要な情報が欠けている。

知識の泉　A イ。「耳が痛い」は，自分の弱みを指摘されて，聞くのがつらい様子。

基本問題

★ 次の案内文を読んで、問題に答えなさい。

［推敲《すいこう》］読み手の立場に立つ

〇〇年10月2日

生徒・保護者の皆様

〇〇中学校生徒会

美術館ツアーのご案内

①初秋の功，保護者の皆様には，いかがお過ごしでしょうか。

さて，生徒会主催《しゅさい》美術館ツアーを今年度も下記のとおり②開催なさいます。③参加を希望する生徒は，各クラスの先生に申し込み用紙を提出してください。

記

1　訪問先　東川美術館，西山写真美術館

2　日付　11月3日

3　集合場所　中央公民館前

4　持ち物　水筒《すいとう》，ノート，筆記用具

5　当日の流れ

13:00に中央公民館前に集合し，13:20に東川美術館へ出発します。東川美術館には13:40着の予定です。東川美術館を15:20に出発し，その次の西山写真美術館には15:45着の予定です。西山写真美術館を17:00に出発し，中央公民館に戻るのが17:30になる予定です。17:45に中央公民館前で解散となります。

以上

1 ①初秋の功、保護者の皆様には、いかがお過ごしでしょうか。には、漢字の誤りが一字あります。誤っている漢字を抜き出し、正しい漢字を書きなさい。

（　　）→（　　）

2 よく出る ②開催なさいますを、正しい敬語に直しなさい。

（　　）

3 ③参加を希望する生徒は、……申し込み用紙を提出してください。とありますが、この文には必要な情報が欠けています。その情報を次から一つ選び、記号で答えなさい。

ア だれに提出するか。　イ だれが提出するか。

ウ 何を提出するか。　エ いつまでに提出するか。

（　　）

4 よく出る 「5　当日の流れ」の部分を、読み手がわかりやすいように整理して書きなさい。

5　当日の流れ

13:00　中央公民館前に集合

13:20　（①　　）

13:40　東川美術館着

15:20　東川美術館発

（②　　）

17:00　西山写真美術館発

（③　　）

17:45　中央公民館前で解散

攻略！ 何時に何をするかを簡潔に書き、順番に並べるとよい。

5 この案内文に図版を入れるとしたら、どのような図版を入れるとよいですか。最も適切なものを次から一つ選び、記号で答えなさい。

ア 生徒会長の写真　イ 秋らしいイラスト

ウ 美術館の写真　エ 集合場所の地図

（　　）

知識の泉 Q 「後」を部首索引で引くときの部首のよび名は？

確認のワーク ステージ1

言葉2 方言と共通語
漢字2 漢字の音訓

解答 16ページ　スピードチェック 9ページ

学習のねらい
- 方言と共通語の違いについて理解しよう。
- 漢字の音訓について理解しよう。

漢字

1 漢字の読み 読み仮名《がな》を横に書きなさい。

＊は新出漢字 ▼は新出音訓・◎は熟字訓

①＊即する　②普＊及　③円＊滑　④＊繊細
⑤息＊遣い　⑥▼有無　⑦土▼砂　⑧▼盛夏
⑨▼夏至　⑩首▼相　⑪知▼己　⑫▼街道
⑬号▼泣　⑭▼申告　⑮所▼望　⑯＊遮断

2 漢字の書き 漢字に直して書きなさい。

①（　　）《せんさい》な感覚。　②（　　）《きかく》を立てる。
③（　　）《ぎこう》をこらす。　④（　　）《たが》いに出し合う。
⑤（　　）《いく》つかある。　⑥文化を受け（　　）《つ》ぐ。
⑦（　　）《ねこ》を飼う。　⑧（　　）《しめ》り気がある。

教科書の要点 言葉2

1 方言と共通語 （　）に教科書の言葉を書き入れなさい。　教p.121〜122

①	②
●語句・表現、文法、発音などに、地域ごとの特色が表れた言葉。 →地域の風土や生活に根ざした表現が多く、自分の感情や感覚を実感に即して言い表せる。	●日本全国、どの地域の人にも通用する言葉。 →全国向けのテレビニュースや、不特定多数を対象とした文章に使われることが多い。

基本問題 言葉2

☆ 次の中から、共通語を使ったほうがいい場合を二つ選び、記号で答えなさい。

ア　自分と異なる地域の人と話す場合。
イ　家族や親しい友人と話す場合。
ウ　日常的な場面で気軽な内容を話す場合。
エ　不特定多数を対象とした講演を行う場合。

（　　）（　　）

知識の泉 A ぎょうにんべん。「街・衛」の部首は「行」（ゆきがまえ・ぎょうがまえ）。

教科書の要点　漢字2

1 漢字の音訓

（　　）に教科書の言葉を書き入れなさい。 教 p.123〜124

①（　　　　）
- 漢字の中国語での発音を元にした読み方。
- 一つの漢字が幾つかの音をもつこともある。

例 生…セイ（学生）・ショウ（一生）

②（　　　　）
- 漢字の意味から考えられた読み方。漢字の意味と同じ意味を表す日本語の言葉を当てはめた。
- 一つの漢字が幾つかの訓をもつこともある。

例 生…なま（生魚）・い-きる（生きる）・う-む（生む）・は-える（生える）

基本問題　漢字2

1 よく出る　次のうち、——線の漢字の読み方が他と異なるものを一つずつ選び、記号で答えなさい。

① ア 興奮　イ 興味　ウ 復興　エ 再興（　　）
② ア 貿易　イ 容易　ウ 安易　エ 難易（　　）
③ ア 便利　イ 便乗　ウ 不便　エ 方便（　　）
④ ア 自然　イ 全然　ウ 天然　エ 当然（　　）
⑤ ア 根拠　イ 拠点　ウ 拠出　エ 証拠（　　）

2 次の——線の漢字の読み仮名《がな》を書きなさい。

① A けやきの並木道を歩く。（　　）
　 B 店頭に商品を並べる。（　　）
② A 赤い花に白い花が交じる。（　　）
　 B 二つの直線が交わる。（　　）
③ A 庭で花を育てる。（　　）
　 B 思いやりの心を育む。（　　）

3 次の——線の熟語の読み仮名を書きなさい。

① 大家
　 A 日本画の大家の作品。（　　）
　 B 大家さんに家賃をはらう。（　　）
② 色紙
　 A 色紙にサインを書いてもらう。（　　）
　 B 色紙でつるを折る。（　　）
③ 見物
　 A 桜を見物する人でにぎわう。（　　）
　 B 今後どうなるかが見物だ。（　　）

攻略！ Aは音＋音、Bは訓＋訓で読む。

知識の泉　Q 次の故事成語の□に当てはまる漢字は？　漁夫の□

確認のワーク ステージ1
「言葉」をもつ鳥、シジュウカラ

解答 16ページ　スピードチェック 9ページ　予想問題 146ページ

学習のねらい
- 筆者の意見とそれを支える根拠との関係を捉えよう。
- 文章の構成や展開の効果に着目して、内容を読み取ろう。

漢字と言葉

1 漢字の読み
読み仮名《がな》を横に書きなさい。

*は新出漢字 ▼は新出音訓・◎は熟字訓

① *頃　② *頻　③ *繁*殖期　④ *威*嚇
⑤ 警*戒　⑥ 振る*舞う　⑦ *詳しい　⑧ *誰
⑨ *脅威　⑩ *獲得　⑪ 魅*了　⑫ ▼盛ん

2 漢字の書き
漢字に直して書きなさい。

① 文章の（　　）《かいしゃく》。　② データの（　　）《ぶんせき》。
③ 現在の（　　）《じょうきょう》。　④ （　　）《くわ》しく調べる。
⑤ 小鳥の（　　）《えさ》。　⑥ 敵を追い（　　）《はら》う。

3 語句の意味
意味を下から選んで、線で結びなさい。

① 仮説・　・ア 研究を進めるうえで仮に立てた理論。
② 定義・　・イ 実際に調べて事実を明らかにすること。
③ 検証・　・ウ ある物事の意味をはっきりと決めること。

教科書の要点

1 問題提起
筆者は、シジュウカラの鳴き声について、どのような仮説を立てましたか。（　）に教科書の言葉を書き入れなさい。 教p.128

「ジャージャー」という鳴き声が、「（　　）」を意味する「（　　）」になっているのではないかという仮説。

2 実験の目的
仮説の検証として、二つの実験で何を調べようとしましたか。（　）に教科書の言葉を書き入れなさい。 教p.128・130

① 「ジャージャー」という鳴き声を聞いたシジュウカラが、どのように（　　）のか。
② 「ジャージャー」という鳴き声を聞いたシジュウカラが、実際にヘビの姿を（　　）しているのか。

3 実験の結果
二つの実験の結果、どのようなことがわかりましたか。（　）に教科書の言葉を書き入れなさい。 教p.132

「ジャージャー」という鳴き声を聞いたシジュウカラは、ヘビの姿を（　　）したうえで、ヘビを（　　）際に役立つ特別な行動を取ること。

知識の泉　**A 利。**　「漁夫の利」＝二者が争っているうちに，第三者が利益を横取りすること。

4 構成のまとめ

（　）に教科書の言葉を書き入れなさい。（各段落に1～17の番号を付けて読みましょう。）

教p.126～133

	段落	まとまり	内容
序論	1～3段落	前提となる知識	●シジュウカラは、（①　　）のレパートリーが非常に豊富である。 ●シジュウカラは、木のうろなどに巣を作り、つがいで協力して子育てをする。
	4～5段落	研究のきっかけと仮説	研究のきっかけ ●シジュウカラの親鳥がヘビに接近し、「ジャージャー」と鳴いていた。 ●他の天敵には「ピーツピ」と鳴くのに対し、ヘビにだけは「ジャージャー」と鳴いていた。 ← 仮説 シジュウカラの「ジャージャー」という鳴き声は、「（②　　）」を意味する「（③　　）」ではないか。
本論	6～10段落	仮説の検証1	目的 「ジャージャー」という鳴き声を聞いたシジュウカラが、どのように（④　　）のかを調べる。 方法 「ジャージャー」という鳴き声をヘビのいない状況でシジュウカラに聞かせ、行動変化を観察した。 結果 「ジャージャー」という鳴き声を聞くと、（⑤　　）をじっと見下ろしたり、時には巣箱の穴をのぞいたりした。 問題点 「ジャージャー」は、「地面や巣箱を確認しろ。」といった命令なのかもしれない。
	11～14段落	仮説の検証2	目的 「ジャージャー」という鳴き声を聞いたシジュウカラが、ヘビの姿を（⑥　　）するのかを調べる。 方法 小枝にひもを付けて木の幹に沿ってぶら下げ、「ジャージャー」という鳴き声を流したうえで、ヘビのように小枝を動かした。 結果 「ジャージャー」という鳴き声を聞かせたシジュウカラは、ヘビのように動く小枝に（⑦　　）し、確認した。 解釈 シジュウカラは、鳴き声からヘビの姿をイメージし、小枝をヘビと（⑧　　）。
結論	15～17段落	結論と筆者の考え	結論 「ジャージャー」という鳴き声は「（⑨　　）」を意味する「（⑩　　）」である。 ◆鳴き声の研究が盛んになれば、シジュウカラ以外にも「（⑪　　）」をもつ動物の存在が明らかになるかもしれない。 ◆人間が最も高度な生物だと決めつけることなく、じっくり動物たちを観察してみるとまだまだ驚きの発見があるだろう。

要旨《ようし》 筆者は、シジュウカラの「ジャージャー」という鳴き声が「ヘビ」を示す「単語」だという仮説を立て、検証の結果、〔ア「単語」である　イ「単語」ではない〕と結論づけた。今後、動物の鳴き声に関する研究が盛んになれば、「言葉」をもつ他の動物の存在が〔ア 明らかになる　イ 明らかにはならない〕かもしれない。

知識の泉 Q 慣用句「胸をなで下ろす」の意味は？

実力判定テストA　ステージ2

「言葉」をもつ鳥、シジュウカラ

30分

自分の得点まで色をぬろう！
100点　合格！　80　もう一歩　60　がんばろう！　0
/100

解答 16ページ

次の文章を読んで、問題に答えなさい。

教 p.128・⑨〜130・④

では、シジュウカラの「ジャージャー」という鳴き声がヘビを示す「単語」であるかどうかを調べるには、どうすればよいのでしょうか。鳴き声を発する状況を記録するのはもちろんですが、①それだけでは意味を確かめることはできません。ヘビの存在をつがい相手に伝えるために「ジャージャー」と鳴いているのか、それとも単なる恐怖《きょうふ》心から鳴き声を発しているのかが区別できないからです。そこで私は、②鳴き声を聞いたシジュウカラが、どのように振る舞うのかを詳しく調べてみることにしました。もしも「ジャージャー」という鳴き声がヘビを意味する「単語」であるならば、それを聞いたシジュウカラはヘビを警戒するようなしぐさを示すかもしれないと考えたのです。

まず、あらかじめ録音しておいた「ジャージャー」という鳴き声を基に、三分の長さの音声ファイルを作成しました。シジュウカラのつがいのうち一羽が、ヘビを見つけてくり返し「ジャージャー」と鳴いている状況をまねたのです。そして、その音声をヘビのいない状況でスピーカーから流して聞かせ、シジュウカラの行動変化を観察しました。

シジュウカラは、「ジャージャー」という鳴き声を聞くと、巣箱が掛かった木の周辺で地面をじっと見下ろしたり、時には巣箱の穴をのぞいたり、普段とは明らかに異なるしぐさを示しました（グラフ1*）。いっぽう、カラスやネコなどを警戒するときの「ピーツピ」という鳴き声を聞かせても、これらの行動は見られず、首を左右に振り、周囲を警戒するだけでした（グラフ2*）。また、鳴き声を流さない場合には、どのような種類の警戒行動もほとんど示しませんでした（グラフ3*）。

ヘビは地面から木をはい上り、巣箱に侵入《しんにゅう》して卵やひなを襲います。親鳥が卵やひなを守るためには、ヘビをいち早く見つけ出し、追い払わなければなりません。「ジャージャー」という鳴き声を聞いて地面や巣箱を確認しに行くことは、親鳥がヘビの居場所をつき止めるうえで大いに役立つと考えられます。

〈鈴木《すずき》 俊貴《としたか》「『言葉』をもつ鳥、シジュウカラ」による〉

*グラフは省略しています。

1　この文章では、何について調べる方法を考えていますか。に当てはまる言葉を、文章中から抜き出しなさい。（10点）

シジュウカラの「ジャージャー」という鳴き声が［　　　　　　　　］であるかどうか。

知識の泉　**A　ほっとする。安心する。**　〈例〉台風の被害《ひがい》が出なかったので，胸をなで下ろした。

2

①それだけでは意味を確かめることはできません について答えなさい。

(1) 「それ」は、どうすることを指していますか。「……こと。」につながるように、文章中から抜き出しなさい。(10点)

(　　　　　　)こと。

攻略！ 直前から、「意味を確かめる」ためにすることを読み取ろう。

(2) よく出る 「意味を確かめること」ができないのは、なぜですか。(　)に当てはまる言葉を、文章中から抜き出しなさい。10点×2(20点)

シジュウカラが「ジャージャー」と鳴いたとしても、それが(　　　　　　)ためのものなのか、(　　　　　　)のかがわからないから。

3

②鳴き声を聞いたシジュウカラが、どのように振る舞うのかを詳しく調べてみる について答えなさい。

(1) 「ジャージャー」という鳴き声が「ヘビ」を示す「単語」である場合、シジュウカラはどのように振る舞うと、筆者は予想しましたか。文章中から十六字で抜き出しなさい。(15点)

攻略！ 筆者が予想したことを示す文末表現に着目しよう。

(2) どのような方法で調べましたか。(　)に当てはまる言葉を、文章中から抜き出しなさい。10点×2(20点)

「ジャージャー」という鳴き声を基に作成した音声を、(　　　　　　)状況で流してシジュウカラに聞かせ、その(　　　　　　)を観察するという方法。

(3) よく出る 調べた結果を次のようにまとめました。ⓐ〜ⓒに当てはまる行動を後から一つずつ選び、記号で答えなさい。5点×3(15点)

聞かせた音声	シジュウカラの行動
「ジャージャー」	ⓐ
「ピーツピ」	ⓑ
なし	ⓒ

ア 警戒行動をほとんど示さなかった。
イ 首を左右に振り、周囲を警戒するだけだった。
ウ 地面を見下ろしたり、巣箱の穴をのぞいたりした。

ⓐ(　　) ⓑ(　　) ⓒ(　　)

4

筆者は、「ジャージャー」という鳴き声を聞いたときのシジュウカラの行動が、どのようなことに役立つと考えましたか。次から一つ選び、記号で答えなさい。(10点)

ア 自分の命を守るために、ヘビの居場所をつき止めること。
イ 卵やひなを守るために、新しい巣を探すこと。
ウ 自分の命を守るために、ヘビの居場所をつき止めること。
エ 卵やひなを守るために、新しい巣を探すこと。

(　　)

知識の泉 Q 「熱」の「灬」が属している部首はどっち？　ア＝水　イ＝火

実力判定テストB　ステージ3

「言葉」をもつ鳥、シジュウカラ

30分

自分の得点まで色をぬろう!
100点　合格!　80　もう一歩　60　がんばろう!　0
/100

解答 17ページ

次の文章を読んで、問題に答えなさい。

教p.130・⑤〜132・⑩

しかし、この実験結果から、①シジュウカラの「ジャージャー」という鳴き声がヘビを示す「単語」であると、十分に主張できるでしょうか。もしかしたら、「ジャージャー」という鳴き声は、「地面や巣箱を確認しろ。」といった命令であり、それを聞いたシジュウカラはヘビの姿をイメージすることなく、それらの行動を取ったのかもしれません。

そこで今度は、「ジャージャー」という鳴き声を聞いたシジュウカラが、実際にヘビの姿をイメージしているのか検証しようと考えました。私たちの場合、単語から得たイメージによって、物の見え方が変わってしまうことがあります。例えば、道路に落ちた木の枝でも、誰かがそれを指して「ヘビだ!」と言ったら、周りの人は思わず身構えることでしょう。これは、「ヘビ」という単語からその姿をイメージし、枝を一瞬、本物のヘビと見間違えてしまうからです。同じように、シジュウカラにも見間違いが観察されれば、「ジャージャー」という鳴き声からヘビの姿をイメージした証拠になると考えられます。

②実験の手順は、以下のとおりです。まず、二十センチメートルほどの長さの小枝にひもを付け、木の幹に沿うようにぶら下げます。そして、スピーカーから「ジャージャー」という鳴き声を流します。そのうえで、遠くからひもをゆっくりと引き、まるで幹をはい上るヘビのように小枝を動かしました(図*)。

すると、「ジャージャー」という鳴き声を聞かせたシジュウカラは、ヘビのように動く小枝に近づき、確認することがわかりました。いっぽう、「ジャージャー」以外の鳴き声を聞かせた場合、小枝に接近するシジュウカラはほとんどいませんでした(グラフ*4)。また、「ジャージャー」という鳴き声を聞かせながら、小枝を大きく左右に揺らし、ヘビに似ていない動きとして見せた場合も、同様の結果となりました(グラフ*5)。

つまり、シジュウカラは、「ジャージャー」という鳴き声から幹をはうヘビの姿をイメージし、それに似た動きをする小枝をヘビと見間違えたのだと解釈できます。

二つの実験の結果から、③「ジャージャー」という鳴き声を聞いたシジュウカラはヘビの姿をイメージし、そのうえで、ヘビを探す際に役立つ特別な行動を取ることがわかりました。ここから、「ジャージャー」という鳴き声は「ヘビ」を意味する「単語」であると結論づけられます。

〈鈴木《すずき》 俊貴《としたか》「『言葉』をもつ鳥、シジュウカラ」による〉

*図やグラフは省略しています。

1 よく出る　①シジュウカラの……「単語」であると、十分に主張できるでしょうか　とありますが、筆者は何を問題視していますか。□に当てはまる言葉を、文章中から抜き出しなさい。(10点)

「ジャージャー」という鳴き声が、ヘビを示す「単語」ではなく、行動を起こさせる□□にすぎない可能性がある点。

2 **1**の可能性を排除《はいじょ》するため、筆者はどのようなことを検証することにしましたか。それがわかる一文を文章中から抜き出し、初めの五字を書きなさい。（15点）

□□□□□

3 **2**の検証において、シジュウカラのどのような行動が観察できれば、実証できたことになりますか。次から一つ選び、記号で答えなさい。（15点）

ア ヘビを見たシジュウカラが、「ジャージャー」という鳴き声を発すること。
イ 木の枝をヘビに見間違えたシジュウカラが、「ジャージャー」という鳴き声を発すること。
ウ 「ジャージャー」という鳴き声を聞いたシジュウカラが、地面や巣箱を確認すること。
エ 「ジャージャー」という鳴き声を聞いたシジュウカラが、木の枝をヘビに見間違えること。

（　　）

4 ②実験 について答えなさい。

(1) この実験で、「ヘビ」に見立てられているものは何ですか。文章中から一語で抜き出しなさい。（10点）

（　　）

(2) レベルUP 実験の結果を次のようにまとめました。ⓐ～ⓒに当てはまる行動を後から一つずつ選び、記号で答えなさい。（同じ記号を何度使ってもかまいません。）5点×3（15点）

音声＼動き	ヘビに似た動き	ヘビに似ていない動き
「ジャージャー」	ⓐ	ⓑ
「ジャージャー」以外	ⓒ	

ア シジュウカラは、警戒して、小枝から遠ざかった。
イ シジュウカラは、小枝に接近し、確認した。
ウ 小枝に接近するシジュウカラは、ほとんどいなかった。

ⓐ（　　）ⓑ（　　）ⓒ（　　）

(3) 記述 (2)の結果から、「ジャージャー」という鳴き声を聞かせたシジュウカラの行動を筆者はどう解釈しましたか。解釈した内容を四十字以内で書きなさい。（20点）

5 よく出る ③「ジャージャー」という鳴き声 について、筆者はどう結論づけましたか。文章中から抜き出しなさい。（15点）

（　　）

知識の泉 Q 「意気投合」とよく似た意味の慣用句。□に当てはまる動物は？ □が合う

確認のワーク ステージ1

思考のレッスン2 原因と結果

根拠を示して説明しよう 資料を引用してレポートを書く

解答 18ページ　スピードチェック 10ページ

学習のねらい
- 原因と結果の関係を捉え、話の筋道を理解しよう。
- 本や資料から引用し、根拠が明確な文章を書けるようになろう。

漢字

1 漢字の読み 読み仮名《がな》を横に書きない。

① *踏む　② *隔離　③ *環境　④ *偶然

*は新出漢字　▼は新出音訓・◎は熟字訓

2 漢字の書き 漢字に直して書きなさい。

① （　かんきょう　）を守る。　② 答えを（　かく　）す。

基本問題 思考のレッスン2

1 次の文章から、原因を表している一文をそれぞれ抜き出し、初めの五字を書きなさい。

① 今年は、野菜の高値が続いている。じゃがいもは、一袋三百円、大根は一本二百五十円前後の売値がついている。これは、梅雨《つゆ》が長かったことによる日照不足のためと考えられる。

□□□□□

② 生徒会では、文化祭を盛り上げようと、ポスターやちらしの作成に力を入れました。その結果、文化祭の訪問客は去年より十パーセント増加しました。

□□□□□

2 原因と結果を表す言葉「……のは、……ためと考えられる。」を使って、次の二つの文を、一つの文に書き直しなさい。

- クラスで毎朝五分、漢字練習の時間を取った。
- 漢字テストのクラスの平均点が上がった。

（　　　）

3 よく出る 次の文章は、原因と結果のつながりに無理があります。どのような反論が考えられますか。後から一つずつ選び、記号で答えなさい。

① クラスでアンケートを取った結果、図書館をよく利用すると答えた五人は、みんな猫を飼っていた。猫を飼うと、本をよく読むようになるといえる。（　）

② 水質汚染が進んだ川には、メダカが少ない。メダカが少なくなると、水質汚染が進むのだと考えられる。（　）

③ 傘《かさ》の売れ行きが伸びると、洗濯《せんたく》物が乾きにくくなるらしい。（　）

ア 原因と結果が逆ではないか。
イ 全くの偶然ではないか。
ウ 隠された別の原因はないか。

基本問題　根拠を示して説明しよう

次のレポートを読んで、問題に答えなさい。

1．課題

中学では，数学でつまずきやすいという話を聞く。周りには数学が嫌いだという友達が多い。実際に，中学生は数学を嫌いな人が多いのかを調べた。

2．仮説

中学生は，数学を嫌いな人が多く，好きな人は少ないだろう。

5．考察

資料によると，嫌いな科目で「数学」と答えた中学生は［ A ］%で，全科目中最も多かった。以下，国語，英語，社会，理科と続く。好きな科目で「数学」と答えた中学生は21.5%で，最も多かった。以下，［ B ］と続く。

数学は，嫌いな人が多い反面，好きな人も多いことが明らかになった。中学になると，数学は格段に難しくなる。それで，苦手だと感じる人がいる一方，おもしろいと感じる人もいるのではないだろうか。

また，好きな科目，嫌いな科目ともに三番目までは数学，国語，英語が占めている。ここから，学校で授業時数の多い科目には，好き嫌いにかかわらず中学生の関心が高くなるのだろうと考えられる。

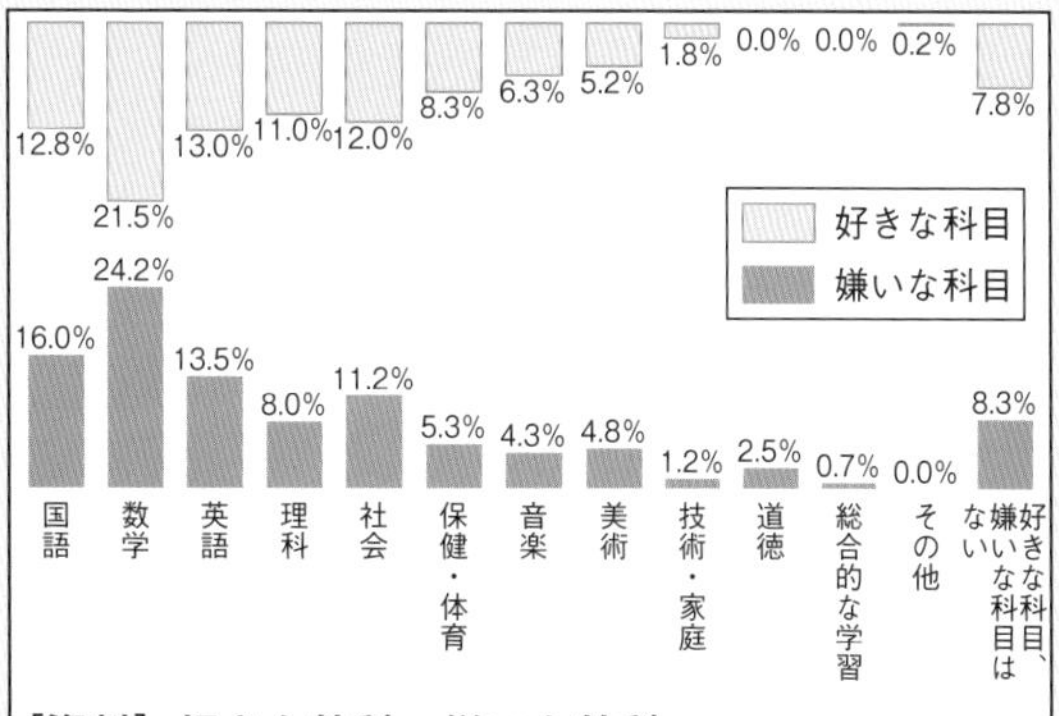

［資料］好きな教科・嫌いな教科

［学研教育総合研究所（Gakken）『中学生白書』（2017年8月調査）による］

1 よく出る　［ A ］に当てはまる数字を書きなさい。

（　　　）%

2 ［ B ］に当てはまる言葉を、グラフから読み取って書きなさい。ただし、科目は四つまでとします。

（　　　）

攻略！　資料の好きな科目のところを見よう。

3 「仮説」に対して、実際はどうでしたか。書きなさい。

（　　　）

攻略！　資料のグラフや、「5．考察」から読み取ろう。

4 学校で授業時数の多い科目には、……中学生の関心が高くなるのだろうと考えられる　について答えなさい。

(1) この意見の根拠の一つになっているのは、どのようなことですか。書きなさい。

（　　　）

(2) この他に、「考察」の中で筆者の考えが書かれた連続する二文を抜き出し、初めの五字を書きなさい。

知識の泉　Q　――線を漢字で書くと？　税金をオサめる。

確認のワーク ステージ1

漢字に親しもう3／[話し合い]話し合いの展開を捉える
話題や展開を捉えて話し合おう　グループ・ディスカッションをする

学習のねらい
●話題や流れを捉えて議論するための発言のしかたを考えよう。
●グループ・ディスカッションの話題と展開の捉え方を知ろう。

解答 18ページ　スピードチェック 10ページ

漢字

1 漢字の読み　読み仮名《がな》を横に書きなさい。

*は新出漢字 ▼は新出音訓・◎は熟字訓

❶ ▼度重なる　❷ 出▼荷　❸ ▼境▼内　❹ 樹*齢
❺ 入り*江　❻ ▼幸（訓読み）　❼ 細*菌　❽ ▼納豆
❾ *披露　❿ *肯定　⓫ ▼黄砂　⓬ *挿入
⓭ *陪審　⓮ *媒体　⓯ *駐車　⓰ ▼仲介

2 漢字の書き　漢字に直して書きなさい。

❶ 大豆が（　）《はっこう》する。　❷ 利益を（　）《かんげん》する。
❸ 貿易（　）《まさつ》。　❹ 新作を（　）《ひろう》する。
❺ （　）《じゅれい》千年の杉。　❻ 文章を（　）《そうにゅう》する。
❼ トマトの（　）《なえ》。　❽ （　）《にじ》が架かる。

基本問題　[話し合い]話し合いの展開を捉える

次の話し合いの文章を読んで、問題に答えなさい。

司会　今日は、体育祭に向けたクラスの標語をみんなで考えます。まず、標語の案をできるだけ多く出していきましょう。

山口　僕は、「自分を信じて」がよいと思います。自分の力を信じて、一人一人が全力を尽くすことが大切だと思うからです。

中島　私は、「応援《おうえん》を力に」という案を考えました。周りの人の応援があれば、自分の力がいっそう発揮できると思います。

森　僕は、［　　］。なぜなら、中島さんの案は、みんなの応援を受けて、一人一人が頑張るというもので、クラスの団結につながると思うからです。

司会　森さんから標語の案について意見が出ましたが、一つ一つの標語の検討は後にして、標語の案を多く出すことを優先させたいと思います。他に標語の案を考えた人はいませんか。

1　［　　］には、どのような言葉が当てはまると考えられますか。次から一つ選び、記号で答えなさい。

ア　中島さんの意見に、賛成です
イ　山口さんの意見に、賛成です

知識の泉　**A 納。**　熟語に置き換えて考えるとよい。税金を納める＝納税。

ウ　山口さんの意見には、反対です

エ　中島さんに質問です

2 よく出る　森さんから標語の案について……思います。とありますが、この司会の言葉についての説明として、適切なものを次から一つ選び、記号で答えなさい。（　　）

ア　前の人の発言を受けて、意見を付け加えている。

イ　話がそれたので、元の話題に戻そうとしている。

ウ　これまでの意見を整理して、議論をまとめている。

エ　反対、賛成の意見を根拠とともに述べている。（　　）

攻略！　司会が、話し合いの最初に言った言葉に着目する。

基本問題　話題や展開を捉えて話し合おう

★　**次の話し合いの文章を読んで、問題に答えなさい。**

司会　学芸発表会でのクラスの出し物について、「合奏がよい」という意見が出ました。では、これについて意見がある人はいますか。

中村　僕も、合奏がよいと思います。合奏なら全員が参加できるからです。

町田　私も、合奏に賛成です。私は吹奏楽《すいそうがく》部ですが、合奏は演奏する側も、きいている側も楽しむことができます。

川野　僕は、合奏には反対です。吹奏楽部の人などは楽器が演奏できますが、楽器が演奏できない人もたくさんいるからです。

司会　では、ここで今までに出た意見を整理しましょう。賛成派は……、反対派は……という意見でしたね。

小林　合奏には賛成ですが、反対派の、楽器が苦手で演奏できない人がいるという意見もわかります。そこで、楽器が苦手な人は、手拍子《ひょうし》や歌など、自分が楽しめるもので演奏に参加するというのはどうでしょうか。

1 よく出る　今までに出た意見を整理しましょう　とありますが、「合奏」についての意見を「賛成派」と「反対派」に分けて次のように整理しました。（　）に当てはまる言葉を書きなさい。

①　賛成派

・（　　　　）が参加できる。

・演奏する側も、（　　　　）側も楽しめる。

②　反対派

・（　　　　）

攻略！　発言した三人の意見から、共通点と相違点を見つけよう。

2　小林さんの発言についての説明として、適切なものを次から一つ選び、記号で答えなさい。

ア　賛成派の意見に完全に同意する意思を述べている。

イ　反対派の意見の足りない部分について根拠を補強している。

ウ　反対派の意見も考慮し、両者が納得できる提案をしている。

エ　話し合いの話題と目的を、再度司会に確認している。（　　）

確認のワーク ステージ1
音読を楽しもう　大阿蘇《おおあそ》

解答 19ページ　スピードチェック 11ページ　予想問題 147ページ

学習のねらい
- 表現の効果に着目し、情景を思い浮かべよう。
- 言葉の響きやリズムを味わおう。

漢字

1 漢字の読み　読み仮名《がな》を横に書きなさい。

＊は新出漢字　▼は新出音訓・◎は熟字訓

❶ ◎尻尾　❷ ＊煙（訓読み）　❸ ＊噴煙　❹ ＊丘（訓読み）

2 漢字の書き　漢字に直して書きなさい。

❶ 火山の（ふんえん）。　❷（おか）に登る。　❸（けむり）がただよう。

教科書の要点

1 詩の種類　この詩に合うものに○を付けなさい。

① 用語（ア 文語詩　イ 口語詩）
② 形式（ア 定型詩　イ 自由詩）

2 表現技法　（　）に教科書の言葉を書き入れなさい。 教 p.150〜151

- 反復…「（雨は）蕭々《しょうしょう》と（　）」や「（馬は）たっている」「（馬は）（　）」など、同じ言葉がくり返されている。

3 構成のまとめ　（　）に教科書の言葉を書き入れなさい。 教 p.150〜151

近景（1〜9行）	作者の視線＝雨の中で草をたべる①（　）に。
遠景（10〜13行）	作者の視線＝中岳《なかだけ》の山頂と②（　）・雨雲に。
近景（14〜19行）	作者の視線＝再び③（　）の群れに。
作者の思い（20行）	この情景から受ける作者の思い。
全景（21〜22行）	作者の視線＝全体の情景に。

おさえよう

主題　馬の群れる草原に雨が降り続く、（ア 楽しさ　イ 静けさ）に包まれた情景は、このままいつまでも続くかのようであり、自然の営みの（ア 合理性　イ 永続性）を感じさせる。

知識の泉　A 複雑。「単純」の類義語には「簡単」がある。

★ 基本問題

次の詩を読んで、問題に答えなさい。

教 p.150～151

大阿蘇《おおあそ》

三好《みよし》 達治《たつじ》

雨の中に馬がたっている
一頭二頭子馬をまじえた馬の群れが　雨の中にたっている
雨は蕭々《しょうしょう》と降っている
馬は草をたべている
尻尾《しっぽ》も背中も鬣《たてがみ》も　ぐっしょりと濡《ぬ》れそぼって
彼らは草をたべている
草をたべている
あるものはまた草もたべずに　きょとん
　としてうなじを垂れてたっている
雨は降っている　蕭々と降っている
山は煙をあげている
中岳《なかだけ》の頂から　うすら黄いろい　重っ苦
　しい噴煙が濛々《もうもう》とあがっている
空いちめんの雨雲と
やがてそれは①けじめもなしにつづいている
馬は草をたべている
草千里浜《くさせんりはま》のとある丘の
雨に洗われた青草を　彼らはいっしんにたべている
たべている

彼らはそこにみんな静かにたっている
ぐっしょりと雨に濡れて　いつまでもひとつところに　彼ら
　は静かに集まっている
②もしも百年が　この一瞬の間にたったとしても　何の不思議
　もないだろう
雨が降っている　雨が降っている
雨は蕭々と降っている

（＊1～22は行の番号です。）

1 ほとんどの行を「～ている」で結ぶことは、詩にどのような感じを与えていますか。次から一つ選び、記号で答えなさい。

ア 情景の雄大《ゆうだい》さが強調されている感じ。
イ リズミカルで楽しい感じ。
ウ 状態が変わらずに続いている感じ。
エ めまぐるしく変化していく感じ。

（　　）

2 ①けじめもなしにつづいている ものは、何と何ですか。詩の中からそれぞれ二字で抜き出しなさい。

[　　] と [　　]

攻略！ 「～ている」は、状態や動作が継続していることを表す言い方。

3 よく出る ②もしも百年が　この一瞬の間にたったとしても　何の不思議もないだろう には、どのような気持ちが込められていますか。次から一つ選び、記号で答えなさい。

ア 自然の変わらぬ営みに圧倒《あっとう》される気持ち。
イ 時間の流れの速さに驚く気持ち。
ウ おおらかな自然のもとで安らぐ気持ち。
エ 変化のない光景に退屈《たいくつ》する気持ち。

（　　）

知識の泉 Q ――線を漢字で書くと？　友達の立派な行いにカンシンする。

確認のワーク ステージ1

音読を楽しもう いろは歌
古典の世界

解答 19ページ　スピードチェック 16ページ

学習のねらい
- 古文の言葉の響きや調子に慣れよう。
- 現代まで読み継がれてきた古典作品について知ろう。

教科書の要点

1 いろは歌　［　］から言葉を選び、（　）に書き入れなさい。 教 p.154〜155

（①　　）は、四十七文字の仮名《かな》を一回ずつ使って作られていて、平安時代に流行した、七音・五音を四回くり返す「（②　　）」という歌謡形式になっている。（③　　）を学ぶ手本や、物の（④　　）を示すものとして使われた。

今様《いまよう》　仮名　順序　いろは歌

声に出して読んで、言葉の響きや調子に慣れよう。

2 古典作品　（　）に教科書の言葉を書き入れなさい。 教 p.156〜157

種類	作品名・作者名など
中国の古典	●「論語」…（①　　）とその弟子《でし》たちとの問答集。 ●故事成語…中国の古典に由来する言葉。 ●漢詩…中国の詩。
和歌（三大歌集）	●「万葉集」…（②　　）時代に成立。 ●「古今《こきん》和歌集」…（③　　）時代に成立。 ●「新古今和歌集」…（④　　）時代に成立。
物語	●「（⑤　　）物語」…日本最古とされる物語。 ●「（⑥　　）物語」…紫式部《むらさきしきぶ》による長編物語。←平安時代 ●「（⑦　　）物語」…軍記物語。鎌倉《かまくら》時代
随筆・紀行文	●「枕草子《まくらのそうし》」…（⑧　　）による随筆。平安時代 ●「徒然草《つれづれぐさ》」…（⑨　　）による随筆。鎌倉時代 ●「おくのほそ道」…俳句を詠《よ》みながら歩く、（⑩　　）による紀行文。江戸時代

おさえよう

主題　「いろは歌」は、〔ア 不変　イ 無常〕な世を生きていくが、浅い夢を見ることも、心をまどわされることもしないという人生観を表している。

知識の泉　**A 感心。**　他の同音異義語「関心＝興味」「歓心《かんしん》＝喜び」も覚えよう。

基本問題　いろは歌

次のいろは歌を読んで、問題に答えなさい。

教 p.154〜155

いろはⓐにほへと
ちりぬるを
わかよたれそ
ⓑつねならむ
ⓒうゐのおくやま
けふこえて
①あさきゆめみし
②ⓓゑひもせす

色はにほ《（オ）》へ《（エ）》ど
散りぬるを
我《わ》が世たれぞ
常ならむ《（ン）》
有《う》為《ゐ（イ）》の奥山
今日《けふ（キョウ）》越えて
浅き夢見じ
酔《ゑ（エ）》ひ《（イ）》もせず

［現代語訳］
色は美しく照り映《は》えていても
（花は）散ってしまうものである
私たちこの世の誰が
永久に変わらないことがあろうか
いろいろなことがある（人生の）深い山を
③今日も越えて（いくのだが）

〈「いろは歌」による〉

1　ⓐにほへ　ⓑつねならむ　ⓒうゐ　ⓓゑひ　は、音読するときはどのように読みますか。

ⓐ（　　　）　ⓑ（　　　）
ⓒ（　　　）　ⓓ（　　　）

2　よく出る　いろは歌について、次のようにまとめました。（　）に当てはまる漢数字を書きなさい。

いろは歌は、四十七文字の仮名《かな》を（　　　）回ずつ使って作られており、七音と（　　　）音のくり返しが中心になっている。

攻略！　音読して、リズムを捉えよう。

3　①あさきゆめみし　②ゑひもせす　の意味を次から一つずつ選び、記号で答えなさい。

ア　ずっと夢を見続けていたい
イ　浅い夢など見ることはしない
ウ　良い気分にひたっていたい
エ　心をまどわされもしない

①（　　　）　②（　　　）

4　③今日　は、原文ではどのように書き表されていますか。平仮名二字で抜き出しなさい。

（　　　）

知識の泉　Q　慣用句「□が立たない」「□に衣《きぬ》着せぬ」。□に入る共通の漢字は？

解答 19ページ スピードチェック 11・17ページ 予想問題 148ページ

確認のワーク ステージ1

蓬莱《ほうらい》の玉の枝——「竹取《たけとり》物語」から

学習のねらい
- 現代の文章との違いに注意して、古典の文章を読もう。
- 登場人物の関係や思いについて考えながら読もう。

漢字

1 漢字の読み 読み仮名《がな》を横に書きなさい。

＊は新出漢字 ▼は新出音訓・◎は熟字訓

❶ *筒（訓読み） ❷ *冒頭 ❸ *籠（訓読み） ❹ *娘

❺ 結*婚 ❻ *諦める ❼ *尋ねる ❽ *奪う

❾ *迎える ❿ *召す ⓫ *添える ⓬ *贈る

2 漢字の書き 漢字に直して書きなさい。

❶（しゃめん）を下る。 ❷（おそ）ろしい話。

教科書の要点

1 作品 [ ]から言葉を選び、（ ）に書き入れなさい。 教p.164

成立	①（ ）時代の初め頃作られたと考えられる。
作者	わからない。
特徴	現存する日本②（ ）の物語といわれている。

最古　最長　平安　鎌倉《かまくら》

2 歴史的仮名遣《かな》い （ ）に現代仮名遣いを書き入れなさい。 教p.169

①（語頭以外の）は・ひ・ふ・へ・ほ→（ ）・（ ）・（ ）・（ ）・（ ）

例 うけたまはりて→うけたまわりて　いふ→いう
伝へたる→伝えたる　よそほひ→よそおい

② ゐ・ゑ・（助詞以外の）を→（ ）・（ ）・（ ）

例 うゐ→うい　をかし→おかし
ゑひ→えい

③ ぢ・づ→（ ）・（ ）

例 あぢきなし→あじきなし　よろづ→よろず

④（母音《ぼいん》が）「au・iu・eu」→「ô・yû・yô」

例 登るべきやうなし（yau）→登るべきようなし（yô）
うつくしうて（siu）→うつくしゅうて（syû）
けふ→けう（keu）→きょう（kyô）

3 古典語 次の言葉の意味を[ ]から選び、書き入れなさい。

注意する点	古典語の例	意味
意味が変化した言葉	かなし	①（ ）
古典語だけに使われる言葉	いと	②（ ）
	わろし	③（ ）

とても　よくない　かわいい

知識の泉 **A 歯。** 「歯が立たない」＝かなわない。「歯に衣《きぬ》着せぬ」＝率直《そっちょく》に言う。

4 構成のまとめ

（　）に教科書の言葉を書き入れなさい。 教 p.158～164

場面	内容
かぐや姫の生《お》いたち（教初め～p.158・下⑫）	▼竹取《たけとり》の翁《おきな》は、根元の光る（①　　）を発見した。近寄って見ると筒の中が光っており、その中に、三寸ほどの人がかわいらしい様子で座っていた。
かぐや姫の成長と貴公子の求婚（p.159・①～160・①）	▼翁は子供を授かったと喜び、大切に育てた。子供は三か月ほどで一人前の娘に成長し、「（②　　）のかぐや姫」と名づけられた。▼美しいかぐや姫のうわさが広まり、多くの男たちが求婚した。かぐや姫は、（③　　）人の貴公子たちの求婚を断り切れず、望みの品を持参した人と結婚すると言った。かぐや姫の望みの品は、入手至難のものばかりだった。
くらもちの皇子《みこ》の策略（p.160・②～160・⑫）	▼くらもちの皇子は、蓬莱《ほうらい》の玉の枝を探しに行くふりをして、人目につかぬ家に閉じ籠もり、三年間、玉作りの匠《たくみ》たちににせの玉の枝を作らせた。そして、翁の家を訪れた。
くらもちの皇子の架空の冒険談（p.160・⑬～161・⑧）	▼皇子は、蓬莱の山で光り輝く木々を発見し、たいそう見劣りするものだったが、かぐや姫がおっしゃったものと違っていてはいけないと思って、花の枝を折ってきたと語った。
くらもちの皇子の策略破れる（p.162・①～162・⑥）	▼皇子が得意げに語っているところへ、玉作りの匠たちが押しかけ、（④　　）がもらえないと訴えた。こうして皇子の策略は破れた。他の四人の求婚も失敗に終わった。
かぐや姫の昇天と帝《みかど》のなげき（p.162・⑦～163・⑯）	▼かぐや姫は帝のお召しにも応じず、やがて、自分は（⑤　　）の都の者だと翁に打ち明けた。八月十五夜、翁には着ていた衣《きぬ》、帝には（⑥　　）と手紙を残し、月に帰った。▼帝は、駿河《するが》の国にある山に使者を遣わした。
帝、不死の薬と手紙を燃やす（p.164・①～終わり）	▼帝は、手紙と不死の薬を燃やすように命じた。その命令を承って、駿河の国の山に、使者が兵士たちをたくさん引き連れて登った。山の煙はいまだに立ち上っていると伝えられている。

おさえよう

主題 竹の中から見つかったかぐや姫が、貴公子たちの求婚や帝のお召しを〔ア 受け入れ　イ 退け〕、月へ帰る物語。幻想《げんそう》的な物語の中に、人間の欲望や〔ア ずるさ　イ かしこさ〕、喜びや悲しみが描かれている。

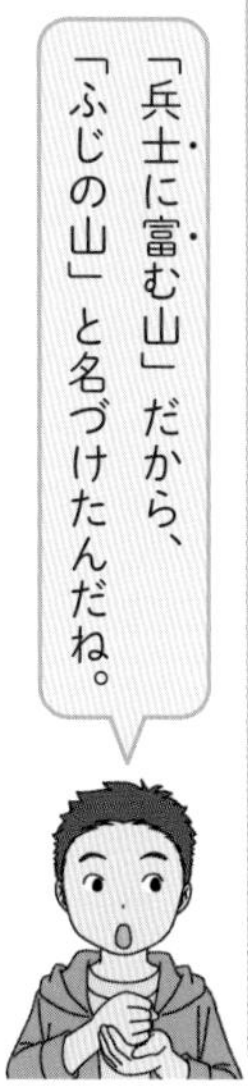
「兵士に富む山」だから、「ふじの山」と名づけたんだね。

知識の泉 Q 「早化」に共通の「かんむり」を付けるとできる熟語は？

実力判定テストA ステージ2

蓬莱《ほうらい》の玉の枝──「竹取《たけとり》物語」から

30分

自分の得点まで色をぬろう！
100点 合格！ 80 もう一歩 60 がんばろう！ 0
/100

解答 20ページ

★ 次の文章を読んで、問題に答えなさい。

今は昔、①竹取《たけとり》の翁《おきな》とⓐいふものありけり。野山にまじりて竹を取りつつ、ⓑよろづのことに使ひけり。名をば、さぬきのみやつことなむいひける。

その竹の中に、もと光る竹なむ一筋ありける。②あやしがりて、③寄りて見るに、④筒の中光りたり。⑤それを見れば、三寸ばかりなる人、⑥いとうつくしうてゐたり。

教p.158・上①〜160・①

[現代語訳]

今ではもう昔のことだが、竹取の翁とよばれる人がいた。野や山に分け入って竹を取っては、いろいろな物を作るのに使っていた。名前を、さぬきのみやつこといった。

（ある日のこと、）その竹林の中に、根元の光る竹が一本あった。不思議に思って、近寄って見ると、筒の中□光っている。それを見ると、（背丈）三寸ほどの人が、まことに［　　］。

これは、現在伝わっている⑦日本の物語の中では最古のものといわれている「竹取物語」の冒頭部分である。この後、物語は次のように続いていく。

⑧子供を授かったと喜んだ翁は、その子を籠の中に入れて大切に育てた。子供はすくすくと成長して、わずか三か月ばかりで一人前の娘になった。その姿は輝くばかりに美しく、辺りに光が満ちるようであったから、娘を「なよ竹のかぐや姫」と名づけた。

美しいかぐや姫のうわさが広まると、多くの男たちが、ぜひ結婚したいと集まってきた。かぐや姫は、なかでも熱心な五人の貴公子の求婚を断り切れず、望みの品を持参した人と結婚すると言って、一人ずつに⑨難題を出した。かぐや姫の望みの品は、いずれも入手至難のものばかりであったが、五人の求婚者は、それでも姫との結婚を諦め切れず、それぞれに知恵や富の力で難題に挑むのであった。

〈「蓬莱《ほうらい》の玉の枝──『竹取《たけとり》物語』から」による〉

1 よく出る ⓐいふ ⓑよろづ を現代仮名遣《かな》いに直して書きなさい。 5点×2（10点）

ⓐ（　　　）　ⓑ（　　　）

2 ①竹取の翁 の名前は何ですか。古文の中から八字で抜き出しなさい。（10点）

攻略！ この後の部分で、翁がどのような人物なのかを説明している。

知識の泉 A 草花。「艹」（くさかんむり）を付ければよい。

3 ②あやしがりて　について答えなさい。

(1) どのような意味ですか。現代語訳の中から七字で抜き出しなさい。（5点）

(2) 記述 「あやしがりて」の理由を書きなさい。（10点）

4 ③寄りて見るに　とありますが、これは誰の動作ですか。古文の中から抜き出しなさい。（10点）

5 ④筒の中　の後に補うことのできる言葉を次から一つ選び、記号で答えなさい。（5点）

ア が　イ を　ウ に　エ と

6 ⑤それ　は、何を指していますか。古文の中から三字で抜き出しなさい。（5点）

7 よく出る ⑥うつくしうてゐたり　について答えなさい。

(1) 現代仮名遣いに直して書きなさい。（10点）

(2) 意味を次から一つ選び、記号で答えなさい。（10点）

ア きれいな様子で立っていた
イ きれいな様子で座っていた
ウ かわいらしい様子で立っていた
エ かわいらしい様子で座っていた

8 ⑦日本の物語の中では最古のものといわれている　とありますが、「竹取物語」が成立したといわれているのは、いつですか。次から一つ選び、記号で答えなさい。（5点）

ア 奈良時代　イ 平安時代
ウ 鎌倉《かまくら》時代　エ 江戸時代

9 ⑧子供　について答えなさい。

(1) どのような人ですか。古文の中から八字で抜き出しなさい。（5点）

(2) この子供は、何と名づけられましたか。文章中から八字で抜き出しなさい。（5点）

(3) この子供が、普通の人間ではないことがわかる部分を、これより後の文章中から一文で抜き出し、初めの五字を書きなさい。（5点）

攻略！ (1)翁がこの子供を発見した部分から読み取ろう。

10 ⑨難題を出した　とありますが、かぐや姫が難題を出したのはなぜですか。次から一つ選び、記号で答えなさい。（5点）

ア すばらしい五人の中から一人だけを選べなかったから。
イ 難題を解決できる富や知恵のある人と結婚したかったから。
ウ 五人の貴公子に自分との結婚を諦めてほしかったから。
エ 自分に対して本当の愛情があるかを知りたかったから。

知識の泉 Q 「完璧《かんぺき》」の意味は？

実力判定テストB　ステージ3

蓬莱《ほうらい》の玉の枝——「竹取《たけとり》物語」から

30分

自分の得点まで色をぬろう!
100点　合格!　80　もう一歩　60　がんばろう!　0
/100

解答 20ページ

★ 次の文章を読んで、問題に答えなさい。　教p.160・⑬〜161・⑧

〔くらもちの皇子《みこ》はにせの蓬莱《ほうらい》の玉の枝を持って翁《おきな》の家を訪れ、架空の冒険談を語る。〕

①これやわが求むる山ならむと思ひて、さすがに恐ろしくお
これこそ（　　　）と思って、（うれしくはあるのですが）やはり恐ろしく思われて、
ぼえて、②山のめぐりをさしめぐらして、二、三日ばかり、見
山の周囲をこぎ回らせて、二、三日ばかり、（様子を）見
歩《あり》くに、天人のⓐよそほひしたる女、山の中よりいで来て、
て回っていますと、天人の服装をした女性が、山の中から出てきて、
銀《しろかね》の金鋺《かなまる》を持ちて、③水をくみ歩く。これを見て、船より下
銀のお椀《わん》を持って、水をくんでいきます。これを見て、（私は）船から下りて、
りて、④「この山の名を何とか申す。」と⑤問ふ。女、ⓑ答へていは
「この山の名は何というのですか。」と尋ねました。女性は答えて、
く、「これは、蓬莱の山なり。」と答ふ。これを聞くに、⑥うれ
「これは、蓬莱の山です。」と言いました。これを聞いて、（私は）
しきことかぎりなし。
うれしくてたまりませんでした。
その山、見るに、⑦さらに登るべきⓒやうなし。その山のそば
その山は、見ると、（険しくて）（　　　）。その山の斜面の裾を
ひらをめぐれば、世の中になき花の木ども立てり。金《こがね》・銀・
回ってみると、この世には見られない花の木々が立っています。金・銀・瑠璃
瑠璃《るり》色の水、山より流れいでたり。それには、色々の玉の橋
色の水が、山から流れ出てきます。その流れには、色さまざまの玉でで
渡せり。⑧そのあたりに、照り輝《かかや》く木ども立てり。
きた橋が架かっています。その付近に、光り輝く木々が立っています。
その中に、この取りてⓓまうで来たりしは、いとわろかりし
その中で、ここに取ってまいりましたのは、たいそう見劣りするも
かども、のたまひしに違《たが》はましかばと、⑨この花を折りてまう
のでしたが、（姫が）おっしゃったものと違っていては（いけないだろう）と思い、この花
で来たるなり。
の枝を折ってまいったのです。

〈「蓬莱《ほうらい》の玉の枝——『竹取《たけとり》物語』から」による〉

1 線ⓐ〜ⓓを現代仮名遣《かな》いに直し、全て平仮名で書きなさい。　4点×4（16点）

ⓐ
ⓑ
ⓒ
ⓓ

知識の泉　**A　完全で欠点がないこと。**　「璧《へき》」は宝石の「玉」のことで，「傷のない玉」がもともとの意味。

2 ①わが求むる山ならむ　の意味を次から一つ選び、記号で答えなさい。（10点）

ア　私が探し求めていた山だろう
イ　私が探し求めていた山ではない
ウ　私が探し求めていた山だった
エ　私が探し求めていた山ならよかった

（　　）

3 ②山のめぐりをさしめぐらして、二、三日ばかり、見歩く　とありますが、このようなことをしたのはなぜだと言っていますか。（　）に当てはまる言葉を、古文の中から抜き出しなさい。（8点）

（　　　　）思われたから。

4 よく出る　③くみ歩く　は、誰の動作ですか。古文の中から一語で抜き出しなさい。（8点）

（　　　　）

5 ④この山の名を何とか申す。という問いに対して、女が答えた言葉を、古文の中から抜き出しなさい。（8点）

（　　　　）

6 ⑤問ふ　は、誰の動作ですか。次から一つ選び、記号で答えなさい。（8点）

ア　かぐや姫　　**イ**　翁
ウ　くらもちの皇子　　**エ**　女

（　　）

7 記述　⑥うれしきことかぎりなし　とありますが、それはなぜですか。二十字以内で書きなさい。（12点）

8 よく出る　⑦さらに登るべきやうなし　の意味を次から一つ選び、記号で答えなさい。（10点）

ア　全く登りたいと思いません
イ　全く登りようがありません
ウ　これ以上登る必要はありません
エ　これ以上登るつもりはありません

（　　）

9 記述　⑧そのあたり　とは、どこのことですか。□に当てはまる言葉を、十五字程度で書きなさい。（10点）

金・銀・瑠璃色の水の流れに架けられた、□。

10 レベルUP　⑨この花を折りてまうで来たるなり　とありますが、この花は、にせの玉の枝です。それを見破られないようにするために、枝の見た目について言い訳をしている部分を、古文の中から十字で抜き出しなさい。（10点）

6
いにしえの心にふれる

知識の泉
Q　「母に友達をショウカイ（紹介・照会）する。」（　）の中で正しいのは？

確認のワーク ステージ1 今に生きる言葉

解答 21ページ　スピードチェック 11・17ページ　予想問題 149ページ

学習のねらい
● 漢文独特のリズムや言い回しに注意しながら読もう。
● 文章の内容と故事成語の意味との関係を捉えよう。

漢字

1 漢字の読み
読み仮名《がな》を横に書きなさい。

＊は新出漢字　▼は新出音訓・◎は熟字訓

① ＊銘　② ＊矛＊盾　③ ＊蛇足　④ ＊堅い

2 漢字の書き
漢字に直して書きなさい。

① 話が（むじゅん）する。　② 座右の（めい）。

③ 説明は（だそく）だ。　④ （かた）い材木。

教科書の要点

1 漢文の訓読
（　）に教科書の言葉を書き入れなさい。 教p.174

● 訓読＝中国の文章（漢文）を日本語として読むこと。

①（　）	● 漢字だけで書かれた原文。
訓読文	● 日本語として読めるように、原文に送り仮名《がな》や返り点、句読点を付けた文。
②（　）	● 漢文を訓読し、漢字仮名交じりの文章に書き改めたもの。

2 訓読の方法
（　）に教科書の言葉を書き入れなさい。 教p.174

● 訓点＝訓読するために付ける文字や記号。

送り仮名	● 漢字の送り仮名や「て・に・を・は」などを補う。歴史的仮名遣いを用いる。漢字の右下に片仮名で小さく書く。
（　）	● 読む順序を表す記号。漢字の左下に添える。 ・レ点…下の一字から、すぐ上の一字に返って読む。 2レ 1 3。 ・一・二点…二字以上を隔てて、上に返って読む。 3二 1 2一。
句読点	● 「、」や「。」など。句や文の切れ目に補う。

3 返り点
返り点に従って、（　）に読む順序を算用数字で書き入れなさい。

① 誉《ほ》メテレ（　）之《これ》ヲ（　）曰《い》ハク、（　）

② 莫《な》キ二（　）能《よ》ク（　）陥《とほ》スモノ一（　）也《なり》。（　）

③ 陥《さば》二（　）子《し》（　）之《の》（　）盾ヲ一（　）何如《いかん》。（　）

知識の泉　A 紹介。　「紹介」＝引き合わせること。「照会」＝問い合わせること。

4 書《か》き下《くだ》し文　正しい書き下《くだ》し文を後から選び、記号で答えなさい。

① 以《もつテ》㆓子《し》之《の》矛《ヲ》㆒、

ア もつて子の矛を、　イ 子のもつて矛を、

ウ 子の矛をもつて、　エ 矛を子のもつて、

（　　　）

② 其《そノ》人《ひと》、弗《ざル》㆑能《あたハ》㆑応《こたフルコト》也《なり》。

ア 其の応ふること人、能はざるなり。

イ 其の人、応ふること能はざるなり。

ウ 其の能はざる人、応ふることなり。

エ 其の人、能はざる応ふることなり。

（　　　）

5 構成のまとめ　（　）に教科書の言葉を書き入れなさい。教p.170～171

故事成語 教初め～p.170・⑩	●中国の古典に由来し、故事から生まれた言葉を（①　　　　）という。
「矛盾」 教p.171・上①～終わり	●楚《そ》の国の人で、盾と矛を売る者がいた。 ●その人は、自分の（②　　　　）をほめて、「つき通せるものはない。」と言った。 ●また、自分の（③　　　　）をほめて、「つき通せないものはない。」と言った。 ●そこで、ある人が、「あなたの矛で、あなたの盾をつき通すとどうなるのかね。」と尋ねた。 ●その人は答えることができなかった。

6 故事成語　後の［　］から言葉を選び、（　）に書き入れなさい。

①（　　　　）
意味 詩や文章を何度も練り直すこと。
由来 詩人が「僧《そう》は推《お》す月下の門」と「僧は敲《たた》く月下の門」とどちらがよいか悩んでいたことから。

②（　　　　）
意味 よけいなもの。
由来 酒をかけて、蛇の絵を描く競争をした。早く描いた者が得意になって、蛇に足を描き加えてしまった。蛇にはない足を描いたことでその者は負けて、酒を飲みそこねた。

③（　　　　）
意味 周囲が敵ばかりで、味方のいない状態。
由来 楚《そ》の項羽《こうう》の軍勢が、漢《かん》の高祖《こうそ》（劉邦《りゅうほう》）の軍勢に包囲された。夜、高祖は漢の軍勢に楚の歌を歌わせた。項羽は、楚の民衆の多くが漢に降伏《こうふく》したと思い、自分は孤立《こりつ》したと思った。

［蛇足　推敲《すいこう》　四面楚歌《しめんそか》］

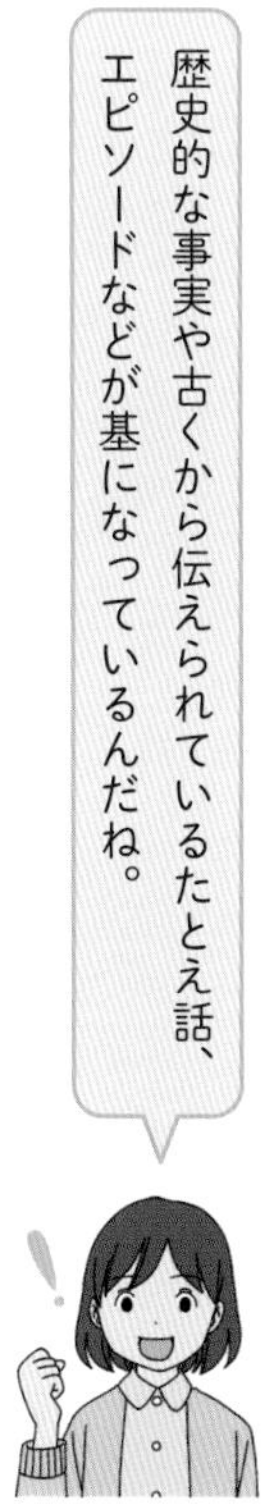
歴史的な事実や古くから伝えられているたとえ話、エピソードなどが基になっているんだね。

おさえよう

要旨《ようし》 盾と矛を売る者が、自分の盾をつき通せるものはなく、自分の矛は〔ア つき通せる　イ つき通せない〕ものはないと言った。これが基になり、〔ア つじつまが合う　イ つじつまが合わない〕という意味の故事成語「矛盾」という言葉ができた。故事成語は長い年月を超え、今も生活の中に息づいている。

知識の泉 Q 「間」「聞」「開」のうち，「もんがまえ」でない漢字は？

実力判定テストA ステージ2

今に生きる言葉

解答 21ページ

30分

自分の得点まで色をぬろう！
100点 合格！ 80 もう一歩 60 がんばろう！ 0

/100

1 次の文章を読んで、問題に答えなさい。 教p.171・上①〜171・下⑯

矛盾

楚《そ》人《ひと》に、盾と矛とを鬻《ひさ》ぐ者有り。之《これ》を誉《ほ》めて曰《い》はく、「吾《わ》が盾の堅きこと、①能《よ》く陥《とほ》すもの莫《な》きなり。」と。又《また》、其《そ》の矛を誉めて曰はく、「吾が矛の②利なること、物に於《お》いて③陥さざる無きなり。」と。或《あ》るひと曰はく、「④子《し》の矛を以《もつ》て、子の盾を陥さば何如《いかん》。」と。⑤其の人、応ふること能《あた》はざるなり。

［現代語訳］

楚《そ》の国の人で、盾と矛を売る者がいた。（その人が）盾をほめて、「私の盾の堅いことといったら、（これを）［　　］。」と言った。また、矛をほめて、「私の矛のするどいことといったら、どんなものでも［　　］。」と言った。（そこで、）ある人が、「あなたの矛で、あなたの盾をつき通すとどうなるのかね。」と尋ねた。その人は答えることができなかったのである。

〈「今に生きる言葉」による〉

---

1 よく出る ①能く陥すもの莫きなり ③陥さざる無きなり の意味を次から一つずつ選び、記号で答えなさい。 10点×2（20点）

ア つき通せないものはない。
イ つき通せないかもしれない。
ウ つき通せるものはない。
エ つき通せるかもしれない。

①（　　） ③（　　）

2 ②利なること とありますが、この「利」と同じ意味で「利」が使われている熟語を次から一つ選び、記号で答えなさい。 （10点）

ア 勝利　イ 利益
ウ 鋭利《えいり》　エ 利用

（　　）

3 ④子 とは、どのような意味ですか。現代語訳の中から三字で抜き出しなさい。 （5点）

攻略！ 現代語訳を参考に、「利なること」の意味を捉えよう。

4 ⑤其の人、応ふること能はざるなり。について答えなさい。

(1) 「其の人」とは、誰のことですか。現代語訳の中から七字で抜き出しなさい。 （5点）

(2) 記述 「其の人」が答えることができなかったのは、なぜですか。［　　］に当てはまる言葉を、十字以内で書きなさい。 （10点）

知識の泉 **A 聞。** 「聞」は「耳」（みみ）の部首に属する。

自分の話の［　　］点を、「或るひと」に指摘されたから。

［　　　　　　　　　　］

2 よく出る **次の漢文を書き下し文に直しなさい。** 5点×2（10点）

① 少年易《やすク》レ老《おイ》学難《がたシ》レ成《リ》

（　　　　　　　　　　）

② 家書抵《あたル》二万《ばん》金《きんニ》一

（　　　　　　　　　　）

攻略！ 返り点が付いている字までは、上から順に読む。

3 **次の問題に答えなさい。**

1 次の（　）に当てはまる故事成語を［　］から一つずつ選び、書き入れなさい。 5点×3（15点）

① この説明は（　　　　）なので、省こう。

② （　　　　）を重ねて、よりよい文章にする。

③ 決定に異議を唱えて、（　　　　）の状態になった。

推敲《すいこう》　蛇足　四面楚歌《しめんそか》

2 よく出る 次のような由来をもつ故事成語とその意味を、後から一つずつ選び、記号で答えなさい。 完答5点×5（25点）

① 杞《き》の国に住む人が、天がくずれ落ちたらどうしようかと心配し、ねることもできなかった。

故事成語（　　）　意味（　　）

② 戦いのとき、あえて川を背にして陣《じん》をしき、退くことができないようにして、見事に敵をうち破った。

故事成語（　　）　意味（　　）

③ しぎ（鳥）が貝を食べようとすると、貝はからを閉じてしぎのくちばしを挟んだ。両者が争っているところに漁師が通りかかり、両方ともとらえてしまった。

故事成語（　　）　意味（　　）

④ 戦場で兵士がにげた。一人は五十歩で止まり、もう一人は百歩で止まった。五十歩にげた兵士が、百歩にげた兵士を笑ったが、どちらもにげたことに変わりはない。

故事成語（　　）　意味（　　）

⑤ とりでの近くに住む老人の馬がにげた。ところが、その馬は、立派な馬を連れて帰ってきた。ある日、老人の息子《むすこ》が、その馬から落ちて足の骨を折った。しかし、まもなく戦争が始まり、老人の息子は、足のけがのため、戦争に行かずに済んだ。

故事成語（　　）　意味（　　）

（故事成語）**ア** 杞憂《きゆう》　**イ** 漁夫の利　**ウ** 塞翁《さいおう》が馬　**エ** 背水の陣　**オ** 五十歩百歩

（意味）**カ** 第三者が利益を横取りすること。
キ 取り越し苦労。無用な心配。
ク わずかな違いがあるだけで、大差のない様子。
ケ 人生の運、不運は、予測できないということ。
コ 絶対に失敗できないという覚悟《かくご》で物事を行うこと。

知識の泉 Q ――線を漢字で書くと？　席をアける・夜がアける・ドアをアける

確認のワーク ステージ1

「不便」の価値を見つめ直す
助言を自分の文章に生かそう／漢字に親しもう4

解答 22ページ　スピードチェック 11ページ　予想問題 150ページ

学習のねらい
- 文章の要点や、筆者の主張の中心となる部分を捉えよう。
- 必要な情報を取り出し、筆者の主張を要約しよう。

漢字と言葉

1 漢字の読み 読み仮名《がな》を横に書きなさい。

*は新出漢字 ▼は新出音訓・◎は熟字訓

①一*般 ②*施設 ③*促す ④成し*遂げる
⑤支*援 ⑥面*倒 ⑦*祈願 ⑧*肝要
⑨*稼ぐ ⑩*滞る ⑪*詣でる ⑫*搾る

2 漢字の書き 漢字に直して書きなさい。

①（とちゅう）の道のり。 ②（かんぺき）に演じる。
③のどが（かわ）く。 ④（く）り返し言う。
⑤気力が（おとろ）える。 ⑥準備で（いそが）しい。

3 語句の意味 意味を下から選んで、線で結びなさい。

①けげん・　・ア 実際に行うこと。
②普及・　・イ 広く行き渡ること。
③実践《じっせん》・　・ウ 変だと思い、納得できない様子。

4 助言を自分の文章に生かそう 助言を自分の文章に生かす方法として、適切でないものを次から一つ選び、記号で答えなさい。（　　）

ア 助言を基に、文章が意図どおりに伝わっているかを確かめる。
イ 自分の意図や考えを的確に伝えるため、改善点を考える。
ウ 感想を素直に聞き入れ、助言のとおりに書き直す。

教科書の要点 「不便」の価値を見つめ直す

1 話題 筆者は、「不便益」について、何と定義していますか。（　）に教科書の言葉を書き入れなさい。 教p.177

（　　）だからこそ得られる（　　）。

2 要点 筆者は、具体例を通して、どのような「不便益」を挙げていますか。（　）に教科書の言葉を書き入れなさい。 教p.181〜182

- （①　　）や出会いの機会が増えること。
- 体力や知力、（②　　）の維持や向上を促すこと。
- 人間の（③　　）を向上させる効果があること。

三つの具体例を挙げた後にまとめて説明しているよ。

知識の泉 A 空・明・開。 同訓異字は，「空席」のように熟語に置き換えて考えよう。

3 構成のまとめ

（　）に教科書の言葉を書き入れなさい。（各段落に1～16の番号を付けて読みましょう。）

教 p.176～183

構成	段落	まとまり	内容
序論	1～5段落	「不便」の価値	疑問 一様に（①　）さばかりを追求し続けることで、私たちの生活や社会は本当に豊かになっていくだろうか。 ↓「不便」の価値に着目し、不便だからこそ得られるよさを「（②　）」とよんで研究している。
本論	6～8段落	「不便」と「便利」	▼何かをするときにかかる労力が多いことを「不便」、手間もかからず、頭も使わなくてよいことを「便利」とする。 ▼「便利」にも「不便」にも、よい面と悪い面がある。 ↓ 新しい視点 「不便の（③　）面」「便利の悪い面」
	9～11段落	「不便益」の具体例	具体例① 移動方法についての事例 ●タクシーやバイクではなく徒歩での移動によって、人や景色との出会いを楽しんだり、お気に入りのお店に出会ったりできた。 不便益 ▼途中の（④　）があるからこそ、出会いや発見の機会が広がる。 具体例② 施設のデザインの事例 ●あえてバリアを設けた介護施設→入居者の身体能力の低下を防ぐ。 同様の例 園庭をでこぼこにした幼稚園《ようちえん》。 不便益 ▼（⑤　）の低下を防いだり、（⑤　）を向上させたりする。 具体例③ 工場での生産方式の事例 ●「セル生産方式」で一人が一つの製品を丸ごと組み立てることで、全体を見渡せ、（⑥　）できる余地が大きくなる。 不便益 ▼作業者のモチベーションを高めるとともに、技術力を高めることにもつながる。
	12～13段落	「不便益」とは	「不便益」がもたらす効果 ❶発見や（⑦　）の機会が増える。 ❷（⑧　）や知力、技術力の維持や向上を促す。 ❸人間の（⑨　）を向上させる。 ※一つの事例に複数の「不便益」が含まれることも少なくない。
結論	14～16段落	まとめ	◆「便利」だけを追求すると、本来得られていた楽しさや喜びが失われたり、能力を発揮する機会が奪われたりする。 ◆これまでの常識とは異なる別の視点をもつことで、世界をもっと（⑩　）に見ることができるようになる。

おさえよう

要旨《ようし》 私たちの生活や社会を本当に豊かにするためには、これまで見過ごされてきた「不便」の〔ア 価値　イ 労力〕に着目すべきである。「〔ア 便利　イ 不便〕」だからこそ得られるよさがあるという「不便益」の発想で世界を多様に見て、物事のデザインや日常生活に生かしていこう。

知識の泉 Q 慣用句「舌を巻く」に意味が近い熟語は？　ア＝感心　イ＝失望

実力判定テストA ステージ2

「不便」の価値を見つめ直す

30分

自分の得点まで色をぬろう！
100点 合格！ 80 もう一歩 60 がんばろう！ 0
/100

解答 22ページ

★ 次の文章を読んで、問題に答えなさい。

教 p.178・⑥〜180・⑪

すでに述べたように、一般に、「便利はよいこと」で「不便は悪いこと」だと思われがちだ（図1①*）。しかし、①私はそうではないと考える。必ずしもいつも「便利はよいこと」「不便は悪いこと」というわけではなく、「便利」の中にもよい面と悪い面があり、「不便」の中にもよい面と悪い面があると考えるのだ。そうすると、②「不便のよい面」と「便利の悪い面」という新しい視点が生まれる（図1②*）。

それでは、「不便のよい面」には、具体的にどんなものがあるだろうか。私はこれまで、冒頭の問いをたくさんの人に投げかけ、「不便のよい面」、つまり「不便益」の事例を集めてきた。初めこそけげんな顔をしている人も、「不便」の定義や事例を伝えると、自分なりの「不便益」の事例を教えてくれることが多い。以下では、そうして集めた事例の中から、「不便益」の具体例をいくつか見てみよう。

一つ目は、移動方法についての事例である。ある地点から目的地まで、③徒歩で移動する場合と乗り物で移動する場合を比較してみよう。例えば、タクシーと徒歩とを比べると、徒歩のほうが時間がかかったり疲れたりするので「不便」だ。その点、タクシーのほうは、目的地を伝えれば、あとは座っていられるのだから「便利」である。とはいえ、旅行のときなどには、タクシーよりも徒歩を好む人も多い。タクシーに乗っていれば気づかずに通り過ぎたであろう場所にふらっと立ち寄り、人や景色との出会いを楽しむことができるからだ。

④同じように、普段、大学までバイクで通学していたある学生は、バイクが壊れてしまい、やむをえず徒歩で通学したことがきっかけで、その後、何度も訪れることになるお気に入りのお店に出会えたという。つまり、途中の道のりがあるからこそ、出会いや発見の機会が広がるというよさがあるのだ。

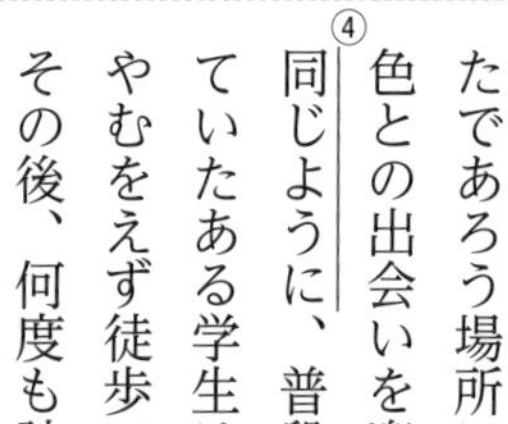

二つ目は、施設のデザインの事例である。施設のデザインについては、段差をなくすバリアフリーという考え方が広く知られている。バリアフリーは、足腰《こし》の不自由な人、車椅子やベビーカーを使う人などにとって、必要なデザインである。社会全体にバリアフリーが普及するのは、もちろん望ましいことだ。ところが、⑤あえて段差や坂、階段などのバリアを生かしたり、わざわざ設けたりしている介護施設がある。バリアがあることで、入居者の労力は増える。しかし、バリアを克服《こくふく》しながら日常生活を送ることが、入居者にとっては、そのまま身体能力の低下を防ぐ実践《じっせん》になるというのである。同様に、園庭をわざとでこぼこに設計している幼稚園《ようちえん》もある。このように、「身体能力の低下を防ぐ」「身体能力を向上させる」というのも、「不便益」の一つと考えられる。

〈川上《かわかみ》浩司《ひろし》「『不便』の価値を見つめ直す」による〉

＊図は省略しています。

1 ①私はそうではないと考える　とありますが、では、筆者はどのように考えていますか。次から一つ選び、記号で答えなさい。（15点）

ア 「便利はよいこと」で「不便は悪いこと」である。
イ 「便利」か「不便」かは、人の考え方によって変わる。
ウ 「便利」だと思われるものにも、「不便」な一面がある。
エ 「便利」の中にも「不便」の中にも、よい面と悪い面がある。

（　　）

攻略！ まず、「そう」が指している内容を捉えよう。

2 よく出る ②不便のよい面　のことを、筆者は何と表現していますか。文章中から三字で抜き出しなさい。（15点）

□□□

3 ③徒歩で移動する場合と乗り物で移動する場合を比較してみようとありますが、徒歩とタクシーを比較すると、どうなりますか。（　）に当てはまる言葉を、文章中から抜き出しなさい。5点×2（10点）

●徒歩………（　　）から、「不便」だ。
●タクシー…（　　）から、「便利」だ。

4 ④同じように　とありますが、何が同じなのですか。（　）に当てはまる言葉を、文章中から抜き出しなさい。5点×2（10点）

（　　）で移動したおかげで、そうしなければ（　　）ていた場所に出会えたこと。

攻略！ 前後に書かれていることの共通点を捉えよう。

5 よく出る 筆者は、移動方法についての事例を通して、どのような「不便のよい面」を挙げていますか。文章中から抜き出しなさい。（15点）

（　　）

6 ⑤あえて段差や坂、階段などのバリアを生かしたり、わざわざ設けたりしている介護施設　とありますが、これと同じような施設として、どのような例が挙げられていますか。文章中から二十字で抜き出しなさい。（15点）

（　　）

7 記述 筆者は、施設のデザインの事例を通して、「不便のよい面」として、どのようなことを挙げていますか。三十字以内で書きなさい。（20点）

実力判定テストB ステージ3

「不便」の価値を見つめ直す

30分

自分の得点まで色をぬろう!
100点 合格! 80 もう一歩 60 がんばろう! 0
/100

解答 23ページ

★ 次の文章を読んで、問題に答えなさい。

教 p.180・⑫〜183・⑤

三つ目は、工場での生産方式の事例である。工場で何らかの製品を作るときの代表的なやり方としては、①「ライン生産方式」と②「セル生産方式」がある。ライン生産方式は分業型だ。組み立てる製品が目の前を次から次へと流れて来て、各作業者は自分が担当する作業を繰り返す（図2①）。限られた作業を繰り返すので、覚えなければならない手順や作業量は比較的少なく、作業者の負担はセル生産方式よりも軽くなることが多い。これに対してセル生産方式では、一人あるいは少人数で、複雑な製品を初めから最後まで作り上げる（図2②）。作業の内容はライン生産方式よりも多様で複雑になるので、作業者一人一人にかかる負担は重くなる。しかし、③自分の力で一つの製品を丸ごと組み立てるということは、全体を見渡すことができ、自分なりに工夫できる余地が大きくなるということでもある。それは、作業者のモチベーションを高めるとともに、技術力を高めることにもつながる。

こうして集めた事例を整理すると、④「不便益」とは何かが浮かび上がってくる。まだ整理の途中の段階ではあるが、主には次のようなことが挙げられるだろう。

まず、物事を達成するのにかかる時間や道のりが多くなる分、発見や出会いの機会が増える。次に、体力や知力、技術力の維持や向上を促す。自分の体や頭を使うことが、自然と体力・知力・技術力の低下を防ぎ、それらを向上させるからだ。また、「不便」であることは、人間の意欲を向上させる効果もある。自分で考えたり工夫したりする余地があるからこそ、取り組むときのモチベーションが高まり、成し遂げたときの達成感が大きくなるのだ。

なお、一つの事例に複数の「不便益」が含まれることも少なくない。例えば、⑤タクシーよりも徒歩のほうが発見や出会いの機会が増えるとともに、運動能力の低下を防ぐことにもなる。

これらの「不便益」は、「不便」だからこそ得られるものだ。「便利はよいこと」で「不便は悪いこと」という固定観念にとらわれ、ただ無批判に「便利」なほうばかりを選んでいては、「不便」の価値を見落としてしまう。さらに、「便利はよいこと」という考えの下、社会全体が「便利」だけを追求していけば、私たち一人一人は自分でどちらかを選ぶことすらできないまま、知らぬ間に、⑥本来得られていた楽しさや喜びが失われたり、自分の能力を発揮する機会が奪われたりすることになるだろう。

誤解してほしくないのは、私は便利であることを否定し、昔の不便な生活に戻ろうと言っているわけでも、不便なことは全てすばらしいと考えているわけでもないということだ。「不便」だからこそ得られるよさがあることを認識し、それを生かして新しいデザインを創り出そうというのが⑦「不便益」の考え方なのである。今、この考え方に賛同する仲間たちによって、自動車の運転支援の在り方や観光ツアーの仕掛け作りなど、さまざまな分野で新た

知識の泉 A さび。〈例〉勉強せずに不合格になったのだから，身から出たさびだよ。

な研究や提案がなされ始めている。
〈川上《かわかみ》 浩司《ひろし》「『不便』の価値を見つめ直す」による〉
＊図は省略しています。

1 よく出る ①ライン生産方式 ②セル生産方式 について、それぞれに当てはまるものを次から二つずつ選び、記号で答えなさい。
それぞれ完答10点×2（20点）

ア 作業者一人一人にかかる負担が重い。
イ 作業者一人一人にかかる負担が軽い。
ウ 一人か少人数で、複雑な製品を初めから最後まで作り上げる。
エ 製品が流れて来て、作業者は自分が担当する作業を繰り返す。

①（　　）（　　）　②（　　）（　　）

2 ③自分の力で一つの製品を丸ごと組み立てるということ は、どのようなことにつながると筆者は述べていますか。（　）に当てはまる言葉を、文章中から抜き出しなさい。
5点×3（15点）

作業者が自分なりに①（　　　）できる余地が大きくなり、②（　　　）や③（　　　）が高まること。

3 よく出る ④「不便益」とは何か とありますが、筆者は「不便益」としてどのようなことを挙げていますか。（　）に当てはまる言葉を、文章中から抜き出しなさい。
5点×3（15点）

・①（　　　）の機会が増えること。
・②（　　　）の維持や向上を促すこと。
・人間の③（　　　）を向上させる効果があること。

4 ⑤タクシーよりも徒歩のほうが……運動能力の低下を防ぐことにもなる とありますが、これは、どのようなことの例ですか。文章中から二十一字で抜き出し、初めと終わりの五字を書きなさい。
（15点）

□□□□□ ～ □□□□□

5 レベルUP ⑥本来得られていた……機会が奪われたりする とありますが、そうならないようにするには、どうすることが必要だと、筆者は考えていますか。□に当てはまる言葉を、文章中から抜き出しなさい。
（15点）

「便利」と「不便」に対する固定観念を捨てて、□□□□□□□に目を向けること。

6 記述 ⑦「不便益」の考え方 とは、どのような考え方ですか。四十字以内で書きなさい。
（20点）

知識の泉 Q ——線の使い方は○か×か？ この小説の最後の場面は圧巻だ。

確認のワーク ステージ1

文法への扉2 言葉の関係を考えよう
（文法2 文の組み立て）

解答 23ページ ｜ スピードチェック 19ページ

学習のねらい
●文節どうしの関係を捉えよう。
●文節や連文節がどのような文の成分になっているかを捉えよう。

教科書の要点

1 文節どうしの関係
（　）に教科書の言葉を書き入れなさい。 教 p.242〜244

文節どうしの関係・文の成分

●主・述の関係…主語と述語の結び付き。
（①　　）…文の中で、「何が」「誰が」に当たる文節。
（②　　）…文の中で、「どうする」「何だ」などに当たる文節。
体言…主語となる文節の中で中心となる単語。
用言…それだけで述語となる単語。

●修飾・被《ひ》修飾の関係…修飾する文節と修飾される文節との関係。
（③　　）…他の文節を詳しく説明したり、内容を補ったりする働きをもつ文節。
（④　　）…用言を含む文節を修飾する修飾語。
（⑤　　）…体言を含む文節を修飾する修飾語。

●接続の関係…接続語がつなぐ文と文との関係や、理由や条件などを示す接続語と後に続く文節との関係。
（⑥　　）…文と文、文節と文節をつなぐ働きをもつ文節。

●独立の関係…独立語と、それ以外の文節との関係。
（⑦　　）…他の文節とは直接関係がなく、それだけで独立している文節。

2 連文節
（　）に教科書の言葉を書き入れなさい。 教 p.245

二つ以上の文節がまとまって、主語・述語・修飾語などと同じ働きをする場合、これらのまとまった文節を**連文節**という。連文節となった文の成分を、主部・（①　　）・（②　　）・接続部・独立部とよぶ。

並立の関係・補助の関係…常に連文節となる、文節どうしの関係。

●（③　　）の関係…二つ以上の文節が対等な関係で並び、一まとまりで文の成分になるもの。
例 兄と｜姉が　買い物に　行く。［主部］

●（④　　）の関係…主な意味を表す文節に、意味を補う文節が付いて、一まとまりになったもの。
例 明日の　準備を｜して｜おく。［述部］

3 文の組み立て
（　）に教科書の言葉を書き入れなさい。 教 p.246

文の成分の組み合わせ

例 私は　黒い　犬が　白い　球を　追うのを　見た。

主語：私は
述語：見た。
（①　　）：黒い　犬が　白い　球を　追うのを
連体修飾語：黒い → （②　　）：犬が
連体修飾語：白い → 連用修飾部：白い　球を
（③　　）：追うのを

基本問題

1 よく出る　次の――線の文の成分を後から一つずつ選び、記号で答えなさい。

① 夕方にかねの音が鳴る。
② こんにちは、今日は暖かいですね。
③ さらさらと小川が流れる。
④ 暑かった。だから、窓を開けた。
⑤ 大きな船がゆっくりと港を離れた。

ア 主語　イ 述語　ウ 修飾語
エ 接続語　オ 独立語

2 次の文の主語には＝＝線、述語には――線を引きなさい。

① 昨日、私は姉と映画を見た。
② あと二日で、夏休みが終わる。
③ あなたこそ、クラスの代表にふさわしい。
④ 寒いうえに、雨までしとしと降りだした。

攻略！「○○が」「○○は」以外の形の主語もあるので注意。

3 次の――線の単語から、①体言、②用言を全て選び、記号で答えなさい。

・アの今年イの夏は、ウたいへんエ暑い。
・オおそらくカ放課後のキ教室は、ク静かだろう。

①（　　）②（　　）

4 次の～～線の文節が修飾している文節に、――線を引きなさい。

① 昔のなつかしい思い出が、心に浮かんだ。
② 新入生歓迎《かんげい》のため、教室をはなやかに飾りつける。
③ 災害時のための食糧《しょくりょう》の備蓄は、十分な量がある。
④ 温泉町にある旅館でのんびり休日を過ごす。
⑤ 姉は、弟と駅に向かうバスに乗った。

5 次の①・②の文の中から接続語を、③・④の文の中から独立語を抜き出しなさい。

① お茶または水を飲みたいと思う。
② 楽しくて、時間を忘れてしまった。
③ もしもし、どちらさまですか。
④ 努力、それが私の好きな言葉です。

6 よく出る　次の――線の文節どうしの関係を後から一つずつ選び、記号で答えなさい。

① 私の家では、犬と猫を飼っている。
② とりあえず、言われたとおりにやってみる。
③ 画用紙いっぱいに馬が走る様子を描く。
④ サッカー部の練習は、午後からの予定です。

ア 主・述の関係　イ 修飾・被《ひ》修飾の関係
ウ 並立の関係　エ 補助の関係

攻略！並立の関係にある文節は、入れ替えても意味が変わらない。

知識の泉　Q「あくび」とよぶのはどっち？　ア＝欠　イ＝佳

実力判定テストA ステージ2

文法への扉2 言葉の関係を考えよう（文法2 文の組み立て）

30分

自分の得点まで色をぬろう！　0　60　80　100点　がんばろう！　もう一歩　合格！　/100

解答 24ページ

1 よく出る　次の文の主語・述語を一文節で抜き出しなさい。主語や述語がない場合は、×を書きなさい。　完答2点×4（8点）

① 家の近くの図書館には、漫画《まんが》もある。
主語…（　　）述語…（　　）

② 明日、みんなと公園へ行くよ。
主語…（　　）述語…（　　）

③ その土地には、雑草さえ生えない。
主語…（　　）述語…（　　）

④ 小学生だけ、このイベントに参加した。
主語…（　　）述語…（　　）

2 次の文の主・述の関係が表す内容を後から一つずつ選び、記号で答えなさい。　1点×5（5点）

① 山頂までの道はまだまだ遠い。（　　）
② 忙しくて、遊んでいる時間がない。（　　）
③ 私はほとんどテレビを見ない。（　　）
④ 今日は、僕の妹の誕生日です。（　　）
⑤ 図書室には、三人の生徒がいた。（　　）

ア 何が（誰が）―どうする。　イ 何が（誰が）―どんなだ。
ウ 何が（誰が）―何だ。　エ 何が（誰が）―ある・いる。
オ 何が（誰が）―ない。

3 次の文の修飾語に、――線を引きなさい。　2点×3（6点）

① 彼女はいつも元気だ。
② 僕は宿題に取りかかった。
③ 花がきれいに咲いた。

4 次の〰〰線の修飾語が修飾している文節に――線を引きなさい。また、〰〰線が連用修飾語ならアを、連体修飾語ならイを（　）に書きなさい。　完答2点×6（12点）

① 事故を防ぐため、より安全な方法をとる。（　　）
② 姉の描いた絵が展覧会で金賞に選ばれた。（　　）
③ 白い二つの風船が、青い空へ飛んでいく。（　　）
④ いきなり、庭にいた犬が激しくほえた。（　　）
⑤ 父の大きなかばんをゆかに置いた。（　　）
⑥ おそらく彼女の到着《とうちゃく》は三十分ほど遅れるだろう。（　　）

5 次の文の接続語に――線を引き、その働きを後から一つずつ選び、記号で答えなさい。　完答2点×3（6点）

① 暑かったら、窓を開けてください。（　　）
② 毎日勉強した。だから、テストの点数が上がった。（　　）
③ 悲しかったが、涙は出なかった。（　　）

ア 理由　イ 逆接　ウ 条件

攻略！「文節」の単位で、文と文などをつなぐ働きをするものを探そう。

知識の泉 A ア。「欠」の漢字には「歌・欲」など,「隹」（ふるとり）には「雑・離」などがある。

6 次の文の独立語に――線を引き、その働きを後から一つずつ選び、記号で答えなさい。

完答2点×3（6点）

① いいえ、私の本ではありません。（　）
② 太宰治《だざいおさむ》、彼の作品を読むと感動する。（　）
③ おや、こんな場所にとんぼがいる。（　）

ア 感動　イ 応答　ウ 提示

7 よく出る 次の――線の文節どうしの関係を後から一つずつ選び、記号で答えなさい。

2点×4（8点）

① ああ、カレーライスがおいしいな。（　）
② その日は、風の強い日だった。（　）
③ 私の時計は、母からもらったものだ。（　）
④ 走っても、今からだと間に合わない。（　）

ア 主・述の関係　イ 修飾・被《ひ》修飾の関係
ウ 接続の関係　エ 独立の関係

8 次の文の「並立の関係」、または「補助の関係」にある二つの文節それぞれに、――線を引きなさい。また、それが「並立の関係」であればアを、「補助の関係」であればイを（　）に書きなさい。

完答2点×5（10点）

① 私は、みかんかりんごを食べたい。（　）
② 兄の友人が家を訪ねてきた。（　）
③ 広くない部屋だが、住み心地《ごこち》はよい。（　）
④ この店の野菜は、安くておいしい。（　）
⑤ 中学生が校歌を歌っている。（　）

攻略！ 二つの文節が対等な関係であれば、「並立の関係」。

9 次の文の【　】の働きをする連文節に、――線を引きなさい。

2点×5（10点）

① 母と弟は、朝早く出かけた。【主部】
② 妹の描いた絵が壁《かべ》にはってある。【述部】
③ 友達が有名な作家に会った。【修飾部】
④ 外が寒かったので、コートを着た。【接続部】
⑤ 私の夢、それは建築家になることだ。【独立部】

10 よく出る 次の――線の文の成分を後から一つずつ選び、記号で答えなさい。（同じ記号を何度使ってもかまいません。）

2点×12（24点）

・①新人生の皆さん、②しっかり③覚えておこう。
・④成功までの道のりは、⑤遠く険しい。
・⑥よく晴れたが、⑦風が⑧とても⑨強い。
・⑩広い海に、⑪小さなヨットが⑫浮かんでいる。

ア 主語　イ 主部　ウ 述語　エ 述部
オ 修飾語　カ 修飾部　キ 接続語　ク 接続部
ケ 独立語　コ 独立部

①（　）②（　）③（　）④（　）
⑤（　）⑥（　）⑦（　）⑧（　）
⑨（　）⑩（　）⑪（　）⑫（　）

攻略！ 二つ以上の文節から成る場合は、「――部」となる。

11 次の文を、必死なのが弟だとはっきりわかるように、文節の順序を入れ替えて書き直しなさい。

（5点）

私は必死で走る弟を追いかけた。

（　　　　　　　　　　）

知識の泉 Q 慣用句「高《たか》をくくる」の意味は？

解答 25ページ　スピードチェック 12ページ

確認のワーク ステージ1 考える人になろう

学習のねらい
- 筆者のものの見方や考え方が表れている部分に着目して読もう。
- 新しい発想や考え方を捉えよう。

漢字と言葉

1 漢字の読み

読み仮名《がな》を横に書きなさい。

①*触れる　②真*剣　③自*慢げ　④特*殊　⑤*翼（訓読み）

*は新出漢字　▼は新出音訓・◎は熟字訓

2 漢字の書き

漢字に直して書きなさい。

①（じまん）げに話す。　②（しんけん）に考える。

③（とくしゅ）な課題。　④（つばさ）を広げる。

3 語句の意味

意味を下から選んで、線で結びなさい。

①制約・　　・ア 条件を付けて、自由にさせないこと。

②考察・　　・イ その人の考えによって判断すること。

③裁量・　　・ウ 物事を明らかにするためによく考えること。

教科書の要点

1 内容のまとめ

（　）に教科書の言葉を書き入れなさい。教 p.190〜193

作品	内容
「君たちはどう生きるか」	●コペル君は、おじさんとふたりで、デパートの屋上から町を見おろす。 ▼自分の知らないところで、（①　）を見ている目がある気がする。＝妙《みょう》な気持ち ↓他者から見た自分を想像する。
「たのしい制約」	●（②　）のある特殊な課題 ↓喜々として取り組む。 ●自由に制約を変えられる課題 ↓どうしていいかわからなくなる。 ▼「ちょうどいい制約」が知性を発揮させる。

おさえよう

要旨《ようし》
- 「君たちはどう生きるか」…他者の視点から見た〔ア 自分　イ 世界〕を想像し、自分がいったい何者なのかという、不思議な感覚を抱く。
- 「たのしい制約」…制約が〔ア ある　イ ない〕からこそ、知性を発揮させる喜びが生まれる場合がある。

知識の泉　A たいしたことはないと見くびる。「高《たか》」は,「程度。値打ち」の意味。

★ 基本問題

次の文章を読んで、問題に答えなさい。

教p.191・上⑧〜191・下⑪

「おじさん、ぼくたちがあすこを通っていたときにさ――」
と、コペル君は、下を指さしながらいいました。
「だれかが、この屋上から見てたかもしれないねえ。」
「そう、そりゃあ、なんともしれないな――。いや、いまだって、ひょっとすると、どこかの窓から、ぼくたちをながめてる人があるかもしれないよ。」

コペル君は①近くのビルディングを見まわしました。どのビルディングにも、どのビルディングにも、なんてたくさん窓があることでしょう。おじさんに、そういわれてみると、その窓が、みんなコペル君の方に向かっているように思われます。しかし、窓はどれもこれも、外のぼんやりした明るさを反射して、雲母《うんも》のように光っていました。中に人がいてこちらを見ているかどうか、それはわかりませんでした。

しかし、コペル君は、どこか自分の知らないところで、じっと自分を見ている目があるような気がしてなりませんでした。その目にうつっている自分の姿まで想像されました。――遠くねずみ色にけむっている七階建てのビルディング、その屋上に立っている②小さな、小さな姿。

コペル君は妙《みょう》な気持ちでした。見ている自分、見られている自分、それに気がついている自分、自分で自分を遠くながめている自分、いろいろな自分が、コペル君の心の中でかさなりあって、コペル君は、ふうっと目まいを感じました。コペル君の胸の中で波のようなものがゆれてきました。いや、③コペル君自身が、なにかにゆられているような気持ちでした。

〈吉野《よしの》 源三郎《げんざぶろう》「君たちはどう生きるか」による〉

1 記述 ①近くのビルディングを見まわしました とありますが、コペル君は、どういうことを確かめたのですか。書きなさい。

（　　　　）

攻略！ おじさんの言葉と、この後コペル君が思ったことから考えよう。

2 ②小さな、小さな姿 とは、誰の姿ですか。□に当てはまる言葉を、文章中から抜き出しなさい。

誰かの□にうつっている□□□□の姿。

3 よく出る ③コペル君自身が、なにかにゆられているような気持ちでした とありますが、このときのコペル君の気持ちの説明として適切なものを次から一つ選び、記号で答えなさい。

ア 自分は他の誰とも違うのだと気づき、自分がたった一人で生きているような気がして、急に不安になっている。
イ 自分は一つの人格しかもたないわけではなく、状況に応じていろんな自分にもなれると知り、楽しくなっている。
ウ 自分は一人で存在するのではなく、自分を見る多くの他者に囲まれているのだとわかり、心強くなっている。
エ 他者から見た自分やそれを意識する自分などの存在に気づき、自分はどんな存在なのか、不確かさを感じている。

（　　）

知識の泉 **Q** □に入る漢数字は？ 「□日□秋」「□束□文」「□里霧《む》中《ちゅう》」

実力判定テストA ステージ2

考える人になろう

30分

自分の得点まで色をぬろう！
合格！ もう一歩 がんばろう！
100点 80 60 0
/100

解答 25ページ

次の文章を読んで、問題に答えなさい。

教 p.192・下⑩〜193・下⑥

がぜん、テンションの上がった教室は次の表現の①図②に移りました。これも、見たところ、かなりユニークです。縦と横の直線だけで、数字とイコールが描かれています。だけど、なぜ二が三なのでしょうか、しかもそれは、五とも六ともそして九ともイコールなのです。また、教室全体がしんとなりました。「わかった！」大声を上げたのは、なんと僕でした。そして自慢げに「二も三も五も六も九も、構成している直線の本数が同じなんだ！」と、言ってしまってから、あまりの大人げのなさに、しまったと思うくらい夢中になっていました。（中略）

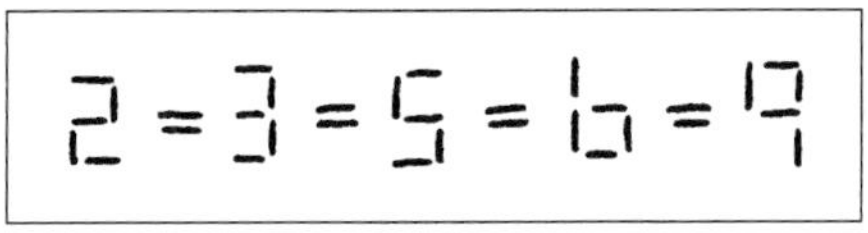

図②

②調子に乗った僕は、すかさず、③次の課題を出すことにしました。「今度は、僕からは条件を付けません、個人個人で自分に対して何らかの条件を考えて、そのうえで表現してみてください。」

他人から条件を与えられるのではなく、自分で好きな条件を付けられるのだから、さらにいい表現が生まれるだろうと思ったが、とんでもなかった。制限時間の十分を過ぎてもみんな顔を上げない。悩んでいるさまを見てさらに五分延ばしたが、それでも結果はぼろぼろであった。

④あんな制約のある特殊な課題には喜々として取り組み、すばらしい答えを出した学生が、自分の裁量で自由に制約を変えられるとなったとたん、全くどうしていいのかわからなくなってしまったのです。

僕たちは何であれ、さまざまな制約の下で活動しています。そして制約が全て悪いほうに働くのではなく、「ちょうどいい制約」というものがあり、その制約があるからこそ、人間のもっている知性という翼を自由にはばたかせる喜びもある。研究会が終わり、黒板に残された二つの課題の回答をぼんやり見ながら、⑤そんなことを考えていました。

〈佐藤《さとう》 雅彦《まさひこ》「たのしい制約」による〉

1 ①図② について答えなさい。

(1) 何が描かれていますか。（　）に当てはまる言葉を、文章中から抜き出しなさい。　5点×3（15点）

・（①　　　）だけで、（②　　　）が描かれている。

・二、三、五、六、九が、全て（③　　　）である。

(2) どういうことを表していましたか。「……であること。」につながるように、文章中から抜き出しなさい。（10点）

（　　　　）であること。

2 ②調子に乗った僕 とありますが、それは、図②の課題に取り組むときの、どのような様子に表れていますか。（　）に当てはまる言葉を、文章中から抜き出しなさい。　5点×3（15点）

課題にすっかり（　　）になり、「わかった！」と（　　）を上げて（　　）に答えを言ってしまった様子。

3 ③次の課題 について答えなさい。

(1) 記述 どのような課題を指示しましたか。三十字以内で書きなさい。（20点）

(2) よく出る この課題の結果について、筆者はどのように予想しましたか。次から一つ選び、記号で答えなさい。（10点）

ア　先ほどまでの課題よりも、さらによい表現が生まれるだろうと予想した。

イ　先ほどまでの課題のようには、よい表現は生まれないだろうと予想した。

ウ　先ほどまでの課題と同じくらい、よい表現が生まれるだろうと予想した。

エ　先ほどまでの課題と比べて、どうなるかは全くわからないと予想した。（　）

(3) 実際の結果はどうなりましたか。（　）に当てはまる言葉を、文章中から抜き出しなさい。　5点×2（10点）

学生たちは、すっかり（　　）しまい、結果は（　　）だった。

4 ④あんな制約のある特殊な課題 と比べて、その次の課題は、どのような課題といえますか。「……課題。」につながるように、文章中から十七字で抜き出しなさい。（10点）

課題。

攻略！ 図②のときの課題と、「次の課題」の違いを押さえよう。

5 よく出る ⑤そんなこと とは、どのようなことですか。次から一つ選び、記号で答えなさい。（10点）

ア　人間はさまざまな制約の下で活動していて、その制約のために知性を自由に発揮できないということ。

イ　活動に制約があるかないかということと、知性を自由に発揮できるかどうかには関係がないということ。

ウ　「ちょうどいい制約」があるからこそ、人間の知性を自由に発揮する喜びがあるということ。

エ　活動に制約が多ければ多いほど、人間の知性を自由に発揮できる可能性が広がるということ。

（　）

攻略！ 事例を通して、筆者が述べている考えを捉えよう。

知識の泉　Q「取得」と同じ構成の熟語は？　ア＝採取　イ＝取捨　ウ＝得点

確認のワーク ステージ1 少年の日の思い出
漢字に親しもう5

漢字と言葉

1 漢字の読み 読み仮名《がな》を横に書きなさい。

*は新出漢字 ▼は新出音訓・◎は熟字訓

① *微▼笑 ② 遊*戯 ③ 欠*陥 ④ *悟る
⑤ *繕う ⑥ 軽*蔑 ⑦ *罵る ⑧ *償い
⑨ 変*幻自在 ⑩ 首*尾一*貫 ⑪ 試行*錯誤

2 漢字の書き 漢字に直して書きなさい。

① （こうげき）を受ける。 ② （もはん）となる行動。
③ （だいたん）な行動。 ④ （あみ）を張る。
⑤ 手が（ふる）える。 ⑥ （は）ずかしいと思う。

3 語句の意味 意味を下から選んで、線で結びなさい。

① けがす・ ・ア 汚す。傷つける。
② むさぼる・ ・イ 見下げてばかにする。
③ あなどる・ ・ウ 際限なく欲しがる。

解答 26ページ スピードチェック 13ページ 予想問題 151ページ

学習のねらい
- 文章の中での語句の意味に注意して読もう。
- 場面の展開や、表現の効果、語り手に着目して読もう。

教科書の要点

1 設定 語り手は誰ですか。（ ）に教科書の言葉を書き入れなさい。

- 前半…「（①　　）」 教p.198・①〜200・⑩

↓変化

- 後半…「（②　　）」 教p.200・⑫〜210・⑧

＝前半における「客」「友人」「（③　　）」

2 あらすじ 正しい順番になるように、番号を書きなさい。 教p.200〜210

（ ）「僕」はエーミールに罪を打ち明けたが、エーミールは冷然と「僕」を眺め、軽蔑していた。

（ ）「僕」は、エーミールがクジャクヤママユをさなぎからかえしたと聞き、エーミールの部屋に行った。

（ ）「僕」はクジャクヤママユを盗んだ後、エーミールの部屋に引き返したが、クジャクヤママユはつぶれていた。

（ ）「僕」は自分が集めたちょうを指で押しつぶした。

（ ）「僕」は青いコムラサキをとらえ、隣の子供に見せたが、難癖をつけられて傷ついた。

知識の泉 A ア。 似た意味の漢字を組み合わせたものを選ぶ。

3 構成のまとめ

（　）に教科書の言葉を書き入れなさい。教 p.198〜210

場面	出来事	「僕」の心情や様子
現在 教初め〜p.200・⑩ 「私」の書斎	語り手＝「私」 ●「私」は、客に（①　）の収集を見せた。 ●「彼」は、子供の頃の思い出を話し始めた。	彼「僕も子供のとき、むろん収集していたのだが、残念ながら自分でその思い出をけがしてしまった。」…回想へ
回想 p.200・⑫〜203・⑭ 「僕」が十歳ぐらいの頃	語り手＝「僕」…ちょう集めのとりこになった。 ●青い（②　）をとらえた。 ●隣の子供（エーミール）に見せたが、難癖をつけられた。	▼微妙な喜びと、激しい欲望との入り交じった気持ち。 ▼（③　）のあまり、せめて隣の子供にだけは見せようと思った。 ▼妬み、嘆賞《たんしょう》しながら憎んでいた。＝「僕」のエーミールへの感情。 ▼獲物に対する喜びはかなり傷つけられた。
回想 p.203・⑮〜終わり 「僕」が十二歳ぐらいの頃	●エーミールの部屋でクジャクヤママユの斑点を見た。 ●クジャクヤママユを持ち出した。＝盗みを犯した。 ●誰か階段を上がってくるのが聞こえて、手をポケットにつっ込んだ。 ●エーミールの部屋に引き返したが、クジャクヤママユはつぶれてしまった。 ●エーミールに罪を告白したが、エーミールは「僕」を眺めて軽蔑するだけだった。 ●家に帰り、夜、自分のちょうを指で押しつぶした。	▼この宝を手に入れたいという、逆らいがたい（④　）を感じた。 ▼大きな（⑤　）のほか何も感じていなかった。 ▼自分は盗みをした、下劣なやつだということを悟り、見つかりはしないか、という恐ろしい（⑥　）に襲われた。 ▼盗みをしたという気持ちより、自分がつぶしてしまったちょうを見ているほうが、心を苦しめた。 エーミール「つまり君はそんなやつなんだな」＝軽蔑 ↓「僕」＝（⑦　）⇔エーミール＝正義 ▼一度起きたことは、もう（⑧　）のできないものだということを悟った。↓ちょうをつぶして自らを罰し、ちょう集めと決別した。

おさえよう

主題 自分の犯した罪は償いの〔ア できる　イ できない〕ものだと知った「僕」は、集めたちょうを粉々に押しつぶす。それは、自らへの罰と、〔ア ちょう集めとの決別　イ ちょう集めのやり直し〕を意味していた。

知識の泉 Q □に入る漢字は？「異□同音」

実力判定テストA ステージ2

少年の日の思い出

30分

自分の得点まで色をぬろう!
100点 合格! 80 もう一歩 60 がんばろう! 0
/100

解答 26ページ

次の文章を読んで、問題に答えなさい。

教p.201・③〜203・⑭

今でも、美しいちょうを見ると、おりおり、あの熱情が身にしみて感じられる。そういう場合、僕はしばしの間、子供だけが感じることのできる、あのなんともいえない、むさぼるような、うっとりした感じに襲われる。少年の頃、初めてキアゲハにしのび寄った、あのとき味わった気持ちだ。また、そういう場合、僕は、すぐに幼い日の無数の瞬間を思い浮かべるのだ。強くにおう、乾いた荒野の、焼けつくような昼下がり、庭の中の涼しい朝、神秘的な森の外れの夕方、僕は、まるで宝を探す人のように、網を持って待ち伏せていたものだ。そして、①美しいちょうを見つけると、特別に珍しいのでなくったってかまわない、ひなたの花に止まって、色のついた羽を呼吸とともに上げ下げしているのを見つけると、とらえる喜びに息もつまりそうになり、しだいにしのび寄って、輝いている色の斑点の一つ一つ、透き通った羽の脈の一つ一つ、触角の細いとび色の毛の一つ一つが見えてくると、その緊張と歓喜《かんき》ときたらなかった。そうした微妙な喜びと、激しい欲望との入り交じった気持ちは、その後、そうたびたび感じたことはなかった。

僕の両親は、立派な道具なんかくれなかったから、僕は、自分の収集を、古いつぶれたボール紙の箱にしまっておかなければならなかった。瓶の栓から切り抜いた、丸いコルクを底にはり付け、ピンをそれに留めた。こうした箱のつぶれた縁の間に、僕は、自分の宝物をしまっていた。初めのうち、僕は、自分の収集を喜んでたびたび仲間に見せたが、他の者は、ガラスのふたのある木箱や、緑色のガーゼをはった飼育箱や、その他ぜいたくなものを持っていたので、自分の幼稚《ようち》な設備を自慢することなんかできなかった。それどころか、②重大で、評判になるような発見物や獲物があっても、ないしょにし、自分の妹たちだけに見せる習慣になった。あるとき、③僕は、僕らのところでは珍しい、青いコムラサキをとらえた。それを展翅《てんし》し、乾いたときに、得意のあまり、せめて隣の子供にだけは見せよう、という気になった。それは、中庭の向こうに住んでいる先生の息子《むすこ》だった。④この少年は、非の打ちどころがないという悪徳をもっていた。それは、子供としては二倍も気味悪い性質だった。彼の収集は小さく貧弱だったが、こぎれいなのと、手入れの正確な点で、一つの宝石のようなものになっていた。彼は、そのうえ、傷んだり壊れたりしたちょうの羽を、にかわで継ぎ合わすという、非常に難しい、珍しい技術を心得ていた。とにかく、あらゆる点で模範少年だった。そのため、僕は妬み、嘆賞《たんしょう》しながら彼を憎んでいた。

この少年に、コムラサキを見せた。彼は、専門家らしくそれを鑑定《かんてい》し、その珍しいことを認め、二十ペニヒぐらいの現金の値打ちはある、と値踏みした。しかし、それから、彼は難癖をつけ始め、展翅のしかたが悪いとか、右の触角が曲がっているとか、左の触角が伸びているとか言い、そのうえ、足が二本欠けているという、もっともな欠陥を発見した。僕は、その欠点をたいしたものとは考えなかったが、こっぴどい批評家のため、自分の獲物に対する喜びはかなり傷つけられた。それで、⑤僕は、二度と彼に獲物を見せなかった。

〈ヘルマン・ヘッセ　高橋《たかはし》健二《けんじ》訳「少年の日の思い出」による〉

1 ちょうをとらえようとして待ち伏せている「僕」のことを、何と表現していますか。文章中から五字で抜き出しなさい。（10点）

2 ①美しいちょうを見つけてしのび寄ったときの気持ちを、どのように表現していますか。文章中から二十三字で抜き出し、初めと終わりの五字を書きなさい。（10点）

～

3 ②重大で、評判になるような……ないしょにし、自分の妹たちだけに見せる習慣になったとありますが、それはなぜですか。次から一つ選び、記号で答えなさい。（10点）

ア　ちょうを見せ合う仲間がいなかったから。

イ　自分の幼稚な設備が恥ずかしかったから。

ウ　重大さや評判などには関心がなかったから。

エ　自分の発見物の価値がわからなかったから。

攻略！　直前の一文から、「僕」の気持ちを捉えよう。

4 よく出る　③僕は、僕らのところでは珍しい、青いコムラサキをとらえたとありますが、このときの「僕」の気持ちを直接表している言葉を、文章中から二字で抜き出しなさい。（10点）

5 ④この少年は、非の打ちどころがないという悪徳をもっていた。について答えなさい。

(1) よく出る　「非の打ちどころがない」ことが、なぜ「悪徳」なのですか。次から一つ選び、記号で答えなさい。（10点）

ア　うそばかりついていて、信用できないから。

イ　本当の実力以上に見せかけているだけだから。

ウ　おとなしすぎて、友達としておもしろくないから。

エ　人間味に欠け、親しみにくい感じがするから。

(2) 「非の打ちどころがない」ことを、別の言い方で表した言葉を、文章中から四字で抜き出しなさい。（15点）

(3) 「非の打ちどころがない」少年に対して、「僕」はどのような感情をもっていましたか。それがわかる部分を文章中から一文で抜き出し、初めの五字を書きなさい。（15点）

6 記述　⑤僕は、二度と彼に獲物を見せなかったとありますが、それはなぜですか。（20点）

攻略！　直前の「それで」に着目する。その前に述べられたことが理由である。

知識の泉　Q「品質をホショウする。」正しいのはどれ？　ア＝保障　イ＝保証　ウ＝補償

実力 判定テストB ステージ3

少年の日の思い出 (1)

30分

自分の得点まで色をぬろう！
100点 合格！ 80 もう一歩 60 がんばろう！ 0
/100

解答 26ページ

次の文章を読んで、問題に答えなさい。

教p.205・②〜207・⑤

　せめて例のちょうを見たいと、僕は中に入った。そしてすぐに、エーミールが収集をしまっている二つの大きな箱を手に取った。どちらの箱にも見つからなかったが、やがて、そのちょうはまだ展翅《てんし》板にのっているかもしれないと思いついた。果たしてそこにあった。とび色のビロードの羽を細長い紙切れで張り伸ばされて、クジャクヤママユは展翅板に留められていた。僕は、その上にかがんで、毛の生えた赤茶色の触角や、優雅で、果てしなく微妙な色をした羽の縁や、下羽の内側の縁にある細い羊毛のような毛などを、残らず間近から眺めた。あいにく、あの有名な斑点だけは見られなかった。細長い紙切れの下になっていたのだ。

　胸をどきどきさせながら、①僕は紙切れを取りのけたいという誘《ゆう》惑《わく》に負けて、留め針を抜いた。すると、四つの大きな不思議な斑点が、挿絵のよりはずっと美しく、ずっとすばらしく、僕を見つめた。それを見ると、②この宝を手に入れたいという、逆らいがたい欲望を感じて、僕は、生まれて初めて盗みを犯した。僕は、ピンをそっと引っ張った。ちょうは、もう乾いていたので、形はくずれなかった。僕は、それをてのひらにのせて、エーミールの部屋から持ち出した。そのとき、さしずめ僕は、③大きな満足感のほか何も感じていなかった。

　ちょうを右手に隠して、僕は階段を下りた。そのときだ。④下の方から誰か僕の方に上がってくるのが聞こえた。その瞬間に、僕の良心は目覚めた。僕は突然《とつぜん》、自分は盗みをした、下劣なやつだということを悟った。同時に、見つかりはしないか、という恐ろしい不安に襲われて、僕は、本能的に、獲物を隠していた手を上着のポケットにつっ込んだ。ゆっくりと僕は歩き続けたが、大それた恥ずべきことをしたという、冷たい気持ちに震えていた。上がってきた女中と、びくびくしながら擦れ違ってから、僕は⑤胸をどきどきさせ、額にあせをかき、落ち着きを失い、自分自身におびえながら、家の入り口に立ち止まった。

　すぐに僕は、このちょうを持っていることはできない、持っていてはならない、元に返して、できるなら、何事もなかったようにしておかなければならない、と悟った。そこで、人に出くわして見つかりはしないかということを極度に恐れながらも、急いで引き返し、階段を駆け上がり、一分の後には、またエーミールの部屋の中に立っていた。僕は、ポケットから手を出し、ちょうを机の上に置いた。それをよく見ないうちに、僕はもう、どんな⑥不幸が起こったかということを知った。そして、泣かんばかりだった。クジャクヤママユはつぶれてしまったのだ。前羽が一つと触角が一本、なくなっていた。ちぎれた羽を用心深くポケットから引き出そうとすると、羽はばらばらになっていて、繕うことなんかもう思いも寄らなかった。

　盗みをしたという気持ちより、自分がつぶしてしまった、美しい、珍しいちょうを見ているほうが、僕の心を苦しめた。微妙なとび色がかった羽の粉が、自分の指にくっついているのを見た。また、ばらばらになった羽がそこに転がっているのを見た。⑦それをすっかり元どおりにすることができたら、僕は、どんな持ち物でも楽しみでも、喜んで投げ出したろう。

〈ヘルマン・ヘッセ　高橋《たかはし》健二《けんじ》訳「少年の日の思い出」による〉

1 記述　「僕」がエーミールの部屋に入ったのは、何をするためですか。（10点）

（　　　）

2 記述　①紙切れを取りのけたいという誘惑　とは、何をしたいということを表していますか。（15点）

（　　　）

3 ②この宝を……逆らいがたい欲望　を感じたのは、何を見たことがきっかけですか。文章中から十二字で抜き出しなさい。（10点）

□□□□□□□□□□□□

4 よく出る　③大きな満足感　とありますが、どのようなことに満足していたのですか。次から一つ選び、記号で答えなさい。（10点）

ア　高価なちょうを入手できたこと。
イ　ちょうを盗む作戦が成功したこと。
ウ　美しいちょうを自分のものにしたこと。
エ　エーミールを困らせることができたこと。

（　　　）

5 ④下の方から誰か僕の方に上がってくるのが聞こえた。とありますが、このとき「僕」が思ったのは、どのようなことですか。（　）に当てはまる言葉を、文章中から抜き出しなさい。10点×2（20点）

・自分は（　　　）だということ。
・誰かに（　　　）ということ。

6 よく出る　⑤胸をどきどきさせ　とありますが、このときの「僕」の気持ちを表した言葉として、当てはまらないものを次から一つ選び、記号で答えなさい。（10点）

ア　期待　イ　不安
ウ　緊張　エ　恐怖

（　　　）

7 ⑥不幸　とありますが、どのようなことを「不幸」と表現しているのですか。文章中の言葉を使って、簡潔に書きなさい。（15点）

（　　　）

8 レベルUP　⑦それをすっかり元どおりにすることができたら、僕は、どんな持ち物でも楽しみでも、喜んで投げ出したろう。とありますが、ここから「僕」のどのような気持ちがわかりますか。次から一つ選び、記号で答えなさい。（10点）

ア　生まれて初めて盗みを犯したことを恥じる気持ち。
イ　美しいちょうをだいなしにしたことを悲しむ気持ち。
ウ　自分の罪がみんなにばれてしまうことを恐れる気持ち。
エ　エーミールに嫌われてしまうことを悔やむ気持ち。

（　　　）

知識の泉　Q　「抽象《ちゅうしょう》的」の対義語は？

実力判定テストB　ステージ3

少年の日の思い出 (2)

30分

自分の得点まで色をぬろう！
100点　合格！　80　もう一歩　60　がんばろう！　0
/100

解答 ▶ 27ページ

★ 次の文章を読んで、問題に答えなさい。

教 p.208・①～210・⑧

「おまえは、エーミールのところに行かなければなりません。」と、母はきっぱりと言った。「そして、自分でそう言わなくてはなりません。それより他に、どうしようもありません。おまえの持っているもののうちから、どれかをうめ合わせにより抜いてもらうように、申し出るのです。そして、許してもらうように頼まなければなりません。」

あの模範少年でなくて、他の友達だったら、すぐにそうする気になれただろう。①彼が、僕の言うことをわかってくれないし、おそらく全然信じようともしないだろうということを、僕は前もってはっきり感じていた。そのうちに夜になってしまったが、僕は出かける気になれなかった。母は、僕が中庭にいるのを見つけて、

「今日のうちでなければなりません。さあ、行きなさい。」

と、小声で言った。それで、僕は出かけていき、

「エーミールは？」

と尋ねた。彼は出てきて、すぐに、誰かがクジャクヤママユをだいなしにしてしまった、悪いやつがやったのか、あるいは猫がやったのかわからない、と語った。僕は、そのちょうを見せてくれ、と頼んだ。二人は上に上がっていった。彼はろうそくをつけた。僕は、だいなしになったちょうが展翅《てんし》板の上にのっているのを見た。エーミールがそれを繕うために努力した跡が認められた。壊れた羽は丹念に広げられ、ぬれた吸い取り紙の上に置かれてあった。しかし、それは直すよしもなかった。触角もやはりなくなっていた。そこで、それは僕がやったのだ、と言い、詳しく話し、説明しようと試みた。

すると、エーミールは、激したり、僕をどなりつけたりなどはしないで、低く「ちぇっ。」と舌を鳴らし、しばらくじっと僕を見つめていたが、それから、

「そうか、そうか、つまり君はそんなやつなんだな。」

と言った。

僕は、彼に、②僕のおもちゃをみんなやる、と言った。それでも、彼は冷淡《れいたん》に構え、依然僕をただ軽蔑的に見つめていたので、僕は、③自分のちょうの収集を全部やる、と言った。しかし、彼は、

「結構だよ。僕は、君の集めたやつはもう知っている。そのうえ、今日また、君がちょうをどんなに取り扱っているか、ということを見ることができたさ。」

と言った。

その瞬間、④僕は、すんでのところであいつの喉笛に飛びかかるところだった。もうどうにもしようがなかった。僕は悪漢だということに決まってしまい、エーミールは、まるで世界のおきてを代表でもするかのように、冷然と、正義を盾に、あなどるように僕の前に立っていた。彼は罵りさえしなかった。ただ僕を眺めて、軽蔑していた。

知識の泉　**A 具体的。**　具体的＝はっきりとした実体を備えている様子。

そのとき、初めて僕は、一度起きたことは、もう償いのできないものだということを悟った。僕は立ち去った。⑤母が根掘り葉掘りきこうとしないで、僕にキスだけして、構わずにおいてくれたことをうれしく思った。僕は、「とこにお入り。」と言われた。僕にとってはもう遅い時刻だった。だが、その前に、僕は、そっと食堂に行って、大きなとび色の厚紙の箱を取ってき、それを寝台《しんだい》の上にのせ、闇の中で開いた。そして、⑥ちょうを一つ一つ取り出し、指で粉々に押しつぶしてしまった。

〈ヘルマン・ヘッセ　高橋《たかはし》健二《けんじ》訳「少年の日の思い出」による〉

1 記述 ①彼が、僕の言うことを……はっきり感じていた。とありますが、「僕」は、エーミールにどのようなことをわかってほしかったのですか。次の言葉に続けて書きなさい。（15点）

ちょうを盗んだのは、美しいちょうに対する熱情からだということと、（　　　）。

2 「僕」の告白を聞いたエーミールは、どのような態度を取りましたか。□に当てはまる言葉を、文章中から抜き出しなさい。（10点）

「僕」を□□した態度。

3 ②僕のおもちゃをみんなやる　③自分のちょうの収集を全部やると言ったのは、何をしたいと思ったからですか。文章中から二字で抜き出しなさい。（10点）

□□

4 レベルUP ④僕は、……飛びかかるところだった　とありますが、それはなぜですか。次から一つ選び、記号で答えなさい。（15点）

ア 「僕」が悪いと、激しく責め立てられたから。
イ 「僕」には実現不可能なことを要求されたから。
ウ 「僕」のちょうに対する思いまで否定されたから。
エ 「僕」の犯した悪事が全て明らかにされたから。

（　）

5 よく出る エーミールとのやり取りで、「僕」が知ったのは、どのようなことですか。文章中から抜き出しなさい。（15点）

（　　　）

6 ⑤母が……構わずにおいてくれた　から、母のどのような気持ちがわかりますか。次から一つ選び、記号で答えなさい。（15点）

ア 正直に罪を告白した「僕」の態度に感心している。
イ すぐに謝りに行かなかった「僕」にあきれている。
ウ 「僕」が盗みを犯したことが信じられないでいる。
エ 「僕」のつらい気持ちを理解し、いたわっている。

（　）

7 よく出る ⑥ちょうを一つ一つ取り出し、指で粉々に押しつぶしてしまった　とありますが、このときの「僕」の気持ちとして適切なものを次から二つ選び、記号で答えなさい。10点×2（20点）

ア 嫌な出来事を少しでも早く忘れたいという気持ち。
イ もう二度とちょうの収集はしないと心にちかう気持ち。
ウ クジャクヤママユ以外のちょうはいらないという気持ち。
エ エーミールに対する怒りをちょうにぶつけようとする気持ち。
オ 取り返しのつかない罪を犯した自分を罰しようという気持ち。

（　）（　）

知識の泉 Q 「蛇の絵に足を描き加えたため酒を飲みそこねた」という故事が基になった故事成語は？

確認のワーク ステージ1

文法への扉3 単語の性質を見つけよう（文法3 単語の分類）

学習のねらい
●単語を分類する観点を知り、正しく分類できるようになろう。
●それぞれの品詞の特徴をつかもう。

解答 28ページ　スピードチェック 20ページ

教科書の要点

1 単語の分類
（　）に教科書の言葉を書き入れなさい。 教 p.247～248

(1) 自立語・付属語

①（　　）●単独で文節を作ることができる。

②（　　）●単独では文節を作れず、必ず自立語と共に文節を作る。

●文節の初めには必ず自立語がくる。
●一文節に自立語は一つだけ（付属語は複数含まれることもある）。

(2) 活用の有無

（　　）…文の中で使われるとき、単語の形が変化すること。

例 走る ― **走ら** ない／**走ろ** う／**走り** ます

例 新しい ― **新しかっ** た／**新しく** ない／**新しけれ** ば

例 きれいだ ― **きれいだっ** た／**きれいに** なる／**きれいな** 場所

2 品詞
（　）に教科書の言葉を書き入れなさい。 教 p.249

単語			品詞	働きや性質	語例
自立語	活用する		①（　）	●述語になる。●ウ段で終わる。	泳ぐ　ある
自立語	活用する		②（　）	●述語になる。●「い」で終わる。	暑い　美しい
自立語	活用する		③（　）	●述語になる。●「だ・です」で終わる。	便利だ　豊かです
自立語	活用しない		④（　）	●「が・は・も」などを付けて、主語になる。	花　ノート
自立語	活用しない		⑤（　）	●主に連用修飾語になる。	ゆっくり
自立語	活用しない		⑥（　）	●連体修飾語になる。	大きな
自立語	活用しない		⑦（　）	●接続語になる。	だから
自立語	活用しない		⑧（　）	●独立語になる。	はい
付属語	活用する		⑨（　）	●自立語の後に付いて、意味を付け加えたりする。	た・です
付属語	活用しない		⑩（　）		が・を

3 体言と用言
（　）に教科書の言葉を書き入れなさい。 教 p.250

・①（　　）…自立語の中で、活用せず、「が・は・も」などを付けて主語になれるもの。＝名詞

・②（　　）…自立語の中で活用し、単独で述語になれるもの。＝動詞・形容詞・形容動詞

知識の泉 A **蛇足。**「なくてもよい，よけいなもの」。〈例〉最後の発言は蛇足だった。

基本問題

1 次の——線の単語を、①自立語、②付属語に分け、記号で答えなさい。

ア庭 イの ウばら エが オようやく カ咲い キた。

①（　　　　）　②（　　　　）

2 よく出る 例にならって、次の文を「／」で文節に区切り、自立語に——線を引きなさい。

例 犬が／公園を／走り回る。

① その山に登るのは時間がかかる。

② ポケットからハンカチを取り出す。

③ コーヒーの味をしみじみ味わった。

④ 星のように輝く夜景を見下ろす。

⑤ 彼とは以前話したことがある。

攻略！ 文節に分け、文節の初めにくるのが自立語、他が付属語。

3 次の文から、活用する単語を一つずつ抜き出しなさい。

① 学校の前の道を、バスが何台も通る。（　　　　）

② 友達のお兄さんは、とても背が高い。（　　　　）

③ この湖のほとりは、いつでも静かだ。（　　　　）

4 よく出る 次の——線の単語の品詞を後から一つずつ選び、記号で答えなさい。

① 弟は、ご飯をたくさん食べた。（　　）

② このノートは、誰のものですか。（　　）

③ 昨日は強かった風も、今日はおだやかだ。（　　）

④ 私たちの教室は、二階にあります。（　　）

⑤ 冬休みに、家族で海外へ行きたい。（　　）

⑥ もしもし、田中さんのお宅ですか。（　　）

⑦ 遊園地で長い行列に並ぶ。（　　）

⑧ 太陽の明るい光が窓から差し込む。（　　）

⑨ 今日は、体育館で集会が行われる。（　　）

⑩ 一時間歩いた。しかし、まだ着かない。（　　）

ア 動詞　イ 形容詞　ウ 形容動詞　エ 名詞
オ 副詞　カ 連体詞　キ 接続詞　ク 感動詞
ケ 助動詞　コ 助詞

攻略！ 自立語か付属語か、活用するかしないかなどを確かめよう。

5 体言と用言について答えなさい。

① 体言は、品詞でいうと、何に当たりますか。（　　　　）

② 用言は、品詞でいうと、何に当たりますか。三つ書きなさい。（　　　　）（　　　　）（　　　　）

知識の泉 Q 人に対する態度が謙虚《けんきょ》なことを表す慣用句は？ □が低い

実力判定テストA ステージ2

文法への扉3 単語の性質を見つけよう
（文法3 単語の分類）

30分

自分の得点まで色をぬろう！
合格！ 100点 80 もう一歩 60 がんばろう！ 0
/100

解答 28ページ

1 よく出る **次の文から、自立語と付属語をそのままの形で全て抜き出しなさい。** 完答3点×3（9点）

① 小さな弟と公園で遊ぶ。
自立語…（　　）
付属語…（　　）

② 今日は昨日よりかなり寒いらしい。
自立語…（　　）
付属語…（　　）

③ その角を曲がると、海が見えます。
自立語…（　　）
付属語…（　　）

2 **次の文から、活用する単語をそのままの形で全て抜き出しなさい。** 完答3点×2（6点）

① おいしいお弁当を買い、お花見に出かける。（　　）

② 風がさわやかに野原をふき抜ける。（　　）

3 **次の――線の単語は、ア動詞、イ形容詞、ウ形容動詞のどれに当たりますか。記号で答えなさい。** 2点×6（12点）

① 母は、姉の目をじっと見つめる。（　）
② 海へしずむ夕日がとてもきれいだ。（　）
③ 父が自転車に乗って出かけるのは珍しい。（　）
④ 彼女の仕事は、いつも丁寧《ていねい》だ。（　）
⑤ 弟が喜ぶ顔を見て、僕もうれしかった。（　）
⑥ 古い校舎を建て直す。（　）

4 **次の中から名詞を全て選び、記号で答えなさい。** 完答（4点）

ア どきどき　イ 私　ウ パンダ
エ 北海道　オ さびしい　カ この
キ 広げる　ク 三メートル

（　　）

攻略！ 名詞は活用しない語で、主語になることができる。

5 **次の文から、副詞を一つずつ抜き出しなさい。** 2点×4（8点）

① 女の子が涙をぽろぽろ流す。（　）
② とうとう実験に成功した。（　）
③ もし夢がかなうなら、何をしようか。（　）
④ この問題は極めて難しい。（　）

知識の泉 A **腰。** 逆に，人に対して高圧的であることを表す言葉は「高飛車《たかびしゃ》」など。

6 次の文から、連体詞を一つずつ抜き出しなさい。2点×4（8点）

① あらゆる病気に効く薬が欲しい。（　　）
② あなたはどの色が好きですか。（　　）
③ 郵便局は、あの信号の先にあります。（　　）
④ 大きな船に乗って、旅に出る。（　　）

7 次の□に当てはまる接続詞を、後から一つずつ選び、記号で答えなさい。2点×3（6点）

① 食後には、紅茶□コーヒーが付きます。（　　）
② 空は晴れていた。□、だんだんくもってきた。（　　）
③ 私は男の子に笑いかけた。□、男の子も笑った。（　　）

ア すると　イ あるいは　ウ しかし　エ つまり

8 次の文章から、感動詞を二つ抜き出しなさい。2点×2（4点）

「まあ、かわいい赤ちゃんですね。一歳くらいですか。」
「はい、ちょうど一歳です。」

（　　）（　　）

9 次の——線の単語を、①助動詞、②助詞に分け、記号で答えなさい。完答（4点）

・彼は（ア）、風邪《かぜ》で（イ）学校を（ウ）休むそうだ（エ）。
・友人の（オ）家へ（カ）遊びに（キ）行った（ク）。

①（　　）②（　　）

攻略！ 活用するものは助動詞、活用しないものは助詞である。

10 よく出る 次の——線の単語の品詞名を後から一つずつ選び、記号で答えなさい。3点×10（30点）

① 教室に一人だけが残る。（　　）
② バランスのよい食事ですこやかな体を作る。（　　）
③ ほら、空に虹が架かったよ。（　　）
④ 遅れないように、早く出かけよう。（　　）
⑤ ドアをそっと開ける。（　　）
⑥ 彼女の趣味《しゅみ》は、本を読むことだ。（　　）
⑦ 小さなメダカが川を泳ぐ。（　　）
⑧ 木の枝に、黄色い小鳥が止まった。（　　）
⑨ 一時間目は国語です。そして、次は数学です。（　　）
⑩ 妹たちは、買い物へ出かけるようだ。（　　）

ア 動詞　イ 形容詞　ウ 形容動詞　エ 名詞
オ 副詞　カ 連体詞　キ 接続詞　ク 感動詞
ケ 助動詞　コ 助詞

攻略！ 活用する単語は、言い切りの形にして考えよう。

11 よく出る 次の文から、体言と用言を全て抜き出しなさい。完答3点×3（9点）

① 新しい自転車に乗る。
体言…（　　）用言…（　　）

② 白い馬が緑の草原を走る。
体言…（　　）用言…（　　）

③ その方法が最も確実だ。
体言…（　　）用言…（　　）

知識の泉 Q「言う」の謙譲語《けんじょう》は？

確認のワーク ステージ1

随筆二編

構成や描写を工夫して書こう

体験を基に随筆を書く

解答 29ページ　スピードチェック 14ページ　予想問題 152ページ

学習のねらい
●語句や表現の工夫に着目して、文章を読もう。
●場面の展開や描写に基づいて、筆者の考えや思いを捉えよう。

漢字と言葉

1 漢字の読み 読み仮名《がな》を横に書きなさい。

＊は新出漢字 ▼は新出音訓・◎は熟字訓

①＊随筆　②＊憧れ　③数＊軒　④＊埋もれる　⑤＊濃い　⑥記＊憶　⑦つり▼革　⑧見＊逃す　⑨＊膜　⑩＊匂い　⑪天▼井

2 漢字の書き 漢字に直して書きなさい。

①（　　）《ずいひつ》を読む。　②（　　）《きおく》に残る。
③土に（　　）《う》もれる。　④番組を（　　）《みのが》す。
⑤（　　）《こ》い色。　⑥（　　）《あこが》れを抱く。

3 語句の意味 意味を下から選んで、線で結びなさい。

① 引き立つ　・　・ア 周りのものと比べて目立つ。
② せわしい　・　・イ 明るく、はなやかな様子。
③ 晴れやかだ　・　・ウ 絶え間がなく、落ち着かない。

4 構成や描写を工夫して書こう 随筆を書くときの工夫として、適切でないものを次から一つ選び、記号で答えなさい。

ア 会話から書きだすなど、印象的な書きだしにする。
イ 自分の思いや考えを交えず、出来事だけを客観的に描く。
ウ 読み手が状況をイメージできるように具体的に描写する。
エ 体験が自分にとってどんな意味をもつのかを書く。

（　　）

教科書の要点 随筆二編 教 p.216〜218

1 題材 （　）に教科書の言葉を書き入れなさい。

●「空」
・時…北陸の山奥に住んだ最初の（①　　）。
・話題…「（②　　）」を初めて見たときのこと。

●「えんぽう」
・時…（③　　）歳の頃。
・話題…（④　　）が出張に出かける日のこと。

いつの、どんな出来事が書かれているかを押さえよう。

知識の泉 A 申す。申しあげる。「言う」の尊敬語は「おっしゃる」「言われる」。

2 構成のまとめ

（　）に教科書の言葉を書き入れなさい。　教p.216〜217

●「空」

	まとまり	内容
教初め〜p.216・④	北陸の山奥に住んだ筆者	●筆者は、北陸の山奥に住んだ。 ▼小さい頃からの憧れであった（①　　　）のそばにいたかったせいかもしれない。
p.216・⑤〜終わり	最初の冬の出来事	●軒までの雪に埋もれて過ごしていた。 ●ある日、外に出ると、一面に小雪が舞っているのに、辺りが妙に（②　　　）。 …空を見上げると ●抜けるように（③　　　）空があった。 ▼「これが『（④　　　）』というものか！」 ＝感動 ●筆者は、雪を浴びながら空を見上げていた。 ●雪の白さに引き立てられて、空の青さは、いよいよ濃い。 ▼あんな美しい「（⑤　　　）」を見たことがなかった。 ↓雪国の厳しい冬に見た、美しい青空に感動。

●「えんぽう」　教p.217〜218

	まとまり	内容
教初め〜p.217・⑦	忘れられない言葉	▼忘れられない言葉の中で、最も古い記憶があるのは、「（⑥　　　）」という言葉だ。
p.217・⑧〜217・⑭	四、五歳の頃 父と筆者	●筆者が四、五歳の頃、父と二人だけで暮らす時期があった。 ●筆者はいつも父にまとわりついていた。 ▼散歩の時間は、（⑦　　　）のひとときだった。 ↓のんびりした父の気配に包まれ、（⑧　　　）していられた。
p.218・①〜終わり	四、五歳の頃 父が出張する日	●出張の日の父は、透明な膜に包まれている。 ▼筆者は父の気配の違いを見逃さず、息が（⑨　　　）なる。＝不安 筆者「父ちゃん、どこ行くの？」 父「えんぽう、えんぽう。」←遠方 ▼父の姿はまぶしく、非日常的で、筆者は「えんぽう」に憧れ、いつか必ず行きたいと思った。

おさえよう

主題

●「空」…雪国に住んだ最初の冬、風花《かざはな》を見て〔ア 雪の白さ　イ 空の青さ〕が強く印象に残ったこと。

●「えんぽう」…父と二人だけで暮らしていた四、五歳の頃、父が出張に行く「えんぽう」というところに、深く〔ア 憧れた　イ 恐れを抱いた〕こと。

知識の泉　Q ——線を漢字で書くと？　果物のイタみが早い。

実力判定テストA ステージ2 随筆二編

30分

1 次の文章を読んで、問題に答えなさい。

教 p.216・⑤〜217・④

最初の冬である。軒までの雪に埋もれて過ごしていたのだが、ある日、外に出ると、一面に小雪が舞っている。一面の雪なのに、辺りが妙に明るい。①なんか変だなと、ふと空を見上げると――そこには、灰色の重たい雲はなく、抜けるように青い空があった。

ああ、これが「風花《かざはな》」というものか！　私は、②雪を浴びながら空を見上げていた。深く濃い冬の青空が、真っ白な雪を生み出しているとしか思えない。後から後から、雪は見えない高みで生まれ、際限もなくひらひら・ひらひらと舞い下りてくるのである。目が回るようだ。雪の白さに引き立てられて、空の青さは、いよいよ濃い。私は、あんな美しい「青空」を見たことがなかった。

〈工藤《くどう》 直子《なおこ》「空」による〉

1 ①なんか変だな　とありますが、どのようなことを「変だ」と思ったのですか。「……こと。」につながるように、文章中から十六字で抜き出しなさい。（15点）

こと。

2 ②雪を浴びながら　とありますが、筆者は、この雪がどのように生まれていると思いましたか。そのことがわかる部分を、文章中から二十三字で抜き出し、初めと終わりの五字を書きなさい。（15点）

〜

3 よく出る　この文章では、どのようなことに対する筆者の感動が中心に描かれていますか。次から一つ選び、記号で答えなさい。（15点）

ア　雪国で暮らした最初の冬に見ることのできた、真っ白な「風花」の清らかさ。
イ　雪に閉ざされた生活の中で目にした、小雪が舞う深く濃い青空の美しさ。
ウ　雪国で暮らすことでわかった、軒まで埋もれてしまうほど降る雪の激しさ。
エ　雪に閉ざされた生活の中で何度も目にした、一面に広がる灰色の雲の暗さ。
（　　）

攻略！　最後の二文から、筆者が何に感動しているのかを捉えよう。

自分の得点まで色をぬろう！
100点　合格！　80　もう一歩　60　がんばろう！　0
/100

解答 29ページ

知識の泉　A　傷。　食べ物が悪くなること。「痛み」は体の苦しさを指すことが多い。

2 次の文章を読んで、問題に答えなさい。

教 p.217・⑧〜218・⑫

四、五歳の頃、父と私だけで暮らす時期が二、三年あった。たった二人の日々である。仕事から帰った後の父、休日の父に、まとわりつき、家の中でも父の後をくっついて回った。

①朝夕の日課である散歩の時間は、至福のひとときだった。のんびりした父の気配に包まれて、安心していられたから。着物姿の父のたもとや、差し出してくれた人さし指を、電車のつり革のようににぎりしめていれば、何も怖いものはなかった。

小学校の校長をしていた父は、学校間の会議などがあるらしく、時々、日帰りの出張などしていた。家の中でも、くっついて回る私である。②出張の日の父の気配の違いを見逃さない。

そんな日の父は、透明な膜に包まれている。そしてナフタリンの匂いがする洋服を、きちんと着始める。私は③息がせわしくなって、必ず同じ質問をする。

「父ちゃん、どこ行くの?」

父も必ず同じ答えを返す。「えんぽう、えんぽう」。天井を眺めながら、歌うように「エンポーエンポー」と繰り返す父の姿はまぶしく、非日常的であり、私は、連れていってもらえない「えんぽう」というところに、深く深く憧れた。そしてその、まぶしい晴れやかな「えんぽう」に、いつか必ず行きたいと思っていた。

〈工藤《くどう》直子《なおこ》「えんぽう」による〉

1 ①朝夕の日課である散歩の時間は、至福のひとときだった。とありますが、それは、父といるとどのような気持ちになれたからですか。文章中から二字で抜き出しなさい。(10点)

2 ②出張の日の父の気配の違いを比喩《ひゆ》で表している部分を、文章中から十一字で抜き出しなさい。(15点)

3 記述 ③息がせわしくなってとありますが、ここから、筆者のどのような気持ちが読み取れますか。その気持ちになった理由を含めて書きなさい。(15点)

攻略! 父のどんな様子を見て、「息がせわしくなって」いるか考えよう。

4 よく出る この文章では、筆者のどのような心情が中心に描かれていますか。次から一つ選び、記号で答えなさい(15点)

ア 自分が一度も行ったことのない「えんぽう」への恐れ。
イ 自分は連れていってもらえない「えんぽう」への憧れ。
ウ 自分を「えんぽう」へ連れていかない父に対する反感。
エ 自分の知らない「えんぽう」へ行く父に対する尊敬の念。

知識の泉 Q「国民のソウイを反映する。」正しいのはどれ? ア=相違 イ=創意 ウ=総意

確認のワーク ステージ1

言葉3 さまざまな表現技法
漢字3 漢字の成り立ち

解答 30ページ　スピードチェック 14ページ

学習のねらい
- 表現技法とその効果について理解し、使えるようになろう。
- 漢字の成り立ちを学び、漢字への理解を深めよう。

漢字

1 漢字の読み 読み仮名《がな》を横に書きなさい。

＊は新出漢字 ▼は新出音訓・◎は熟字訓

①余＊韻　②入れ＊替える　③▼対句　④＊擬人法
⑤音＊符　⑥＊刃　⑦＊販売　⑧教＊諭
⑨幾▼何学　⑩＊苛酷《こく》　⑪画＊伯　⑫＊拍車

2 漢字の書き 漢字に直して書きなさい。

①（しゅくはく）の予約。　②新商品の（はんばい）。
③（よいん）を残す。　④（はくしゃ）をかける。
⑤（かめ）を飼う。　⑥（とうげ）を越える。
⑦（はち）が飛ぶ。　⑧鳥を（か）る。

❶と❹の「はく」は、同じ部分をもつ漢字だから、注意して書こう。

基本問題 言葉3

1 よく出る 次の①〜⑤に用いられている表現技法は、何ですか。後から一つずつ選び、記号で答えなさい。

① ふと見上げると、そこには、夜空に光る無数の星。（　）
② 私は忘れない、みんなで楽しく過ごした日々を。（　）
③ 青い海が、どこまでもどこまでも広がっている。（　）
④ 船はゆっくりと沖を進み、鳥はゆうゆうと空を飛ぶ。（　）
⑤ カーテンを開けると、窓の外には銀世界が。（　）

ア 省略　イ 対句　ウ 倒置
エ 反復　オ 体言止め

攻略！ 文末や繰り返している言葉、似たような言葉に着目しよう。

2 よく出る 次の①〜⑤に用いられている表現技法は、何ですか。後から一つずつ選び、記号で答えなさい。

① 大きな岩が、探検隊を冷たく見下ろしていた。（　）
② きらきら光る湖は、まるで鏡みたいだ。（　）
③ 打ち上げ花火は、夜空に咲いた花だ。（　）
④ 水を浴びて、庭の草木もうれしそうに笑っている。（　）
⑤ 絵の具でぬったような、あざやかな色の夕焼けだ。（　）

ア 直喩　イ 隠喩　ウ 擬人法

攻略！ 何を、何にたとえているのかを捉えよう。

知識の泉 **A ウ。** 総意＝全員の意見。相違＝二者間の違い。創意＝新しい思いつき。

基本問題 漢字3

1 後の□から言葉を選び、（　）に書き入れなさい。

①	（　）	●物の形をかたどって、その物を表す。	例 川 馬
②	（　）	●抽象《ちゅうしょう》的な事柄を、記号やその組み合わせで表す。	例 三 下
③	（　）	●二つ以上の字を組み合わせて、新しい意味を表す。	例 口＋鳥 ↓鳴
④	（　）	●二字を組み合わせて、一方で音、他方で意味を表す。 ・音符＝音を表す部分。 ・意符＝意味を表す部分。 ※音符は音だけでなく、意味も表すことがある。	例 言［意符］＋方［音符］ ↓訪

会意　形声　指事　象形

2 よく出る 次の漢字の成り立ちを後から一つずつ選び、記号で答えなさい。

① 明（　）　② 招（　）　③ 上（　）
④ 山（　）　⑤ 本（　）　⑥ 門（　）

ア 象形　イ 指事
ウ 会意　エ 形声

攻略！ 漢字の形や音、意味を手がかりにしよう。

3 例にならって、次の漢字を、意符と音符に分けて書きなさい。

例 銅 意符（釒）＋音符（同）
① 板 意符（　）＋音符（　）
② 故 意符（　）＋音符（　）
③ 花 意符（　）＋音符（　）
④ 志 意符（　）＋音符（　）
⑤ 週 意符（　）＋音符（　）

4 よく出る 次の漢字に共通する音符を書きなさい。また、その音符が表す音を片仮名《かたかな》で書きなさい。

① 検・験・険 音符（　）音（　）
② 適・敵・摘 音符（　）音（　）
③ 紅・江・攻 音符（　）音（　）
④ 福・副・幅 音符（　）音（　）

5 次の言葉の説明として適切なものを後から一つずつ選び、記号で答えなさい。

① 仮借《かしゃ》（　）　② 国字（　）　③ 転注（　）

ア 日本で独自に作られた漢字。
イ ある漢字の意味が広がって、他の意味にも転用されること。
ウ もともと文字で表せなかった事柄を、同音の漢字を借りて表記すること。

知識の泉 Q 慣用句「口をすっぱくする」の意味は？

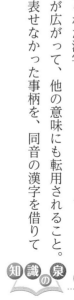

確認のワーク ステージ1

漢字に親しもう6
一年間の学びを振り返ろう　要点をフリップにまとめ、発表する

学習のねらい
- 材料を集めて整理し、発表する方法を確認しよう。
- 聞き手の反応に注意しながら話す方法を確認しよう。

解答 31ページ　スピードチェック 15ページ

漢字

1 漢字の読み 読み仮名《がな》を横に書きなさい。

＊は新出漢字　▼は新出音訓・◎は熟字訓

① 収＊穫　② ▼商い　③ ▼来す　④ ▼提げる
⑤ 法＊廷　⑥ 貨＊幣　⑦ ＊更＊迭　⑧ ＊勲章
⑨ ＊虚＊偽　⑩ ＊琴線　⑪ 太＊鼓判　⑫ ＊惜しむ
⑬ ＊据える　⑭ ＊汗（訓読み）

2 漢字の書き 漢字に直して書きなさい。

① 文化（　）《くんしょう》。　② 心の（　）《きんせん》に触れる。
③ 稲の（　）《しゅうかく》。　④ 大臣を（　）《こうてつ》する。
⑤ （　）《かへい》の歴史。　⑥ （　）《きょぎ》の報告。
⑦ 腰を（　）《す》える。　⑧ 別れを（　）《お》しむ。

基本問題　一年間の学びを振り返ろう

1 次のア〜エは、放送委員会での活動の感想です。①よかった点、②反省点に分類して、記号で答えなさい。

ア 先輩に教えてもらいながら、仕事を覚えることができた。
イ アンケート結果を放送に生かすことができた。
ウ 体育祭のアナウンスで、間違えてしまった。
エ お昼の放送を聞いてくれる人を増やすことができた。

①（　）（　）　②（　）

2 よく出る　発表の構成を考えます。次のア〜ウは、どのような順序で話すのがよいですか。記号で答えなさい。

ア まとめ　イ 話題提示　ウ 具体的説明

（　）→（　）→（　）

3 発表するときの注意点として適切なものを次から全て選び、記号で答えなさい。

ア 要点を示したフリップをできるだけ多く用意する。
イ 聞き手が話を理解しているか確かめながら話す。
ウ 声の調子や間の取り方を工夫しながら話す。
エ 聞き手や場に応じて、言葉や表現を変えないようにする。

（　）

知識の泉　A 何度も繰り返し言う。　〈例〉早く帰るようにと，弟たちに口をすっぱくして注意した。

4 次の発表の例を読んで、問題に答えなさい。

①皆さんは、お昼の放送を聞いてくれていますか。＜（間を取る）僕は、放送委員会でお昼の放送に関わってきました。今日は、僕が放送委員会での活動で学んだことをお伝えします。

放送委員会の今年度の目標は、お昼の放送をより多くの人に聞いてもらうことでした。【A】お昼に食事や会話を楽しむのはよいことですが、放送を聞いていないと、重要なお知らせを聞き逃してしまいます。

そこで、放送委員会では二つの対策を考えました。【B】（聞き手が理解しやすい伝え方）一つ目は、「みんなの好きな曲に関するアンケート」を行い、人気の高い曲をお昼の放送で流すことです。【C】好きな曲で興味を引いた直後に、重要なお知らせをアナウンスするのです。二つ目は、重要なお知らせがある日は、放送直前に、放送委員がそれをみんなに伝えて放送を聞くように呼びかけることです。これらの対策で、僕は、アンケートの作成、集計などを担当しました。【D】

その結果、②（フリップを見せる）お昼の放送を聞いてくれる人が増えました。先月行ったお昼の放送に関するアンケートでは、「お昼に放送されるお知らせを前よりも聞くようになった」という回答が五十八パーセントもありました。一年間の活動が、大きな成果を生んだと思います。

委員会活動を通して、僕は、目標を立て、対策を考え、実行するということの大切さを学びました。来年も放送委員になり、さらに楽しく役に立つお昼の放送を作っていけたらと思っています。（明るい声で）皆さん、これからのお昼の放送にもご期待ください。

二つの対策
1　人気の高い曲でみんなの興味を引く。
2　重要なお知らせがあることを知らせる。

フリップ1

---

1 (1) ①皆さんは、お昼の放送を聞いてくれていますか。について、**よく出る** この言葉には、どのような効果がありますか。次から一つ選び、記号で答えなさい。

ア　みんなが話を聞いているか確認する効果。
イ　聞き手の興味を引いて、話に引き込む効果。
ウ　お昼の放送についての意見をきく効果。
エ　自分の話に、説得力をもたせる効果。（　　）

(2) これと同じように、聞き手に呼びかけている一文を抜き出し、初めの五字を書きなさい。

□□□□□

2 **よく出る** フリップ1は、どこで示すのがよいですか。【A】～【D】から一つ選び、記号で答えなさい。（　　）

3 ②お昼の放送を……増えましたでは、どのような内容のフリップを示すとよいですか。次から一つ選び、記号で答えなさい。

ア　放送委員会の一年間の活動計画。
イ　お昼の放送で流した曲の一覧表。
ウ　「みんなの好きな曲に関するアンケート」結果。
エ　「お昼の放送に関するアンケート」結果。（　　）

攻略！ フリップでは、根拠になる資料や、話の要点を示すとよい。

4 この発表の内容や話し方の工夫として当てはまらないものを次から一つ選び、記号で答えなさい。

ア　順序を表す言葉を使い、わかりやすく話している。
イ　内容によって、声の調子や間の取り方を工夫している。
ウ　本や資料から、適切な図表や文章を引用している。
エ　初め、中、終わりという話の構成になっている。（　　）

知識の泉　Q 「□透明」「□履行」「□景気」　□に共通する打ち消しの漢字は？

確認のワーク ステージ1

さくらの　はなびら

学習のねらい
●表現技法の種類と効果を考えながら詩を読もう。
●詩の言葉や表現を味わい、作者の思いを考えよう。

解答 31ページ

教科書の要点

1 詩の種類　この詩に合うほうに○を付けなさい。

この詩は、用語で分類すると、現代の話し言葉で書かれているので｛ア 文語詩　イ 口語詩｝であり、形式で分類すると、各行の音数に決まりがなく、自由に書かれているので、｛ア 定型詩　イ 自由詩｝である。

2 表現技法　［　］から言葉を選び、（　）に書き入れなさい。

①（　　）…「ひとつの　ことが」「……に　とって」という言葉を繰り返している。

②（　　）…第六連と第七連の、言葉の形や意味が対応している。

倒置　反復　対句　省略　体言止め

3 構成のまとめ　（　）に詩の言葉を書き入れなさい。　教 p.234〜235

まとまり		内容
第一〜二連	情景	●桜の花びらが、ひとひら、枝を離れて「じめんに（①　　）」。 …桜の花びらが地面に散り落ちた情景。 ＝桜の花の命が終わった。
第三連〜第七連	作者の思い	（思ったこと）▼「いま　おわったのだ　そして（②　　）のだ」 （何が？）▼桜・地球・宇宙にとって「あたりまえすぎる」そして「（③　　）」「ひとつの　こと」が。 …繰り返される自然の営み ＝季節がめぐること。 ＝命が終わり、新しい命が生まれること。 （倒置）

おさえよう

主題　桜の花びらがひとひら散る情景は、自然の営みが〔ア 繰り返されていく　イ 失われていく〕というあたりまえのことが、かけがえのないものであることを感じさせる。

☆基本問題

次の詩を読んで、問題に答えなさい。

教p.234～235

さくらの　はなびら

まど・みちお

えだを　はなれて
ひとひら

①さくらの　はなびらが
じめんに　たどりついた

いま　おわったのだ
そして　はじまったのだ

ひとつの　ことが
さくらに　とって

いや　ちきゅうに　とって
うちゅうに　とって

②あたりまえすぎる
ひとつの　ことが
かけがえのない
ひとつの　ことが

1 ①さくらの　はなびらが／じめんに　たどりついた　について答えなさい。

(1) 記述　これは、どうなったということですか。□に当てはまる言葉を、五字以内で書きなさい。

桜の花びらが地面に［　　　　　］ということ。

(2) この表現によって、作者はどういうことを表そうとしたと考えられますか。□に当てはまる言葉を書きなさい。

桜の花の［　　］が終わったということ。

2 よく出る　②あたりまえすぎる／ひとつの　ことが／かけがえのない／ひとつの　ことが　について答えなさい。

(1) この詩には倒置が使われています。普通の言い方にした場合、「かけがえのない／ひとつの　ことが」の後に続くのは、何という言葉ですか。詩の中から二行で抜き出しなさい。

(2) 「あたりまえすぎる」「かけがえのない」こととは、どのようなことですか。次から一つ選び、記号で答えなさい。

ア　力を合わせて、大切な自然を守っていくこと。
イ　季節がめぐり、命が受け継がれていくこと。
ウ　地球や宇宙に守られ、花が存在していること。
エ　生き物は全て違い、それぞれの個性があること。（　　）

攻略！「ひとつの　こと」がどうなるのかを捉えよう。

知識の泉　Q「タイカ」と読むのはどっち？　ア＝書道の大家。　イ＝集合住宅の大家。

確認のワーク ステージ1 坊《ぼ》っちゃん

解答 32ページ スピードチェック15ページ

学習のねらい
●語句や表現の意味を考えながら、内容を読み取ろう。
●登場人物の人物像や人物どうしの関係を捉《とら》えよう。

漢字

1 漢字の読み 読み仮名《がな》を横に書きなさい。

＊は新出漢字 ▼は新出音訓・◎は熟字訓

❶◎相撲 ❷◎足袋 ❸◎差し支える ❹◎土産

教科書の要点

1 作品と作者 □から言葉を選んで、（ ）に書き入れなさい。 教p.287

「坊《ぼ》っちゃん」は、（①　　）時代の小説である。作者は、（②　　）で、他の代表作に「吾輩《わがはい》は猫《ねこ》である」「（③　　）」などがある。

明治　大正　昭和　森鷗外《もりおうがい》　太宰治《だざいおさむ》　夏目漱石《なつめそうせき》
舞姫《まいひめ》　こころ　走れメロス

2 あらすじ 正しい順番になるように、番号を書きなさい。 教p.278〜286

（ ）物理学校を卒業した「俺《おれ》」は、四国の中学校で数学の教師になることにした。「俺」は、清《きよ》に見送られながら汽車で出立《しゅったつ》した。

（ ）父の死後、「俺」は中学校を、兄は商業学校を卒業した。兄は就職して九州へ行くことになり、家を売った。「俺」は兄と別れて下宿することにした。

（ ）「俺」は、子供のときから無茶ないたずらをよくやった。父と母は、そんな「俺」の行く先を案じていた。

（ ）「俺」の母がなくなった後、兄とのけんかがもとで、「俺」は勘当《かんどう》されそうになった。しかし、清のおかげで、勘当されずに済んだ。

（ ）「俺」は、兄に六百円の金をもらった。これを学資にして勉強することにした「俺」は、物理学校に入学した。

おさえよう

主題 「俺」は人に好かれるたちではなく、唯一《ゆいいつ》の理解者だった清の愛情を〔ア 素直《すなお》に受け入れられなかった　イ すぐに受け入れた〕。しかし、永遠の別れを覚悟《かくご》する清を見て、「俺」の心にも悲しみが込《こ》み上げるのだった。〔ア 慎重《しんちょう》　イ 無鉄砲《てっぽう》〕だが曲がったことが嫌《きら》いな「俺」と、清との交流が描《えが》かれている。

知識の泉 A ア。「タイカ」＝ある分野で特にすぐれた人。「おおや」＝貸し家の持ち主。

★ 基本問題

次の文章を読んで、問題に答えなさい。

教p.278・上①〜278・下②

　親ゆずりの無鉄砲《てっぽう》で子供のときから損ばかりしている。小学校にいる時分、学校の二階から飛び降りて、一週間ほど腰《こし》を抜《ぬ》かしたことがある。なぜそんなむやみをした、ときく人があるかもしれぬ。べつだん深い理由でもない。新築の二階から首を出していたら、同級生の一人が冗談《じょうだん》に、いくらいばっても、そこから飛び降りることはできまい、弱虫やーい、とはやしたからである。人におぶさって帰ってきたとき、おやじが①大きな目をして、二階ぐらいから飛び降りて腰を抜かすやつがあるかと言ったから、②この次は抜かさずに飛んでみせますと答えた。

　親類の者から西洋製のナイフをもらって、きれいな刃《は》を日にかざして友達に見せていたら、一人が、光ることは光るが切れそうもないと言った。切れぬことがあるか、何でも切ってみせると請《う》け合った。そんなら君の指を切ってみろと注文したから、なんだ指ぐらい、このとおりだ、と右の手の親指の甲《こう》をはすに切り込んだ。幸いナイフが小さいのと、親指の骨がかたかったので、いまだに親指は手に付いている。しかし、傷あとは死ぬまで消えぬ。

〈夏目《なつめ》漱石《そうせき》「坊《ぼ》っちゃん」による〉

1 ①大きな目をして とは、父のどのような様子を表していますか。次から一つ選び、記号で答えなさい。

ア 驚《おどろ》いている様子。
イ 喜んでいる様子。
ウ 怒《おこ》っている様子。
エ 悲しんでいる様子。

（　　）

2 ②この次は抜かさずに飛んでみせます とありますが、このときの気持ちを次から一つ選び、記号で答えなさい。

ア 父がほめてくれなかったことが悲しくて、落ち込んでいる。
イ 失敗したことが悔《くや》しくて、次はうまくやると意気込んでいる。
ウ 父に心配をかけたことを申し訳なく思って、反省している。
エ 失敗したことが恥《は》ずかしくて、言い訳をしてごまかしている。

（　　）

攻略！ 同級生に弱虫と言われて、二階から飛び降りた性格から考えよう。

3 この文章に書かれている「学校の二階から飛び降りたこと」と「ナイフで指を切ったこと」について答えなさい。

(1) 記述 この二つのエピソードに共通するのは、どのようなことですか。（　）に当てはまる言葉を書きなさい。

他人の挑発《ちょうはつ》に乗ってしまい、言われたとおりのことをやって、（　　　　）こと。

(2) よく出る このようなことをしてしまう性格を、何と表現していますか。文章中から八字で抜《ぬ》き出しなさい。

□□□□□□□□

知識の泉 Q 漢字「洗」の音を表す部分は？

実力判定テストA ステージ2

坊《ぼ》っちゃん

30分

自分の得点まで色をぬろう！
100点 80 60 0
合格！ もう一歩 がんばろう！
/100

解答 32ページ

次の文章を読んで、問題に答えなさい。

教p.280・上①〜281・上③

母が病気で死ぬ二《に》、三日《さんち》前、台所で宙返りをして、へっついの角であばら骨を打って大いに痛かった。母がたいそう怒《おこ》って、①おまえのようなものの顔は見たくないと言うから、親類へ泊《と》まりに行っていた。すると、とうとう死んだという知らせが来た。そう早く死ぬとは思わなかった。そんな大病なら、もう少しおとなしくすればよかったと思って帰ってきた。そうしたら例の兄が、俺《おれ》を親不孝だ、俺のために、おっかさんが早く死んだんだと言った。悔《くや》しかったから、②兄の横っつらを張って、たいへんしかられた。

母が死んでからは、おやじと兄と三人で暮らしていた。おやじはなんにもせぬ男で、人の顔さえ見れば、きさまはだめだ、だめだと、口癖《くちぐせ》のように言っていた。何がだめなんだか、今にわからない。妙《みょう》なおやじがあったもんだ。兄は実業家になるとか言って、しきりに英語を勉強していた。元来さっぱりしない性分《しょうぶん》で、ずるいから、仲がよくなかった。十日に一遍《いっぺん》ぐらいの割でけんかをしていた。あるとき将棋《しょうぎ》を指したら、③ひきょうな待ちごまをして、人が困ると、うれしそうに冷やかした。あんまり腹が立ったから、手にあった飛車《ひしゃ》を眉間《みけん》へたたきつけてやった。眉間が割れて少々血が出た。兄がおやじに言《い》つけた。おやじが俺を勘当《かんどう》すると言いだした。

そのときは、もうしかたがないと観念して、先方の言うとおり勘当されるつもりでいたら、④十年来召《め》し使っている清《きよ》という女が、泣きながらおやじに謝《あやま》って、ようやくおやじの怒《いか》りが解けた。それにもかかわらず、あまりおやじを怖《こわ》いとは思わなかった。かえって、この清に気の毒であった。この女は、元由緒《ゆいしょ》のある者だったそうだが、瓦解《がかい》のときに零落《れいらく》して、つい奉公《ほうこう》までするようになったのだと聞いている。だから、ばあさんである。このばあさんが、どういう因縁《いんえん》か、⑤俺を非常にかあいがってくれた。不思議なものである。母も死ぬ三日前に愛想《あいそ》をつかした――おやじも年中持て余している――町内では乱暴者の悪太郎とつま弾《はじ》きをする――この俺を、むやみに珍重《ちんちょう》してくれた。俺は、とうてい人に好かれるたちでない、と諦《あきら》めていたから、他人から木のはしのように取り扱《あつか》われるのはなんとも思わない、かえって、この清のようにちやほやしてくれるのを不審《ふしん》に考えた。清はときどき台所で、人のいないときに「あなたはまっすぐでよいご気性《きしょう》だ。」とほめることがときどきあった。しかし、俺には清の言う意味がわからなかった。いい気性なら、清以外の者も、もう少しよくしてくれるだろうと思った。清がこんなことを言うたびに、俺はおせじは嫌《きら》いだと答えるのが常であった。すると、ばあさんは、⑥それだからいいご気性ですと言っては、うれしそうに俺の顔を眺《なが》めている。自分の力で俺を製造してほこってるように見える。少々気味が悪かった。

〈夏目《なつめ》 漱石《そうせき》「坊《ぼ》っちゃん」による〉

知識の泉 **A 先。** 水の意味を表す「氵」と「セン」という音を表す「先」を組み合わせてできた漢字。

1 ①おまえのようなものの顔は見たくないと言うから、親類へ泊まりに行っていた　とありますが、このときの「俺」の行動の説明として適切なものを次から一つ選び、記号で答えなさい。（15点）

ア　事態の重大さをわきまえず、遊びほうけている。
イ　言葉を文字どおりに受け取って、行動に移している。
ウ　怒られたことで腹を立て、家出をしようとしている。
エ　母の気を引くために、心配をかけようとしている。

（　　）

2 記述　②兄の横っつらを張って　とありますが、そのようなことをしたのは、なぜですか。□に当てはまる言葉を、文章中の言葉を使って、三十字以内で書きなさい。（20点）

「俺」は、□のに、兄に、母が早く死んだのは「俺」のせいだと言われて悔しかったから。

攻略！　母の死に対して、「俺」が思っていたことを読み取ろう。

3 ③ひきょうな待ちごまをして、……冷やかした　とありますが、このようなことをする兄の性格について、「俺」は何と表現していますか。文章中から十四字で抜《ぬ》き出しなさい。（15点）

4 ④十年来召し使っている清という女が、泣きながらおやじに謝って、ようやくおやじの怒りが解けた　とありますが、この一件について、「俺」はどのように思いましたか。次から一つ選び、記号で答えなさい。（15点）

ア　父が本気で勘当しようとしていたとわかり、反省した。
イ　父を怖いとは思わず、むしろ清を気の毒に思った。
ウ　父が清の言うことを受け入れたので、情けなく思った。
エ　父の怒りをしずめてくれた清に、心から感謝した。

（　　）

5 よく出る　⑤俺を非常にかあいがってくれた　とありますが、このことに対して、「俺」はどのように思っていましたか。次から一つ選び、記号で答えなさい。（15点）

ア　人に好かれることが少ないので、おおいに喜んでいた。
イ　みんなもちやほやしてくれるから、なんとも思わなかった。
ウ　かわいがってくれる理由がわからず、不審に思っていた。
エ　気を遣《つか》って無理にほめてくれるのを、心苦しく思っていた。

（　　）

6 よく出る　⑥それだからいいご気性です　とありますが、清は、「俺」のどのようなところを「いいご気性」だと考えているのですか。（　）に当てはまる言葉を、文章中から抜き出しなさい。10点×2（20点）

ほめられても、（　　）は嫌いだと答えるところに表れる、（　　）なところ。

攻略！　「俺」と清との会話から考えよう。

知識の泉　Q　□に当てはまる反対の意味の漢字は？　帯に□し　たすきに□し

実力判定テストB ステージ3

坊《ぼ》っちゃん

30分

自分の得点まで色をぬろう！
100点 合格！ 80 もう一歩 60 がんばろう！ 0
/100

解答 32ページ

次の文章を読んで、問題に答えなさい。 教p.281・下⑬〜282・下㉑

清《きよ》が物をくれるときには、必ずおやじも兄もいないときに限る。俺《おれ》は何が嫌《きら》いだといって、人に隠《かく》れて自分だけ得をするほど、嫌いなことはない。兄とはむろん仲がよくないけれども、兄に隠して清から菓子《かし》や色鉛筆《えんぴつ》をもらいたくはない。なぜ、俺一人にくれて、兄さんにはやらないのか、と清にきくことがある。すると清は澄《す》ましたもので、お兄《あに》さまはお父さまが買っておあげなさるからかまいませんと言う。①これは不公平である。おやじは頑固《がんこ》だけれども、そんなえこひいきはせぬ男だ。しかし清の目から見ると、そう見えるのだろう。全く愛におぼれていたにちがいない。元は身分のある者でも、ばあさんだからしかたがない。単にこればかりではない。ひいき目は恐《おそ》ろしいものだ。清は俺をもって、将来立身出世して立派な者になると思い込《こ》んでいた。そのくせ勉強をする兄は色ばかり白くって、とても役には立たないと、一人で決めてしまった。こんなばあさんにあってはかなわない。②自分の好きな者は必ずえらい人物になって、嫌いな人はきっと落ちぶれるものと信じている。俺はそのときから、べつだん何になるという了見《りょうけん》もなかった。しかし、清がなるなると言うものだから、やっぱり何かになれるんだろうと思っていた。今から考えると、ばかばかしい。あるときなどは、③清にどんな者になるだろうときいてみたことがある。ところが、清にもべつだんの考えもなかったようだ。ただ手車へ乗って、立派な玄関《げんかん》のある家をこしらえるに相《そう》違《い》ないと言った。

それから清は、俺がうちでも持って独立したら、いっしょになる気でいた。どうか置いてくださいと、何べんも繰《く》り返して頼《たの》んだ。俺も、なんだかうちが持てるような気がして、うん置いてやると返事だけはしておいた。ところが、この女はなかなか想像の強い女で、あなたはどこがお好き、麹町《こうじまち》ですか麻布《あざぶ》ですか、お庭へぶらんこをおこしらえあそばせ、西洋間は一つでたくさんですなどと、勝手な計画を一人で並べていた。そのときは、家なんか欲《ほ》しくもなんともなかった、西洋館も日本建ても全く不用であったから、そんなものは欲しくないと、いつでも清に答えた。すると、あなたは欲が少なくって、心がきれいだと言って、またほめた。④清は何と言ってもほめてくれる。

⑤母が死んでから五、六年の間は、この状態で暮らしていた。おやじにはしかられる。兄とはけんかをする。清には菓子をもらう、ときどきほめられる。別に望みもない、これでたくさんだと思っていた。他の子供も、一概《いちがい》にこんなものだろうと思っていた。ただ清が何かにつけて、あなたはおかわいそうだ、不幸せだとむやみに言うものだから、それじゃ、かわいそうで不幸せなんだろうと思った。その他に苦になることは少しもなかった。ただおやじが小遣《こづか》いをくれないには閉口した。

〈夏目《なつめ》 漱石《そうせき》「坊《ぼ》っちゃん」による〉

知識の泉 A 短・長。「帯に短したすきに長し」＝中《ちゅう》途《と》半《はん》端《ぱ》で役に立たない。

1 よく出る ①これは不公平である。と思ったのは、「俺」がどのような性格だからですか。（　）に当てはまる言葉を、文章中から抜《ぬ》き出しなさい。（10点）

（　　　　）ことを嫌う性格。

2 「俺」は、父をどのような人物だと考えていましたか。そのことがわかる一文を文章中から抜き出し、初めの五字を書きなさい。（10点）

3 ②自分の好きな者は必ずえらい人物になって、嫌いな人はきっと落ちぶれるものと信じている。について答えなさい。

(1) こういう見方を、「俺」は何と言っていますか。文章中から四字で抜き出しなさい。（10点）

(2) 記述 清は、「俺」と兄の将来について、どのように思っていたのですか。四十字以内で書きなさい。（20点）

4 ③清にどんな者になるだろうときいてみたとありますが、それに対して、清は何と答えましたか。そのことがわかる一文を文章中から抜き出し、初めの五字を書きなさい。（10点）

5 レベルUP ④清は何と言ってもほめてくれる。とありますが、「俺」は、清に対してどのような気持ちでいましたか。次から一つ選び、記号で答えなさい。（10点）

ア 何をしてもほめてくれる清に、そらぞらしさを感じていた。
イ 自分の価値を理解してくれる清に、感謝の念を抱《いだ》いていた。
ウ 不公平でえこひいきばかりする清に、批判的な気持ちでいた。
エ 清の愛情をありがたく思うが、かたよりすぎだとも感じていた。

（　）

6 ⑤母が死んでから五、六年の間は、この状態で暮らしていた。とありますが、どのような状態だったのですか。次から一つ選び、記号で答えなさい。（15点）

ア 父、兄、清の三人と、仲良く暮らしていた。
イ 父、兄とは仲良く暮らしていたが、清には反発していた。
ウ 父、兄とはうまくいかず、清にはかわいがられていた。
エ 父、兄、清の誰《だれ》ともうまくいっていなかった。

（　）

7 よく出る 清は、どのようなことを望んでいたと考えられますか。次から一つ選び、記号で答えなさい。（15点）

ア 「俺」が家を持ち、自分をやとってくれること。
イ 「俺」が独立し、自分のもとから離《はな》れること。
ウ 「俺」がいつまでも今の家にいて、共に暮らすこと。
エ 「俺」が家を持ち、父と兄を養うこと。

（　）

知識の泉 Q 次の□に当てはまる漢字は？ 「鶏《けい》□となるとも牛□となるなかれ」

確認のワーク ステージ1 幻《まぼろし》の魚は生きていた

学習のねらい
- 中心となる文に着目しながら読もう。
- 文章の構成を押《お》さえ、要旨《ようし》を捉《とら》えよう。

解答 33ページ

言葉

1 語句の意味 意味を下から選んで、線で結びなさい。

① 経緯《けいい》・　・ア 状態を保つこと。
② 打撃《だげき》・　・イ 物事がそうなった事情。
③ 維持《いじ》・　・ウ 大きな損害。

教科書の要点

1 話題 クニマスとは、どういう魚ですか。（　）に教科書の言葉を書き入れなさい。 教p.288

（①　　）の仲間で、世界中で秋田県の（②　　）だけに生息していた。一九四〇年頃《ごろ》に姿を消したが、七十年後の二〇一〇年に、山梨県の（③　　）で発見された。

2 内容理解 クニマスが田沢《たざわ》湖から姿を消したのは、なぜですか。次から一つ選び、記号で答えなさい。 教p.288〜289 （　　）

ア 人々がクニマスをとりすぎたから。
イ 天敵となる外来生物が増えたから。
ウ 酸性の水が入り、環境《かんきょう》が変わったから。
エ 気候の変動により、水温が上がったから。

3 内容理解 田沢湖と西《さい》湖の、相違《そうい》点と共通点は何ですか。□に教科書の言葉を書き入れなさい。 教p.290

●相違点
田沢湖は日本一［　　］湖だが、西湖は、田沢湖と比べると水深が［　　］こと。

●共通点
産卵《さんらん》場所の周囲の［　　］が同じであること。

4 筆者の考え 西湖でクニマスが生き続けるためには、どうすることが必要だと、筆者は考えていますか。次から二つ選び、記号で答えなさい。 教p.291 （　　）（　　）

ア 産卵場所の環境を重点的に守ること。
イ 産卵場所を含《ふく》めた湖全体の環境を守ること。
ウ 湖に生きる生き物の中で、クニマスを優先的に保護すること。
エ クニマスを含む湖に生きる生き物と、人間が共存していくこと。

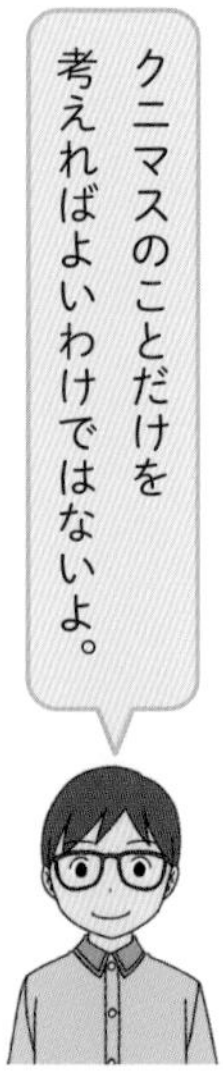
クニマスのことだけを考えればよいわけではないよ。

知識の泉 A ロ・後。「大組織で人の後につくよりも，小さな組織で長になるほうがよい」という意味。

5 構成のまとめ

（　）に教科書の言葉を書き入れなさい。（各段落に1～17の番号を付けて読みましょう。）教p.288～291

まとまり	序論	本論		結論
	1～3段落	4～7段落	8～14段落	15～17段落
	二つの疑問	クニマスが田沢湖から姿を消した経緯《けいい》	クニマスが西湖で生存し、発見された経緯	クニマスが生き続けるために
内容	クニマスをめぐる二つの疑問 ①クニマスはなぜ田沢湖で（①　　）したのか。 ②クニマスはなぜ遠く離《はな》れた西湖で生きていたのか。	▼田沢湖一帯は、大きな川が少なく、近くを流れる玉川《たま》の水は強い（②　　）で、農業や多くの生物の生活に適さなかった。 一九三四年　大凶作《きょうさく》 （③　　）の増産が切実な課題となった。 対策 ●玉川の水を田沢湖に引き入れて酸性を弱め、（④　　）として使う。 ●湖の水を水力発電に利用し、電力の供給を増やす。 ❶の答え ▼一九四〇年、玉川の水が田沢湖に引き入れられた。＝人の手による（⑤　　）の改変 ←…・クニマスが田沢湖から姿を消した。 ・クニマスをめぐる（⑥　　）も消えた。	▼二〇一〇年三月、西湖でとれた黒いマスが研究室に届いた。 検証 ●（⑦　　）の時期と場所…ヒメマスとは異なるが、クニマスとはほぼ一致《いっち》。 ●えらと（⑧　　）の特徴《とくちょう》…クニマスと全て一致。 ●遺伝子…ヒメマスとは別の魚だとわかった。 ↓黒いマスはクニマスだった。 ❷の答え ▼田沢湖での絶滅《ぜつめつ》前に、クニマスの（⑨　　）が西湖を含む三つの湖に譲渡《じょうと》されていた。 ▼西湖は、クニマスの産卵場所の周囲の（⑩　　）が、田沢湖と同じだった。 ＝産卵して生存できる条件を備えていた。	◆西湖でクニマスが生き続けるためには、産卵場所も含めた湖全体の（⑪　　）を守ることと、クニマスと他の生物、そして人間とがバランスを保って（⑫　　）していくことが大切である。

おさえよう

要旨《ようし》　クニマスは、人間による〔ア　過度な捕獲《ほかく》　イ　環境の改変〕によって田沢湖から姿を消したが、卵を譲渡された西湖が、産卵して生存できる条件を備えていたため、命をつないでいた。クニマスが生き続けるためには、湖全体の環境を守り、〔ア　人と生き物が共存していく　イ　クニマスを優先的に保護する〕ことが必要である。

知識の泉　Q「なまける」意味の慣用句は？　ア＝油を売る　イ＝油を絞《しぼ》る

実力判定テストA ステージ2

幻《まぼろし》の魚は生きていた

30分

自分の得点まで色をぬろう!
100点 合格! 80 もう一歩 60 がんばろう! 0

解答 33ページ

/100

次の文章を読んで、問題に答えなさい。 教 p.288・上⑮〜289・下⑪

かつて、田沢《たざわ》湖周辺に住む人々にとって、クニマスは出産祝いや、病気見舞《みま》い、誕生日祝いに贈《おく》られる特別な魚だった。クニマス漁の権利は代々受け継《つ》がれ、江戸《えど》時代から残る文書には、①誰《だれ》が、いつ、どれだけクニマスをとったかが細かく記録されている。人々はこの魚をとりすぎないように節度を守っていたのであろう。クニマスは地元の民話にも登場する魚で、②田沢湖周辺の人々の生活や文化に根ざした大切な存在だったのだ。にもかかわらず、クニマスが絶滅《ぜつめつ》したのには、次のような背景がある。

田沢湖の南に広がる一帯は、大きな川が少なく、農業用水を確保することが難しかった。近くを流れる玉《たま》川は、水量はあるが強い酸性の水で、農業にも、また多くの生物の生活にも適さなかった。

ところが、その③田沢湖一帯をめぐる事態が変わり始める。一九三四年、東北地方を大凶作《きょうさく》が襲《おそ》うと、食料の増産が人々にとって切実な課題となった。そこで、玉川の水を田沢湖に引き入れて酸性を弱め、それを農業用水として使うこと、また、電力の供給を増やすため、湖の水を水力発電に利用することが計画された。酸性の水はクニマスをはじめとする田沢湖の生物に打撃《だげき》を与《あた》えてしまう。しかし、人々の生活のためにはやむをえず、一九四〇年、玉川の水は田沢湖に引き入れられたのである。

こうして④クニマスは、人の手による環境《かんきょう》の改変によって、他の多くの生物と共に田沢湖から姿を消した。そして、地元の人々の生活に根ざしていたクニマスをめぐる文化も同時に消えていった。

そのクニマスが、遠く離《はな》れた西《さい》湖で見つかったのには、⑤一つのきっかけがあった。

かつて最後までクニマス漁にたずさわっていた三浦久兵衛《みうらきゅうべえ》さんは、一九七〇年頃《ごろ》、自宅に保管されていた文書から、ある記録を見つけた。クニマスの卵が、絶滅前の一九三五年に山梨県の西湖と本栖《もとす》湖、一九三九年に滋賀県の琵琶《びわ》湖に譲渡《じょうと》されたというものである。生活の一部であったクニマスに深い愛着を抱《いだ》いていた三浦さんは、移植先のどこかでクニマスが生きていないか、祈《いの》るような気持ちで探し始めた。この熱い思いが出発点となり、一九九〇年代、田沢湖周辺に住む人々が中心になって、⑥クニマス探しの運動が起こった。このときは結局見つからなかったが、クニマスは田沢湖固有の黒い体色をした「幻《まぼろし》の魚」として、広く知られるようになった。

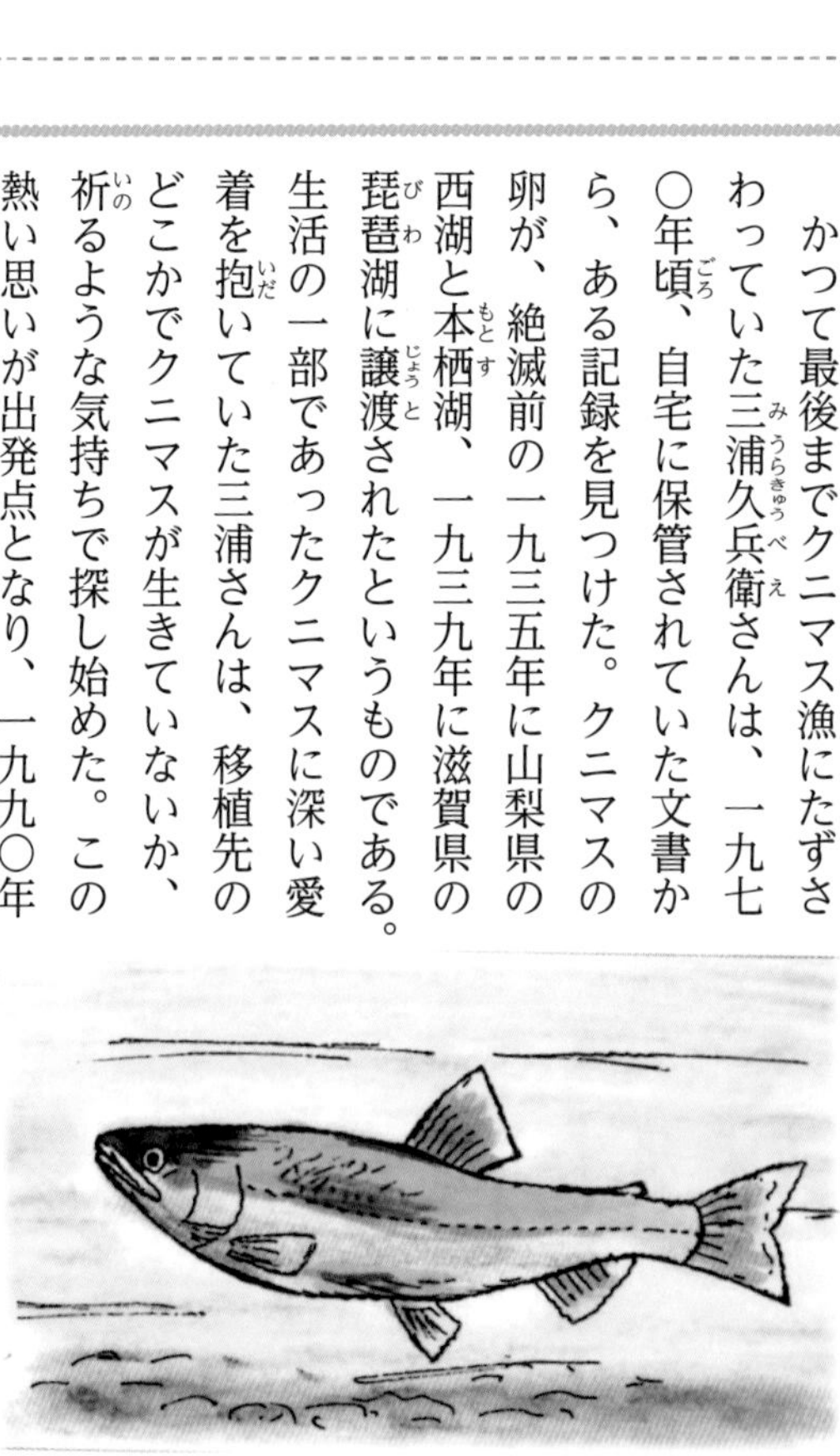

〈中坊《なかぼう》 徹次《てつじ》「幻《まぼろし》の魚は生きていた」による〉

知識の泉 A ア。「油を絞《しぼ》る」＝厳しくしかる。

1 ①誰が、いつ、どれだけクニマスをとったかが細かく記録されている　とありますが、それは何のためだと考えられますか。□に当てはまる言葉を、文章中から抜《ぬ》き出しなさい。（10点）

クニマスを□ようにするため。

2 ②田沢湖周辺の人々の生活や文化に根ざした大切な存在だったとありますが、クニマスが特別な存在だったことの具体例が挙げられている一文を文章中から抜き出し、初めの五字を書きなさい。（10点）

3 ③田沢湖一帯をめぐる事態が変わり始める　について答えなさい。

(1) その原因は、どのようなことでしたか。（　）に当てはまる言葉を、文章中から抜き出しなさい。5点×2（10点）

東北地方を襲った（　）によって、（　）が切実な課題となったこと。

(2) よく出る (1)の対策として、どのようなことが計画されましたか。文章中から二つ抜き出しなさい。10点×2（20点）

攻略！「そこで、……計画された。」という表現に着目しよう。

学習を広げる

4 ④クニマスは、人の手による環境の改変によって、他の多くの生物と共に田沢湖から姿を消した　について答えなさい。

(1) 記述 「人の手による環境の改変」とは、何をしたことを指していますか。二十字以内で書きなさい。（20点）

(2) よく出る クニマスが姿を消すと同時に消えていったものは何ですか。文章中から十字で抜き出しなさい。（10点）

攻略！直前の「こうして」が指している部分を読み取ろう。

5 ⑤一つのきっかけ　とありますが、それはどのようなことでしたか。（　）に当てはまる言葉を、文章中から抜き出しなさい。5点×2（10点）

（　）が、田沢湖での絶滅前に、（　）と本栖湖、琵琶湖に譲渡されたという記録が見つかったこと。

6 ⑥クニマス探しの運動　とありますが、このときの運動の成果を次から一つ選び、記号で答えなさい。（10点）

ア 生きたクニマスが見つかったこと。
イ クニマスが西湖にいるとわかったこと。
ウ クニマスに関する記録が集まったこと。
エ クニマスが「幻の魚」として広く知られたこと。
（　）

知識の泉 Q □に合うのは（　）のどっち？　技術がだんだん□（進化・進歩）する。

実力判定テストB ステージ3

幻《まぼろし》の魚は生きていた

30分

自分の得点まで色をぬろう！
100点 合格！ 80 もう一歩 60 がんばろう！ 0
/100

解答 33ページ

次の文章を読んで、問題に答えなさい。

教 p.289・下⑲〜291・上⑫

　届けられた①西湖《さい》の黒いマスは、産卵期《さんらん》の状態を示していた。とれたのは三月。②ヒメマスの産卵は秋であり、三月には産卵しない。おかしい。さらに、黒いマスがとれた所を漁師さんに聞くと、水深三十メートルから四十メートルの湖底だという。ヒメマスは水深二メートルから十五メートルの所で産卵するので、この点も疑問である。

　では、③クニマスはどうだろう。田沢湖《たざわ》でクニマスの産卵が最も盛《さか》んな季節は冬から早春、場所は水深四十メートルから五十メートルだったという記録が残っている。つまり、西湖の黒いマスの産卵時期と場所は、クニマスとほぼ一致《いっち》するのである。この黒いマスは、もしかしたらクニマスかもしれない。

　しかし、ほとんどの研究者がクニマスは絶滅《ぜつめつ》したと考える中、これだけでは証拠《しょうこ》が不十分である。④西湖の黒いマスがクニマスだと科学的に証明するためには、サケの仲間でクニマスだけがもっている特徴《とくちょう》を探さなければならない。多くの論文や学術書を調べた結果、えらと消化器官に、クニマスだけに見られる特徴があることがわかった。手元の黒いマスを丁寧《ていねい》に観察したところ、全てクニマスの特徴と一致したのである。さらに遺伝子の解析《かいせき》を行い、黒いマスはヒメマスとは別の魚であることがわかった。この黒いマスはクニマスであった。「幻《まぼろし》の魚」は生きていたのだ。

　それにしても、田沢湖は水深四百二十三・四メートル、日本一深い湖であり、移植された西湖は水深七十一・七メートルと浅い。⑤深い田沢湖の環境《かんきょう》に合わせて生きていたクニマスが、どうして浅い西湖で命をつないでいけたのだろう。生物にはそれぞれ、子孫を残していくために必要な環境がある。調べてみると、田沢湖と西湖には共通点があった。水温である。田沢湖も西湖も、クニマスの産卵場所の周囲の水温は、四度だったのだ。移植先の西湖は、クニマスが産卵して生存できる条件を備えていたのである。こうした偶然《ぐうぜん》の一致によって、田沢湖で絶滅したクニマスは、遠く離《はな》れた湖底で脈々と命をつないでいたのだ。

　二〇一二年、クニマスが西湖の湖底を悠然《ゆうぜん》と泳ぐ姿がテレビで放送された。世界で誰《だれ》も見たことがない野生のクニマスの映像であった。⑥この西湖でクニマスがこれからも生き続けるためには、どうすればよいだろう。一つには、産卵場所も含《ふく》めた湖全体の環境を守ることが必要だ。そして、クニマスだけを過度に保護するのではなく、ヒメマスなどの他の生き物と、それらの生き物から生活のかてを得ている私たち人間とが、バランスを保って共存していくことが大切である。かつての田沢湖でのように、人と生き物とがつながり合った関係を維持《いじ》すること、それがクニマスの保全にもつながるのだ。

〈中坊《なかぼう》徹次《てつじ》「幻《まぼろし》の魚は生きていた」による〉

知識の泉　A 進歩。「進歩」＝文明などがよいほうへ進むこと。「進化」＝生物が長い間に変化すること。

1 よく出る ①西湖の黒いマス ②ヒメマス ③クニマス について答えなさい。

(1) 西湖の黒いマスがとれたときの状況《じょうきょう》を、次のようにまとめました。(　)に当てはまる言葉を、文章中から抜《ぬ》き出しなさい。 5点×3 (15点)

とれた月	(①　　)月
とれた所	水深三十メートルから(②　　)メートル
状態	産卵期

(2) ヒメマスとクニマスの、産卵時期と場所を次のようにまとめました。(　)に当てはまる言葉を、文章中から抜き出しなさい。 5点×3 (15点)

	産卵時期	産卵場所
ヒメマス	(①　　)	水深二メートルから十五メートル
クニマス	冬から早春	水深(②　　)メートルから(③　　)メートル

(3) (1)と(2)のことから、筆者はどのような推測をしていますか。(　)に当てはまる言葉を、文章中から抜き出しなさい。 5点×2 (10点)

西湖の黒いマスは、産卵時期と場所がクニマスと(　　)ので、(　　)かもしれない。

2 よく出る ④西湖の黒いマスがクニマスだと科学的に証明するとありますが、そのために、筆者は何をしましたか。□に当てはまる言葉を、文章中から抜き出しなさい。 5点×3 (15点)

□と□にある、クニマスだけの特徴を調べ、さらに□を行った。

3 記述 ⑤深い田沢湖の環境に合わせて生きていたクニマスが、どうして浅い西湖で命をつないでいけたのだろう。とありますが、クニマスが西湖で命をつないでいけたのは、なぜですか。 (25点)

(　　)

4 レベルUP ⑥この西湖でクニマスがこれからも生き続けるためには、どうすればよいだろう。とありますが、その答えとして筆者が述べていることを次から一つ選び、記号で答えなさい。 (20点)

ア 人間が環境を変えないようにするとともに、クニマスや他の生き物のことは自然のなりゆきに任せる。
イ クニマスが産卵しやすいように環境を改変するとともに、生態系のバランスを人間が積極的に調整する。
ウ 産卵場所の環境を守るとともに、クニマスを、ヒメマスなどの他の生き物よりも優先的に保護していく。
エ 湖全体の環境を守るとともに、クニマスと他の生き物、そして人間とがバランスを保って共存していく。

(　　)

プラスワーク

聞き取り問題① スピーチ
ヤゴ救出大作戦

解答 34ページ

/100

放送文は、上のQRコードから聞くことができます。

☆ 放送を聞いて、問題に答えなさい。

メモ欄《らん》 放送の間は、問題に答えずメモを取りましょう。

順序を表す言葉に気をつけてメモを取り、話題を捉《とら》えよう。

↓ここより下は問題になります。放送の指示にしたがって答えましょう。

(1) (問題は放送されます。) (20点)

(2) (問題は放送されます。) (20点)

大勢の人が一度にプールに入ると、　　　　。

(3) (問題は放送されます。) (20点)

(4) (問題は放送されます。) 10点×2 (20点)

(5) レベルUP (問題は放送されます。) (20点)

プラスワーク

聞き取り問題② 会話

「まちの駅」ってどんなところ

放送文は、上のQRコードから聞くことができます。

解答 35ページ

/100

★ 放送を聞いて、問題に答えなさい。

メモ欄《らん》　放送の間は、問題に答えずメモを取りましょう。

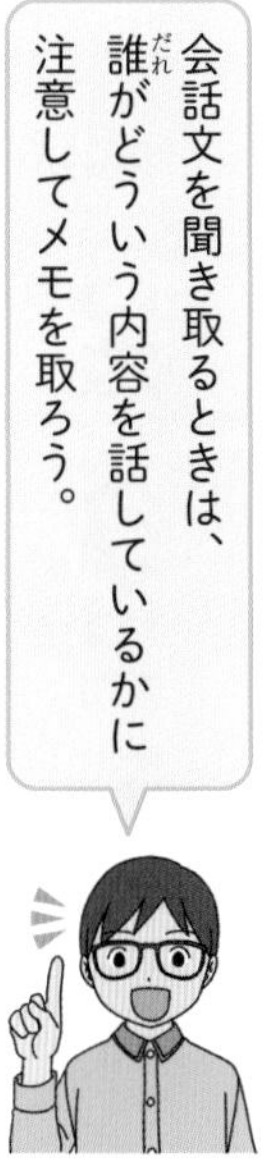

会話文を聞き取るときは、誰《だれ》がどういう内容を話しているかに注意してメモを取ろう。

↓ここより下は問題になります。放送の指示にしたがって答えましょう。

(1) （問題は放送されます。）

　　□方法がある。　（20点）

(2) （問題は放送されます。）　（20点）

(3) （問題は放送されます。）　（20点）

(4) （問題は放送されます。）

　　総合学習の授業で□を先生に提案してみる。　（20点）

(5) レベルUP （問題は放送されます。）　（20点）

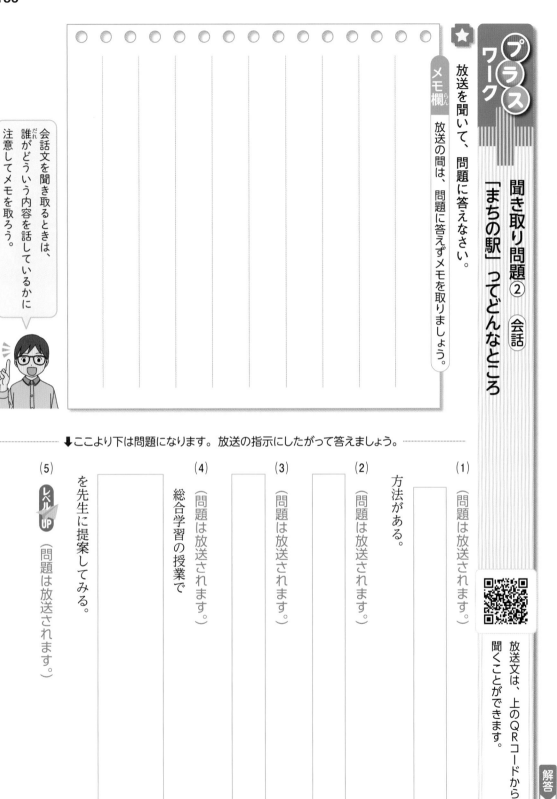

プラスワーク 日本文学史（奈良時代〜平安時代）

文学史の要点

奈良時代

【口承《こうしょう》文学から記載《きさい》文学へ】 文字がない時代には、物語は口で語り伝えられていたが、中国から漢字が伝来し、神話や歌謡《かよう》などが記録されるようになった。

歴史書

古事記《こじき》 現存最古の歴史書。太《おおの》 安万侶《やすまろ》編。天皇の命で、稗田《ひえだの》 阿礼《あれ》が暗誦《あんしょう》した神話、歴史、歌謡などを記録。「日本書紀」とあわせて「記紀《きき》」とよばれる。

日本書紀《にほんしょき》 舎人《とねり》親王ら編。国の歴史を、年代順（編年体）にまとめた歴史書。

歌集

万葉集《まんようしゅう》 現存する日本最古の和歌集。大伴《おおともの》 家持《やかもち》ら編。幅《はば》広い階層の歌を収め、五七調の素朴《そぼく》で力強い歌が多い。代表的歌人は柿本《かきのもとの》 人麻呂《ひとまろ》、山上《やまのうえの》 憶良《おくら》ら。

❖三代歌集

万葉集（奈良時代）・古今《こきん》和歌集（平安時代）・新古今和歌集（鎌倉《かまくら》時代）

平安時代

【貴族文化と女流文学】 仮名《かな》文字が考案されて国風文化が広まり、優美で情緒《じょうちょ》的な貴族文化の繁栄《はんえい》と、仮名文字を使いこなした女流文学の台頭が見られた。

物語

竹取《たけとり》物語 現存最古の作り物語。「物語の出《い》で来《き》はじめの祖《おや》」とよばれる。

伊勢《いせ》物語 現存最古の歌物語。在原《ありわらの》 業平《なりひら》と思われる男を主人公としている。

源氏《げんじ》物語 紫式部《むらさきしきぶ》。光源氏《ひかるげんじ》とその子薫《かおる》大将を主人公に貴族の世界を描《えが》いた長編物語。「もののあはれ」の文学といわれている。

歌集

古今和歌集 最初の勅撰《ちょくせん》和歌集。紀《きの》 貫之《つらゆき》ら撰《せん》。七五調の繊細《せんさい》で優美な歌が多い。代表的歌人は、紀貫之、在原業平、小野《おのの》 小町《こまち》、僧正遍昭《そうじょうへんじょう》など。

日記

土佐《とさ》日記 最初の仮名日記。紀貫之。当時仮名文字は女性が使うものだったため、貫之は女性をよそおい、土佐《とさ》から京都《きょうと》までの旅を仮名文字でつづった。

随筆《ずいひつ》

枕草子《まくらのそうし》 清少納言《せいしょうなごん》。宮廷《きゅうてい》生活や自然・人間を鋭《するど》い観察と独特の感性で捉《とら》え、簡潔な文体で表現している。「をかし」の文学といわれている。

基本問題

(1) 現存する日本最古の書物を答えなさい。（　　　）

(2) 日本で最初の勅撰和歌集を答えなさい。（　　　）

(3) 現存する日本最古の物語を答えなさい。（　　　）

(4) 「源氏物語」の作者を次から一つ選び、記号で答えなさい。（　　　）

ア 紫式部　イ 清少納言　ウ 小野小町　エ 紀貫之

(5) 「をかし」の文学といわれる、日本を代表する随筆の作品名を答えなさい。（　　　）

解答

(1) 古事記　(2) 古今和歌集　(3) 竹取物語　(4) ア　(5) 枕草子

覚えておきたい　故事成語

蛇足《だそく》

意味 よけいなもの。無駄《むだ》な行い。

由来 楚《そ》の国の話。酒をふるまわれた従者たちは、蛇《へび》の絵を最初に描《か》き終えた者が酒を飲むことに決めた。ある者が先に描き終えたが、調子に乗って蛇の足を描き足してしまい、結局酒を飲み損《そこ》ねた。

用例 蛇足になりますが、最後に一言申し上げます。

五十歩百歩《ごじっぽひゃっぽ》

意味 本質的には大きな差のないこと。

由来 梁《りょう》の恵王《けいおう》は、孟子《もうし》に「よい政治をしているのに、私の国に人が集まらないのはなぜか」と尋《たず》ねた。孟子は、「戦争が始まったとたん逃げた兵士がいました。五十歩逃げた者が百歩逃げた者を笑ったとしたらどうでしょうか」と答え、隣国《りんごく》の政治と大差がないことを諭《さと》した。

用例 五分遅《おく》れるのも三十分遅れるのも五十歩百歩だ。

背水の陣《はいすいのじん》

意味 決死の覚悟《かくご》で事に当たること。

由来 漢《かん》の名将韓信《かんしん》は、戦争の時にわざと川を背にして陣を敷《し》いた。そうして、兵たちにもう退却《たいきゃく》できないという覚悟をさせ、必死に戦わせて敵軍を打ち破った。

用例 もう負けられないと背水の陣で試合に臨《のぞ》む。

漁夫の利《ぎょふのり》

意味 両者が争っている間に、第三者が利益を手に入れること。

由来 しぎが貝の肉を食べようとすると、貝は殻《から》を閉じてしぎのくちばしをはさんだ。両者が互《たが》いに相手を離《はな》そうとせずにいるところに、漁師がやってきて、両方とも捕《と》らえてしまった。

用例 姉と妹が一枚のクッキーを巡《めぐ》り争っている間に、弟が漁夫の利を占《し》めてそのクッキーを食べてしまった。

杞憂《きゆう》

意味 無用な心配をすること。取り越《こ》し苦労。

由来 杞の国に、天が崩《くず》れ落ちてこないかと心配して、食べ物も喉《のど》に通らない人がいた。

用例 何十年も先まで心配するのは杞憂というものだ。

虎の威を借る狐《とらのいをかるきつね》

意味 権力のある人の力に頼《たよ》っていばる人のこと。

由来 虎に捕《と》らえられた狐は、虎を後ろに連れて歩き、他の動物が虎を恐《おそ》れて逃《に》げるのを自分のせいだと思わせて、虎をだまし、助かった。

用例 父親が有名人だからといっていつもいばっているあの人は、虎の威を借る狐だ。

推敲《すいこう》

意味 詩や文章の言葉を何度も練り直すこと。

由来 唐《とう》の詩人賈島《かとう》は、詩作をしていて、「僧《そう》は推《お》す月下の門」という句の「推す」を「敲《たた》く」にしようかと夢中で考えているうちに、うっかり都の長官の韓愈《かんゆ》の行列にぶつかってしまった。いきさつを韓愈に話すと、韓愈は「敲く」がよいだろうと言った。

用例 推敲に推敲を重ねて清書し、提出する作文を仕上げた。

助長《じょちょう》

意味 よけいな手助けをして、かえって害を与《あた》えること。（力添《ぞ》えをして成長させる意味にも用いる。）

由来 宋《そう》の国の話。苗《なえ》の生育が遅《おそ》いので、伸《の》ばしてやろうとして、全ての苗を引っ張った人がいた。あとで見に行くと、苗は全部枯《か》れていた。

用例 掃除《そうじ》当番をさぼるのを一人でも許すと、他の人がさぼるのを助長することになる。

四面楚歌《しめんそか》

意味 周りを敵に囲まれて、孤立《こりつ》すること。

由来 楚の項羽《こうう》は、漢《かん》の劉邦《りゅうほう》の軍に四方を囲まれた。漢軍が楚の国の歌を歌うのを聞いて、項羽は、楚の国はすでに漢軍によって占領《せんりょう》されたと思い、嘆《なげ》いた。

用例 首相は、国民やマスコミから非難されて、四面楚歌の状態になった。

覚えておきたい 部首

◆へん（偏）＝字の左側にあるもの

部首	画数	よび名	意味	例
亻	2	にんべん	人。	伸 倒
冫	2	にすい	凍《こお》る。寒い。	冷 凍
彳	3	ぎょうにんべん	行く。道路。	復 彼
阝	3	こざとへん	丘《おか》。盛り土。	陸 降
忄	3	りっしんべん	心。精神作用。	快 悟
扌	3	てへん	手。手の動作。	振 押
犭	3	けものへん	犬。犬に似た動物。	独 犯
氵	3	さんずい	水。液体。	渡 濃
日	4	ひへん	太陽。日時。	暖 暇
月	4	つきへん	月。舟《ふね》。	服 朕
木	4	きへん	木。木材。	桃 栓
歹	4	かばねへん／いちたへん	死。骨。	死 残
火	4	ひへん	火。	灯 燃
礻	4	しめすへん	神。祭り。	礼 祝
月	4	にくづき	肉。人体の部分。	胸 腰
禾	5	のぎへん	穀物。	種 税
衤	5	ころもへん	衣服。	複 補
糸	6	いとへん	糸。織物。	縦 縮
言	7	ごんべん	言葉。	詞 詳
貝	7	かいへん	財宝。金銭。	貯 財
𧾷	7	あしへん	足。足の動作。	路 踏
金	8	かねへん	金属。	鋼 針
飠	8	しょくへん	食べること。食べ物。	飯 飼

◆つくり（旁）＝字の右側にあるもの

部首	画数	よび名	意味	例
刂	2	りっとう	刀。刃物《はもの》で切る。	刻 削
力	2	ちから	力。	効 勤
卩	2	ふしづくり	ひざまずく形。	印 却
彡	3	さんづくり	飾《かざ》り。輝《かがや》き。	影 彫
阝	3	おおざと	国。地域。	郡 郷
寸	3	すん	手。	射 将
攵	4	のぶん／ぼくにょう	うつ。強制する。	救 攻
斗	4	とます	ひしゃく。はかる。	料 斜
斤	4	おのづくり	おの。おので切る。	新 断
欠	4	あくび	口を開ける動作。	歌 欲
殳	4	るまた	殴《なぐ》る。打つ。	段 殴
見	7	みる	見る。	観 視
隹	8	ふるとり	鳥。	雑 難
頁	9	おおがい	頭。	額 頂

◆かんむり（冠）＝字の上部にあるもの

部首	画数	よび名	意味	例
亠	2	なべぶた	―	京 交
人	2	ひとやね	人。	会 介
冖	2	わかんむり	覆《おお》う。	写 冠
宀	3	うかんむり	家。屋根。	宅 宝
艹	3	くさかんむり	草。	芽 荒
耂	4	おいかんむり	年寄り。	考 老
癶	5	はつがしら	両足を開く。	登 発
穴	5	あなかんむり	穴。	究 窓
罒	5	あみがしら／よこめ	網《あみ》。	置 罪
⺮	6	たけかんむり	竹。	節 簡
⻗	8	あめかんむり	雨。気象。	雲 雪

◆あし（脚）＝字の下部にあるもの

部首	画数	よび名	意味	例
儿	2	ひとあし／にんにょう	人。人の体。	元 光
廾	3	にじゅうあし	両手。	弁 弊
心	4	こころ	心。精神作用。	懸 恐
㣺	4	したごころ	心。精神作用。	恭 慕
灬	4	れんが／れっか	火。	照 烈
皿	5	さら	皿。	盛 盟

◆たれ（垂）＝字の上部から左にたれたもの

部首	画数	よび名	意味	例
厂	2	がんだれ	がけ。石。	原 厚
尸	3	しかばね／かばね	人体。人の尻《しり》。	居 展
广	3	まだれ	家。屋根。	座 床
疒	5	やまいだれ	病気。	痛 癖

◆にょう（繞）＝字の左から下部に続くもの

部首	画数	よび名	意味	例
廴	3	えんにょう	ひきのばす。進む。	建 延
辶	3	しんにょう／しんにゅう	行く。進む。道。	違 途
走	7	そうにょう	走る。	起 越

◆かまえ（構）＝字の外側を囲むもの

部首	画数	よび名	意味	例
冂	2	どうがまえ／けいがまえ	―	再 冊
凵	2	うけばこ	上方に開けた形。	出 凶
勹	2	つつみがまえ	抱《かか》え込《こ》む。	包
囗	3	くにがまえ	囲む。	囲 困
弋	3	しきがまえ	棒。道具。	式 弐
行	6	ぎょうがまえ／ゆきがまえ	道路。行く。	街 術
門	8	もんがまえ	門。	関 閉

＊部首は辞書によって異なることがあります。

定期テスト対策

得点アップ！予想問題

1
この「**予想問題**」で
実力を確かめよう！

2
「**解答と解説**」で
答え合わせをしよう！

3
わからなかった問題は
戻《もど》って復習しよう！
この本での
学習ページ

スキマ時間で漢字と知識事項《じこう》を確認《かくにん》！
別冊「**スピードチェック**」も使おう

●予想問題の構成

第1回 予想問題

野原はうたう

次の詩を読んで、問題に答えなさい。

解答 37ページ
15分
●3問中 問

おれはかまきり　かまきり りゅうじ

①おう　なつだぜ
おれは　げんきだぜ
あまり　ちかよるな
おれの　こころも　かまも
どきどきするほど
ひかってるぜ

おう　あついぜ
おれは　がんばるぜ
もえる　ひをあびて
かまを　ふりかざす　すがた
②わくわくするほど
きまってるぜ

〈工藤《くどう》 直子《なおこ》「野原はうたう」による〉

1 ①おう　なつだぜ／おれは　げんきだぜ　と対応する表現になっている部分を、詩の中から二行でぬき出しなさい。

2 ②わくわくするほど／きまってるぜ　とありますが、自分のどのような姿について、こう感じているのですか。「夏」「太陽」という言葉を使って書きなさい。

3 この詩にえがかれている「かまきり りゅうじ」の様子についての説明として適切なものを次から一つ選び、記号で答えなさい。

ア あまりの暑さに、ふきげんになっている様子。
イ 暑い中で動き回りすぎて、つかれている様子。
ウ 夏をむかえて、元気で自信に満ちている様子。
エ 夏が過ぎてしまうことを、おしんでいる様子。

1	2	3

第2回 予想問題 シンシュン

次の文章を読んで、問題に答えなさい。

解答 37ページ　15分　●6問中　問

シンタと僕が久しぶりに話をしているのを、クラスメイトたちが見ているのがわかった。

でも、僕は気にしなかった。

「僕、シンタと違うところを発見するのがⓐ怖かったんだ。」

シンタも、気にしていなかった。

「①僕も！」

思ったより、大きな声が出たのだろう。シンタは照れくさそうに笑った。

「またシュンタを傷つけるのも怖かったしさ。」

シンタのそのⓑ笑顔が、僕は好きだった。大好きだった。

「傷つかないよ。」

「え？」

「僕の好きなものをシンタが嫌いでも、僕は傷つかないよ。あ、うん、傷つくかもしれないけど、でも、じゃあ、②だからこそ話そうよ。どうして好きなのか、どうして嫌いなのか。」

シンタはまっすぐ僕を見た。僕もシンタをまっすぐに見た。僕たちはそっくりだった。

「うん。話そう。」

そっくりだけど、全然違う人間なのだった。

「話そう。たくさん。」

③僕たちはそれから、前にもましておしゃべりになった。

〈西《にし》 加奈子《かなこ》「シンシュン」による〉

---

1 ══線ⓐ・ⓑの漢字の読み仮名《がな》を書きなさい。

2 ①僕も！ とありますが、どういう意味ですか。□に当てはまる言葉を、文章中から十六字でぬき出しなさい。

シンタも、「僕」（シュンタ）と□という意味。

3 ②だからこそ話そうよ ありますが、「僕」がシンタにこう言ったのは、なぜですか。次から一つ選び、記号で答えなさい。

ア どちらが正しいか知りたいから。

イ たがいに理解し合いたいから。

ウ 相手の考えを変えさせたいから。

エ 相手と同じ考えになりたいから。

4 ③僕たちはそれから、前にもましておしゃべりになった。とありますが、それはなぜですか。□に当てはまる言葉を、文章中から指定された字数でぬき出しなさい。

自分たちは［Ⅰ〈四字〉］だが、［Ⅱ〈六字〉］なのだから、それを認めたうえで、相手と向き合うことが大切だと気づいたから。

1	2	3	4
ⓐ			Ⅰ
ⓑ			Ⅱ

第3回 予想問題

ダイコンは大きな根?

次の文章を読んで、問題に答えなさい。

解答37ページ　15分　●7問中　問

①この二つの器官は、じつは味も違っています。なぜ、違っているのでしょう。

胚《はい》軸の部分は水分が多く、甘みがあるのが特徴です。胚軸は、地下の根で吸収した水分を地上の葉などに送り、葉で作られた糖分などの栄養分を根に送る役割をしているからです。

いっぽう、根の部分は辛いのが特徴です。ダイコンは下にいくほど辛みが増していきます。ダイコンのいちばん上の部分と、いちばん下の部分を比較すると、下のほうが十倍も辛み成分が多いのです。

ここには、②植物の知恵ともいえる理由がかくされています。

根には、葉で作られた栄養分が豊富に運ばれてきます。これは、いずれ花をさかせる時期に使う大切な栄養分なので、土の中の虫に食べられては困ります。そこで、虫の害から身を守るため、辛み成分をたくわえているのです。ダイコンの辛み成分は、普段《ふだん》ⓐは細胞の中にありますが、虫にかじられて細胞が破壊されると、化学反応を起こして、辛みを発揮するような仕組みになっています。そのため、たくさんの細胞が壊ⓑれるほど辛みが増すことになります。

これらの特徴を活用して調理すると、ダイコンのさまざまな味を引き出すことができます。例えば、③大根下ろしを作るときに、辛いのが好きな人は下の部分が向いていますし、辛いのが苦手な人は上の部分を使うと辛みの少ない大根下ろしを作ることができます。

〈稲垣《いながき》 栄洋《ひでひろ》「ダイコンは大きな根?」による〉

1 ══線ⓐ・ⓑの漢字の読み仮名《がな》を書きなさい。

2 ①この二つの器官は、じつは味も違っています。とありますが、どのように違うのですか。二十字以内で書きなさい。

3 ②植物の知恵 とは、どういうことをいっていますか。□に当てはまる言葉を、文章中から指定された字数でぬき出しなさい。

根にある栄養分をⅠ〈三字〉から守るため、細胞の中にⅡ〈四字〉をたくわえ、細胞がⅢ〈二字〉されると化学反応を起こして、辛みを発揮するような仕組みになっていること。

4 ③大根下ろしを作るときに、……作ることができます とありますが、それはなぜですか。次から一つ選び、記号で答えなさい。

ア　ダイコンは、下のほうに水分が多くふくまれているから。
イ　ダイコンは、根の部分に栄養分がたくわえられているから。
ウ　ダイコンは、虫にかじられると辛みを発揮するから。
エ　ダイコンは、下にいくほど辛み成分が多くなるから。

1	2	3	4
ⓐ		Ⅰ	
ⓑ		Ⅱ	
		Ⅲ	

第4回 予想問題

ちょっと立ち止まって

次の文章を読んで、問題に答えなさい。

解答 37ページ　15分　●7問中　問

1 上の図を見てみよう。*化粧台の前に座っている女性の絵が見えるであろう。ところがこの図も、もう一つの絵をかくしもっている。目を遠ざけてみよう。すると、①たちまちのうちに、この図はどくろをえがいた絵に変わってしまう。同じ図でも、近くから見るか遠くから見るかによって、全く違う絵として受け取られるのである。

2 このことは、なにも絵に限ったことではない。遠くから見れば秀麗な富士山も、近づくにつれて、岩石の露出したⓐ荒々しい姿に変わる。また、遠くから見ればきれいなビルも、近づいて見ると、ひび割れてすすけた壁面《へきめん》のビルだったりする。

3 私たちは、ひと目見たときの印象に縛られ、一面のみを捉えて、その物の全てを知ったように思いがちである。しかし、一つの図でも風景でも、見方によって見えてくるものが違う。そこで、②物を見るときには、ちょっと立ち止まって、他の見方を試してみてはどうだろうか。中心に見るものを変えたり、見るときのⓑ距離を変えたりすれば、その物の他の面に気づき、新しい発見の驚きや喜びを味わうことができるだろう。

*図は省略しています。

〈桑原《くわばら》 茂夫《しげお》「ちょっと立ち止まって」による〉

1 ――線ⓐ・ⓑの漢字の読み仮名《がな》を書きなさい。

2 ①たちまちのうちに、……変わってしまう について答えなさい。

(1) 「この図」は、変わってしまう前は、どのような絵に見えていましたか。文章中からぬき出しなさい。

(2) この例で、筆者が述べたかったのは、どのようなことですか。

3 2段落は、1段落とどのような関係にありますか。次から一つ選び、記号で答えなさい。

ア 1段落で述べたことについて、別の例を挙げている。

イ 1段落と話題を変えて、新しい問いを投げかけている。

ウ 1段落で述べたことを、さらに細かく検討している。

エ 1段落で述べた内容に、例外があることを示している。

4 ②物を見るときには、……どうだろうか について答えなさい。

(1) 筆者が「他の見方」をすすめているのは、人間の物の見方に、どのような欠点があるからですか。そのことを述べている一文を文章中からぬき出し、初めの五字を書きなさい。

(2) 「他の見方」を試すことによって、どのようなことができるのですか。文章中からぬき出しなさい。

1		2		3	4	
ⓐ	ⓑ	(1)	(2)		(1)	(2)

第5回 予想問題 詩の世界

次の詩を読んで、問題に答えなさい。

解答 38ページ

15分 ●7問中　問

一枚の絵

木坂《きさか》 涼《りょう》

一羽の水鳥が
ことのほか早く起きて
湖水を
めぐった。
①画家きどりで
足を
絵筆にして。
水面《みなも》に
朝の色を配りおわると
水鳥は
湖水のスミで
②動きをとめた。
自筆の
サインのように。

朝

吉田《よしだ》 加南子《かなこ》

空の遠さが屋根にふれている
――まじわることなく

〈「詩の世界」による〉

---

1 ＝＝線を漢字に直して書きなさい。

2 ①画家きどり とありますが、「画家」が一枚の絵をかく様子に見立てられているのは、何のどのような様子ですか。□に当てはまる言葉を、詩の中から指定された字数で抜き出しなさい。
Ⅰ〈五字〉が、Ⅱ〈一字〉を絵筆のようにして、朝のⅢ〈二字〉をめぐる様子。

3 ②動きをとめた 様子を、何にたとえていますか。詩の中から六字で抜き出しなさい。

4 「朝」の詩について答えなさい。
(1) どのような空の様子をえがいていますか。次から一つ選び、記号で答えなさい。
ア すみわたる空。　イ まだうす暗い空。
ウ どんよりした空。　エ 夕焼けに染まる空。
(2) 用いられている表現技法を次から一つ選び、記号で答えなさい。
ア 直喩《ちょくゆ》　イ 対句《ついく》　ウ 倒置《とうち》　エ 反復

1	2	3	4
	Ⅰ		(1)
	Ⅱ		(2)
	Ⅲ		

第6回 予想問題　比喩で広がる言葉の世界

次の文章を読んで、問題に答えなさい。

解答 38ページ　15分　●7問中　問

このように、ある事柄を、似たところのある別の事柄で表すことを、①比喩という。「ヨットのようだ」のように、「まるで」「ようだ」「みたいだ」などを使って表すこともあるが、「②あの人は歩く辞書だ」のように、それらの言葉を使わずに表現することもある。大切なことは、たとえるものと、たとえられるものとの間に共通点があり、それが広く共有されていることだ。蝶《ちょう》の羽は、ヨットの帆に形が似ている。だから、読者はⓐシュンジに情景を思い描く。「あの人は歩く辞書だ」と聞けば、「あの人」が豊富な知識をもち、たずねればいつでも必要な知識を与えてくれることが伝わってくる。辞書にはたくさんの言葉の意味がのっており、知りたいことがあるときに役立つものだと多くの人に共有されているからだ。

　したがって、相手がよく知っているものでたとえれば、未知のものでもわかりやすく説明することができる。例えば、図*のような形の部品をあなたならどのように説明するだろうか。真ん中に穴の空いた丸いドーナツを相手が知っているならば、一言で「③ドーナツのような形」ということができる。しかし、もし比喩を使わないとしたら、言葉をⓑツくしても、伝えることは難しいのではないだろうか。このように、比喩には、形状をわかりやすく伝える効果がある。

＊図は省略しています。

〈森山《もりやま》 卓郎《たくろう》「比喩で広がる言葉の世界」による〉

1 ＝＝線ⓐ・ⓑを漢字に直して書きなさい。

2 ①比喩が成立するために大切なことは何ですか。文章中から四十一字で抜き出し、初めと終わりの五字を書きなさい。

3 ②あの人は歩く辞書だという比喩は、どのような意味ですか。□に当てはまる言葉を、文章中から指定された字数で抜き出しなさい。

「あの人」は、Ⅰ〈二字〉のようにⅡ〈五字〉をもっているという意味。

4 ③ドーナツのような形について答えなさい。

(1) この比喩が相手に伝わるためには、どのようなことが必要ですか。二十字以内で書きなさい。

(2) この例によって、比喩のどのような効果を説明していますか。文章中から抜き出しなさい。

1		2	3		4	
ⓐ	ⓑ	〜	Ⅰ	Ⅱ	(1)	(2)

第7回 予想問題

大人になれなかった弟たちに……

次の文章を読んで、問題に答えなさい。

解答 38ページ　15分　●7問中　問

死んだ弟を母がおんぶして、僕は片手にやかん、そして片手にヒロユキの身の回りのものを入れた小さなふろしき包みを持って、①家に帰りました。

白い⒜カワいた一本道を、三人で山の村に向かって歩き続けました。バスがありましたが、母は弟が死んでいるのでほかの人に⒝遠慮したのでしょう、三里の道を歩きました。

空は高く高く青く澄んでいました。ブウーンブウーンというB29の独特のエンジンの音がして、青空にきらっきらっと機体が美しく輝いています。道にも畑にも、人影はありませんでした。歩いているのは三人だけです。

母がときどきヒロユキの顔に飛んでくるはえを手ではらいながら、言いました。

「②ヒロユキは幸せだった。母と兄とお医者さん、看護婦さんにみとられて死んだのだから。空襲の爆撃で死ねば、みんなばらばらで死ぬから、もっとかわいそうだった。」

家では祖母と妹が、泣いて待っていました。部屋を貸してくださっていた農家のおじいさんが、⒞スギイタを⒟削って小さな小さな棺を作っていてくださいました。弟はその小さな小さな棺に、母と僕の手でねかされました。小さな弟でしたが、棺が小さすぎて入りませんでした。

母が、大きくなっていたんだね、とヒロユキのひざを曲げて棺に入れました。そのとき、③母は初めて泣きました。

〈米倉《よねくら》 斉加年《まさかね》「大人になれなかった弟たちに……」による〉

1 ═線⒜〜⒟の漢字は読み仮名《がな》を書き、片仮名は漢字に直して書きなさい。

2 ①家に帰りました とありますが、家に帰るまでの情景描写から、「僕」たちのどのような気持ちが読み取れますか。次から一つ選び、記号で答えなさい。

ア 喜びや解放感　イ むなしさや悲しさ

ウ 怒りや絶望感　エ おそろしさや情けなさ

3 ②ヒロユキは幸せだった。と言った母は、どのような気持ちだったと考えられますか。次から一つ選び、記号で答えなさい。

ア ヒロユキが爆撃を受けずにすんだことを心から感謝している。

イ 周囲の人々がやさしい心をもっていたことに感動している。

ウ ヒロユキは短くても幸せな一生が送れたと満足している。

エ わが子の死という現実を必死で受け入れようとしている。

4 ③母は初めて泣きました とありますが、このときの母の気持ちを書きなさい。

1	2	4
⒜		
⒝	3	
⒞		
⒟		

第8回 予想問題 星の花が降るころに

次の文章を読んで、問題に答えなさい。

解答 38ページ　15分　●6問中　問

掃除をしているおばさんが、草むしりの手を休めて話しかけてきた。

「いい木だよねえ、こんな時期は木陰になってくれて。けど春先は、葉っぱが落ちて案外ⓐ厄介なんだよ、掃除がさ。」

私は首をかしげた。常緑樹は一年中葉っぱがしげっているはずなのに。

「え、葉っぱはずっと落ちないんじゃないんですか。」

「まさか。①どんどん古い葉っぱを落っことして、その代わりに新しい葉っぱを生やすんだよ。そりゃそうさ。でなきゃあんた、いくら木だって生きていけないよ。」

ⓑ帽子の中の顔は暗くてよくわからなかったけれど、笑った歯だけは白く見えた。おばさんは、よいしょと言って掃除道具をⓒ抱えると公園の反対側に歩いていった。

私は真下に立って銀木犀《ぎんもくせい》の木を見上げた。

かたむいた陽《ひ》が葉っぱの間からちらちらと差し、半円球の宙《そら》にまたたく星みたいに光っていた。

ポケットからビニール袋を取り出した。花びらは小さく縮んで、もう色がすっかりあせている。

袋の口を開けて、②星形の花を土の上にぱらぱらと落とした。

ここでいつかまた夏実《なつみ》と花を拾える日が来るかもしれない。それとも違うだれかと拾うかもしれない。あるいはそんなことはもうしないかもしれない。

③どちらだっていい。大丈夫、きっとなんとかやっていける。

私は銀木犀の木の下をくぐって出た。

〈安東《あんどう》 みきえ「星の花が降るころに」による〉

1 ——線ⓐ〜ⓒの漢字の読み仮名《がな》を書きなさい。

2 ①どんどん古い葉っぱを……生やすんだよ。というおばさんの言葉には、どのような意味が含まれていますか。次から一つ選び、記号で答えなさい。

ア ずっと変わらずにいることは、とても難しいということ。
イ 競争しながら生きることは、苦しみをともなうということ。
ウ どのような生き物にも、よい面と悪い面があるということ。
エ 命は古いものを新しいものに代えながら続いていくということ。

3 ②星形の花が、すっかり古くなっていることを具体的に描写している一文を文章中から抜き出し、初めの五字を書きなさい。

4 ③どちらだっていい。大丈夫、きっとなんとかやっていける。という言葉から、どのようなことが読み取れますか。□に当てはまる言葉を、考えて書きなさい。

「私」は、夏実のことで悩んでいた気持ちをふっ切ることで、それまでの自分より精神的に少し□なった。

1	2	3	4
ⓐ ⓑ ⓒ			

第9回 予想問題 「言葉」をもつ鳥、シジュウカラ

次の文章を読んで、問題に答えなさい。

解答 39ページ 15分 ●3問中 問

実験の手順は、以下のとおりです。まず、二十センチメートルほどの長さの小枝にひもを付け、木の幹に沿うようにぶら下げます。そして、スピーカーから「ジャージャー」という鳴き声を流します。そのうえで、遠くからひもをゆっくりと引き、まるで幹をはい上るヘビのように小枝を動かしました（図*）。すると、①「ジャージャー」という鳴き声を聞かせたシジュウカラは、ヘビのように動く小枝に近づき、確認することがわかりました。いっぽう、「ジャージャー」以外の鳴き声を聞かせた場合、小枝に接近するシジュウカラはほとんどいませんでした（グラフ4*）。また、「ジャージャー」という鳴き声を聞かせながら、小枝を大きく左右に揺らし、ヘビに似ていない動きとして見せた場合も、同様の結果となりました（グラフ5*）。

つまり、シジュウカラは、「ジャージャー」という鳴き声から幹をはうヘビの姿をイメージし、それに似た動きをする小枝をヘビと見間違えたのだと解釈できます。

二つの実験の結果から、「ジャージャー」という鳴き声を聞いたシジュウカラはヘビの姿をイメージし、そのうえで、ヘビを探す際に役立つ特別な行動を取ることがわかりました。ここから、「ジャージャー」という鳴き声は「ヘビ」を意味する「単語」であると結論づけられます。

研究者の間では、長年にわたって、「言葉」をもつのは人間だけだと信じられてきました。動物の鳴き声は、「怒り」や「喜び」といった単なる感情の表れであり、物の存在や出来事を伝える「単語」ではないと考えられてきたのです。そのため、②動物の鳴き声に関する詳細な研究は、これまで十分に進められてきませんでした。しかし、今回の研究で、身近な小鳥のシジュウカラにもヘビを示す「単語」があり、つがいが協力してヘビを追い払ううえで役立っていることがわかりました。木をはい上り巣箱に侵入するヘビは、小鳥にとって特別な脅威です。シジュウカラは、卵やひなを守るために、ヘビの存在を示す特別な鳴き声を進化の過程で獲得したと考えられます。

〈鈴木《すずき》 俊貴《としたか》「『言葉』をもつ鳥、シジュウカラ」による〉

＊図やグラフは省略しています。

1 ①「ジャージャー」という……確認する という行動は、どう解釈できますか。□に当てはまる言葉を、文章中から抜き出しなさい。

「ジャージャー」という鳴き声から□し、小枝をヘビと見間違えたと解釈できる。

2 ②動物の……進められてきませんでした とありますが、これまで、動物の鳴き声は何だと考えられてきたのですか。文章中から抜き出しなさい。

3 シジュウカラがヘビを示す「単語」を獲得したのは、何のためだと筆者は考えましたか。文章中から九字で抜き出しなさい。

1	2	3

第10回 予想問題

音読を楽しもう　大阿蘇《おおあそ》

次の詩を読んで、問題に答えなさい。

解答 39ページ　15分　●5問中　問

大阿蘇《おおあそ》

三好《みよし》 達治《たつじ》

①雨の中に馬がたっている
一頭二頭子馬をまじえた馬の群れが　雨の中にたっている
雨は蕭々《しょうしょう》と降っている
馬は草をたべている
尻尾《しっぽ》も背中も鬣《たてがみ》も　ぐっしょりと濡《ぬ》れそぼって
彼らは草をたべている
草をたべている
あるものはまた草もたべずに　きょとんとしてうなじを垂れて
　たっている
雨は降っている　蕭々と降っている
山は煙をあげている
中岳《なかだけ》の頂から　うすら黄いろい　重っ苦しい噴煙が濛々《もうもう》とあがっ
　ている
空いちめんの雨雲と
やがてそれはけじめもなしにつづいている
馬は草をたべている
草千里浜《くさせんりはま》のとある丘の
雨に洗われた青草を　彼らはいっしんにたべている
たべている
彼らはそこにみんな静かにたっている
ぐっしょりと雨に濡れて　いつまでもひとつところに　彼らは静
かに集まっている
もしも百年が　この一瞬の間にたったとしても　何の不思議もな
いだろう
②雨が降っている　雨が降っている
雨は蕭々と降っている

---

1 ①雨の中に　とありますが、この「雨」はどのような雨ですか。次から一つ選び、記号で答えなさい。
ア　激しく打ちつける雨。　イ　静かに降り続ける雨。
ウ　降ったりやんだりする雨。　エ　だんだんと強くなる雨。

2 この詩では、馬がどうしている様子が描かれていますか。詩の中から二つ、五字で抜き出しなさい。

3 作者の感動の中心が表れている部分を詩の中から抜き出し、初めと終わりの三字を書きなさい。

4 ②雨が降っている……蕭々と降っている　という反復の表現は、どのような様子を表していますか。次から一つ選び、記号で答えなさい。
ア　馬が孤独《こどく》である様子。　イ　生命が有限である様子。
ウ　辺りが寒々しい様子。　エ　自然が悠久《ゆうきゅう》である様子。

1	2	3	4
	・	〜	

第11回 予想問題

蓬莱《ほうらい》の玉の枝——「竹取物語」から

次の文章を読んで、問題に答えなさい。

解答 ▶ 39ページ　15分　●6問中　問

帝《みかど》は、かぐや姫から不死の薬を贈られていたが、かぐや姫のいないこの世にいつまでもとどまる気がしない。そこで、「どの山が天に近いか。」とお尋ねになると、ある人が、①駿河《するが》の国にある山が、都からも近く天にも近いとお返事申しあげたので、②その山に使者をお遣わしになった。

御文《おんふみ》、不死の薬の壺《つぼ》並べて、火をつけて燃やすべきよし仰《おほ》せⓐたまふ。

（帝は）お手紙と、不死の薬の壺を並べて、火をつけて燃やすようにと、ご命令になった。

そのよしうけたまはりて、士《つはもの》ども③あまた具して山へ登りけるよりなむ、その山を「ふじの山」とは名づけける。

その旨《むね》を承って、（使者が）兵士たちを（　　）山に登ったということから、その山を「士に富む山」、つまり「ふじの山」と名づけたのである。

その煙《けぶり》、いまだ雲の中へ立ち上るとぞ、ⓑ言ひ伝へたる。

その煙は、いまだに雲の中へ立ち上っていると、言い伝えられている。

〈「蓬莱《ほうらい》の玉の枝——『竹取《たけとり》物語』から」による〉

1 ～～線ⓐ・ⓑを現代仮名遣《かな》いに直し、全て平仮名で書きなさい。

2 ①駿河の国にある山 は、その後、何と名づけられましたか。古文の中から四字で抜き出しなさい。

3 ②その山に使者をお遣わしになった について答えなさい。

(1) 帝は、その山で何をすることを命じましたか。簡潔に書きなさい。

(2) 帝は、なぜ(1)のようなことを命じたのですか。文章中の言葉を使って、帝の気持ちがわかるように書きなさい。

4 ③あまた具して の意味を次から一つ選び、記号で答えなさい。

ア 少しだけ集めて　イ 少しだけ引き連れて

ウ たくさん集めて　エ たくさん引き連れて

1		2	3		4
ⓐ	ⓑ		(1)	(2)	

第12回 予想問題

今に生きる言葉

次の文章を読んで、問題に答えなさい。

解答 39ページ　15分　●7問中　問

矛盾

楚《そ》人《ひと》に、盾と矛とを鬻《ひさ》ぐ者有り。①之《これ》を誉めて曰《い》はく、「吾《わ》が盾の堅きこと、能《よ》く陥《とほ》すもの莫《な》きなり。」と。

又《また》、其《そ》の②矛を誉めて曰はく、「吾が矛の利なること、物に於《お》いて陥さざる無きなり。」と。

或《あ》るひと曰はく、「子《し》の矛を以《もつ》て、子の盾を③陥さば何如《いかん》。」と。

其の人、④応《こた》ふること能《あた》はざるなり。

〈今に生きる言葉〉による

1 ①之 は、何を指していますか。文章中から一字で抜き出しなさい。

2 ②矛 について、どのようなことをほめていますか。□に当てはまる言葉を書きなさい。

□ものはないほどするどいこと。

3 ③陥さば何如 の意味を次から一つ選び、記号で答えなさい。

ア　つき通してはいけないよ

イ　つき通してもいいだろうか

ウ　つき通すとどうなるのかね

エ　つき通せるわけはないだろう

4 ④応ふること能はざるなり の意味を書きなさい。

5 この故事から生まれた「矛盾」という言葉の意味を書きなさい。

6 故事成語と意味の組み合わせとして、適切なものを次から一つ選び、記号で答えなさい。

ア　蛇足——必要であること。

イ　推敲《すいこう》——詩や文を練り直すこと。

ウ　四面楚歌《しめんそか》——周囲が味方ばかりであること。

エ　五十歩百歩——大きな違いがあること。

7 次の漢文を書き下《くだ》し文に直しなさい。

宋《そう》人《ひと》ニ有リ二耕スレ田ヲ者一。

1	2	3	4	5	6	7

第13回 予想問題

「不便」の価値を見つめ直す

次の文章を読んで、問題に答えなさい。

解答 40ページ

15分 ●3問中 問

こうして集めた事例を整理すると、「不便益」とは何かが浮かび上がってくる。まだ整理の途中の段階ではあるが、主には次のようなことが挙げられるだろう。

まず、物事を達成するのにかかる時間や道のりが多くなる分、発見や出会いの機会が増える。次に、体力や知力、技術力の維持や向上を促す。自分の体や頭を使うことが、自然と体力・知力・技術力の低下を防ぎ、それらを向上させるからだ。また、「不便」であることは、人間の意欲を向上させる効果もある。自分で考えたり工夫したりする余地があるからこそ、取り組むときのモチベーションが高まり、成し遂げたときの達成感が大きくなるのだ。なお、一つの事例に複数の「不便益」が含まれることも少なくない。例えば、タクシーよりも①徒歩のほうが発見や出会いの機会が増えるとともに、運動能力の低下を防ぐことにもなる。

これらの「不便益」は、「不便」だからこそ得られるものだ。「便利はよいこと」で「不便は悪いこと」という固定観念にとらわれ、ただ無批判に「便利」なほうばかりを選んでいては、「不便」の価値を見落としてしまう。さらに、「便利はよいこと」という考えの下、社会全体が「便利」だけを追求していけば、私たち一人一人は自分でどちらかを選ぶことすらできないまま、知らぬ間に、②本来得られていた楽しさや喜びが失われたり、自分の能力を発揮する機会が奪われたりすることになるだろう。

誤解してほしくないのは、私は便利であることを否定し、昔の不便な生活に戻ろうと言っているわけでも、不便なことは全てすばらしいと考えているわけでもないということだ。「不便」だからこそ得られるよさがあることを認識し、それを生かして新しいデザインを創り出そうというのが「不便益」の考え方なのである。今、この考え方に賛同する仲間たちによって、自動車の運転支援の在り方や観光ツアーの仕掛け作りなど、さまざまな分野で新たな研究や提案がなされ始めている。

〈川上《かわかみ》 浩司《ひろし》「『不便』の価値を見つめ直す」による〉

1 ①徒歩のほうが発見や出会いの機会が増えるのは、なぜですか。

2 ②本来得られていた楽しさや喜びとありますが、その例として筆者が挙げているものを一つ、文章中から十一字で抜き出しなさい。

3 筆者の考えに合うものを次から一つ選び、記号で答えなさい。

ア 「便利はよいこと」で「不便は悪いこと」である。
イ 便利な生活を捨て、昔の不便な生活に戻るべきだ。
ウ 「不便」のよさがあることに、目を向けてほしい。
エ 便利なことに価値はなく、不便なことは全てすばらしい。

1	2	3

第14回 予想問題 少年の日の思い出

次の文章を読んで、問題に答えなさい。

解答 40ページ　15分　●5問中　問

ちょうを右手に隠して、僕は階段を下りた。そのときだ。下の方から誰か僕の方に上がってくるのが聞こえた。その瞬間に、①僕の良心は目覚めた。僕は突然《とつぜん》、自分は盗みをした、下劣なやつだということを悟った。同時に、見つかりはしないか、という恐ろしい不安に襲われて、僕は、②本能的に、獲物を隠していた手を上着のポケットにつっ込んだ。ゆっくりと僕は歩き続けたが、大それた恥ずべきことをしたという、冷たい気持ちに震えていた。上がってきた女中と、びくびくしながら擦れ違ってから、僕は胸をどきどきさせ、額にあせをかき、落ち着きを失い、③自分自身におびえながら、家の入り口に立ち止まった。

すぐに僕は、このちょうを持っていることはできない、持っていてはならない、元に返して、できるなら、何事もなかったようにしておかなければならない、と悟った。そこで、人に出くわして見つかりはしないかということを極度に恐れながらも、急いで引き返し、階段を駆け上がり、一分の後には、④またエーミールの部屋の中に立っていた。僕は、ポケットから手を出し、ちょうを机の上に置いた。それをよく見ないうちに、僕はもう、どんな不幸が起こったかということを知った。そして、⑤泣かんばかりだった。クジャクヤママユはつぶれてしまったのだ。前羽が一つと触角が一本、なくなっていた。ちぎれた羽を用心深くポケットから引き出そうとすると、羽はばらばらになっていて、繕うことなんかもう思いも寄らなかった。

〈ヘルマン・ヘッセ　高橋《たかはし》 健二《けんじ》 訳「少年の日の思い出」による〉

1 ①僕の良心は目覚めた　とありますが、それによって「僕」は自分のことをどのように感じたのですか。文章中から抜き出しなさい。

2 ②本能的に、獲物を隠していた手を上着のポケットにつっ込んだのは、なぜですか。

3 ③自分自身におびえながら　とありますが、どのような気持ちを表しているのですか。次から一つ選び、記号で答えなさい。

ア ちょうをエーミールに返そうとは思わない自分に驚く気持ち。

イ 女中に盗みを告白してしまいそうな自分を不安に思う気持ち。

ウ 欲望に負けて盗みをしてしまった自分を恥じ、恐れる気持ち。

エ 見つからずに盗むことができてしまったことに驚く気持ち。

4 ④エーミールの部屋の中に立っていた　とありますが、それは、何をするためですか。簡潔に書きなさい。

5 ⑤泣かんばかりだった　とありますが、それはなぜですか。文章中の言葉を使って書きなさい。

1	2	3	5
		4	

第15回 予想問題

随筆二編

次の文章を読んで、問題に答えなさい。

解答 40ページ　15分　●4問中　問

最初の冬である。軒までの雪に埋もれて過ごしていたのだが、ある日、外に出ると、一面に小雪が舞っている。一面の雪なのに、辺りが妙に明るい。なんか変だなと、ふと空を見上げると——そこには、灰色の重たい雲はなく、抜けるように青い空があった。

ああ、これが①「風花《かざはな》」というものか！　私は、雪を浴びながら空を見上げていた。深く濃い冬の青空が、真っ白な雪を生み出しているとしか思えない。後から後から、雪は見えない高みで生まれ、際限もなくひらひら・ひらひらと舞い下りてくるのである。目が回るようだ。雪の白さに引き立てられて、空の青さは、いよいよ濃い。

私は、あんな美しい「青空」を見たことがなかった。

〈工藤《くどう》 直子《なおこ》「空」による〉

● ● ●

四、五歳の頃、父と私だけで暮らす時期が二、三年あった。たった二人の日々である。仕事から帰った後の父、休日の父に、まとわりつき、家の中でも父の後をくっついて回った。

朝夕の日課である散歩の時間は、至福のひとときだった。のんびりした父の気配に包まれて、安心していられたから。着物姿の父のたもとや、差し出してくれた人さし指を、電車のつり革のようににぎりしめていれば、何も怖いものはなかった。

小学校の校長をしていた父は、学校間の会議などがあるらしく、時々、日帰りの出張などしていた。家の中でも、くっついて回る私である。出張の日の父の気配の違いを見逃さない。

そんな日の父は、透明な膜に包まれている。そしてナフタリンの匂いがする洋服を、きちんと着始める。私は②息がせわしくなって、必ず同じ質問をする。

「父ちゃん、どこ行くの？」

父も必ず同じ答えを返す。③「えんぽう、えんぽう」。天井を眺めながら、歌うように「エンポーエンポー」と繰り返す父の姿はまぶしく、非日常的であり、私は、連れていってもらえない「えんぽう」というところに、深く深く憧れた。そしてその、まぶしい晴れやかな「えんぽう」に、いつか必ず行きたいと思っていた。

〈工藤《くどう》 直子《なおこ》「えんぽう」による〉

● ● ●

1 ①風花 を見て、最も印象に残ったものは何ですか。［　］に当てはまる言葉を、文章中から指定された字数で抜き出しなさい。

Ⅰ〈四字〉に引き立てられた、Ⅱ〈四字〉。

2 ②息がせわしくなって とありますが、このときの筆者の気持ちを表す言葉を次から一つ選び、記号で答えなさい。

ア 安心　イ 不安　ウ 喜び　エ 怒り

3 ③えんぽう を、筆者はどのような場所だと思い、どうしたいと思っていましたか。文章中の言葉を使って書きなさい。

1	Ⅰ
	Ⅱ
2	
3	

教科書ワーク 国語 特別ふろく①

無料アプリ どこでもワーク

国1 国2 国3

こちらにアクセスして，ご利用ください。
https://portal.bunri.jp/app.html

スキマ時間で国語の知識問題に取り組めるよ！

丁寧な解説つき！

解答がすぐに確認できる！

間違えた問題は何度もやり直せるよ！

無料ダウンロード ホームページテスト

無料でダウンロードできます。
表紙カバーに掲載のアクセスコードを入力してご利用ください。
https://www.bunri.co.jp/infosrv/top.html

問題▶

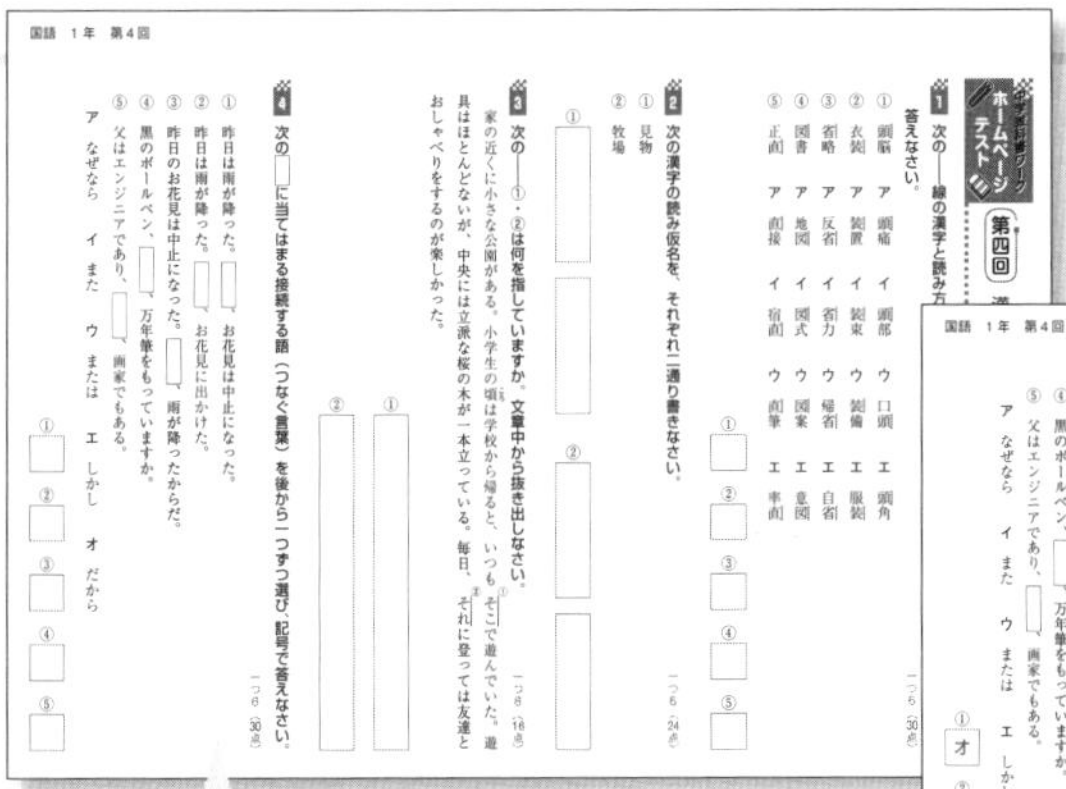

▼解答

解答が同じ紙面にあるから採点しやすい

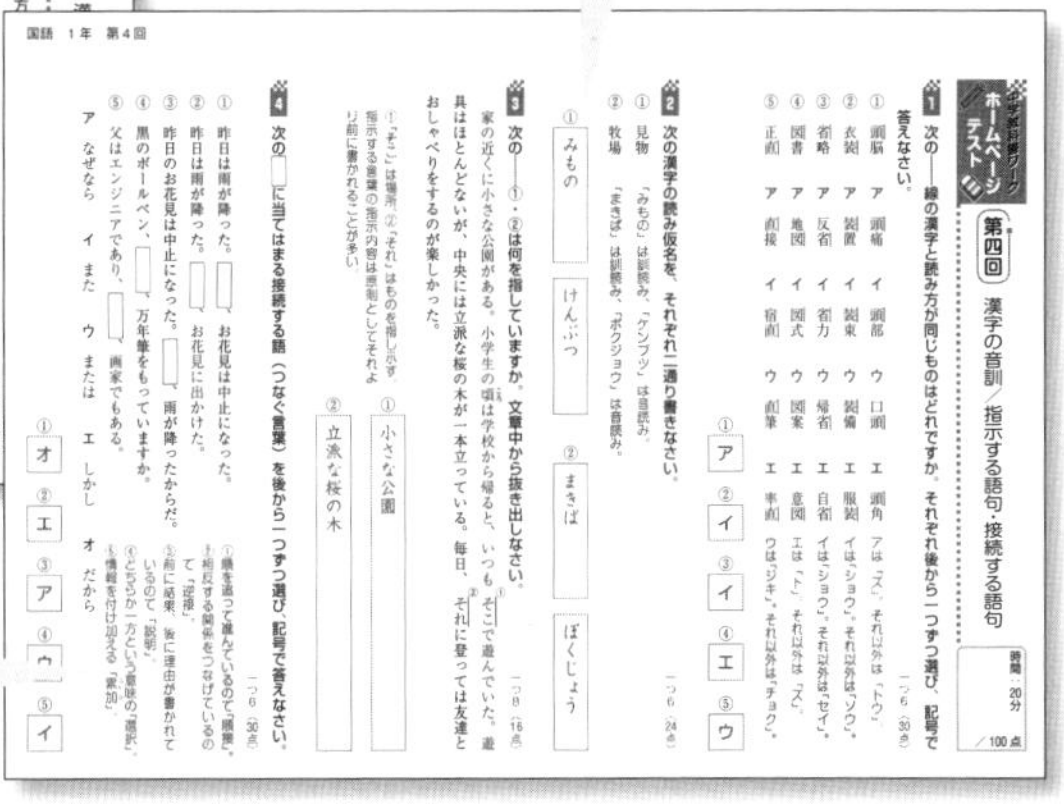

文法や古典など学習内容ごとにまとまっていて取り組みやすい！

解説も充実！

注意 ●アプリは無料ですが，別途各通信会社からの通信料がかかります。
● iPhone の方は Apple ID，Android の方は Google アカウントが必要です。対応 OS や対応機種については，各ストアでご確認ください。
●お客様のネット環境および携帯端末により，アプリをご利用いただけない場合，当社は責任を負いかねます。ご理解，ご了承いただきますよう，お願いいたします。

中学教科書ワーク 解答と解説

この「解答と解説」は、**取りはずして**使えます。

国語1年 光村図書版

朝のリレー

2〜3ページ ステージ1

教科書の要点

❶〔順に〕イ・イ

❷①一 ②二

❸①メキシコ ②ローマ ③リレー

おさえよう 〔順に〕ア・イ・イ

基本問題

1 地球・朝

2 交替で地球を守る

3 例1どこか遠くの場所に朝がおとずれた様子。
例2地球上の遠くはなれた場所で朝がはじまっている様子。

4 ウ

5 ①8 ②13

解説

1 「いつもどこかで」という言葉に着目する。地球上にはさまざまな場所があるが、**いつも必ずどこかは「朝」**なのである。

3 記述対策
・**考え方**…直後の二行から、目覚時計《めざまし》のベルが鳴ることは、朝のおとずれを表すとわかる。
・**書き方**…単に目覚時計のベルが鳴るということではなく、朝がおとずれたという意味のことを書くようにする。

4 **重要** 地球上のさまざまな地域で暮らす人々が、朝を「リレー」し、「しっかりと受けとめ」るということから考える。

野原はうたう

4〜5ページ ステージ1

基本問題

1

1 はなひらく ひ

2 (1) わたげ (2) イ (3) イ

3 ウ 4 エ

2

1 ア

2 例1自分の姿にほれぼれしている気持ち。
例2自分の格好よさに満足している気持ち。

解説

1

2 (2)・(3) **重要** 普通《ふつう》なら「どこまでも　とんでいこう」となるところだが、「とんでいこう」を前に出すことで、**強い決意**を表している。また、「あした／たくさんの『こんにちは』に／であうために」から、**新しい出会いを楽しみにしている**ことがわかる。

2

1 **夏をむかえて張り切る様子**や、**堂々と自分を主張する様子**を表している。力強く元気な印象で、ふきげんさは感じられない。

2 記述対策
・**考え方**…自分自身の格好よさに、心をはずませている。
・**書き方**…自分の姿に自信をもっていることをおさえて、「……気持ち。」という形でまとめる。

3 **重要** 「おう　なつだぜ」と「おう　あついぜ」のように、第一連と第二連とで**対応する表現**が多く用いられている。

4 元気いっぱいの自分の姿に**自信をもっている感じ**を出すには、エが適切。

シンシュン／「聞く」情報を的確に聞き取る

6〜7ページ ステージ1

1 漢字と言葉
❶おどろ ❷ぼく ❸きら ❹ぎゅうどん ❺くつした
❻なぐ ❼くや ❽だま ❾はな ❿こわ ⓫あやま
⓬えがお

2 ❶違 ❷離 ❸怒 ❹靴下 ❺振 ❻黙

3 ❶ア ❷ウ ❸イ

4 イ

教科書の要点 シンシュン

1 ①シュンタ ②シンタ

2 ［右から順に］ 2・3・1

3 ①嫌い ②怒る ③好き ④嫌い ⑤うなずいた
⑥いっしょにいられなく ⑦違う ⑧話そう

おさえよう ［順に］ ア・イ

8〜9ページ ステージ2

1
1 ウ
2 悔しかった（別解 苦しかった）
3 (1) 違う・いっしょにいられなくなる
(2) 例1 シンタと好きなものや嫌いなものが同じであること。
例2 シンタと違うところがないこと。

2
1 イ
2 気まずく・離れて
3 エ

解説

1
1 重要 直後の「頭をがつんと殴られたような気がした。」は、「僕」が大きなショックを受けたことを表している。「僕」は、自分の好きな小説は、シンタも当然好きだろうと思っていた。だから、シンタが「あれ、嫌いだ。」と言ったことは予想外だったのである。

2 この後の部分に「『僕は好きだ。』と言えなかったことが悔しかった。」とある。

3 (1) 直前に「それは嫌だった。」とあることに着目し、「それ」の指す内容をとらえる。「それ」は前の文の内容、つまり「違うところ」があることによって、シンタと「いっしょにいられなくなる」ことを指している。

(2) 記述対策
・考え方…直前にあるように、「僕」は、シンタと好きなものや嫌いなものが同じだから「シンシュン」コンビであり、「違うところがあれば、僕らはきっといっしょにいられなくなる。」と考えている。
・書き方…シンタと（「僕」が）「どんなことでも同じである」、または「違うところがない」という内容を書く。

2
1 「雨が降っているね。」「あしたは一時間目から体育だね。」といった、「あたりまえ」の事実ばかり話している。シンタと違うところを見つけたくなくて、ものの見方や感じ方が表れてしまうような話はさけたのである。

2 すぐ後に、「黙ってしまうと後はただ気まずくて、だから僕たちはだんだん離れていった。」とある。

3 重要 直前に「ちゃんとけんかしよう」「こうやって気まずいよりはましだ」とあることをとらえる。

10〜11ページ ステージ3

★
1 例1 自分は好きだとシンタに正直に伝えた。
例2 自分の本当の考えをシンタに話した。
2 必死
3 ア
4 (1) 違う・怖かった
(2) 例 またシュンタを傷つけるのが怖かったから。

5 [例1]どうして好きなのか、どうして嫌いなのかを話すようにしよう。
[例2]好きな理由や嫌いな理由について話すようにしよう。
6 全然違う人間　7 ウ

解説

1 記述対策
・**考え方**…「僕」はシンタに「僕、あの小説が好きなんだ。」と伝えている。「けんか」になってもいいから、自分がシンタとは違う感じ方をしていると話すことにしたのである。
・**書き方**…「自分は」のように、シンタとの違いがわかる言葉と、「正直に」「本心を」などの言葉を使って、考えを伝えたことを書く。

2 すぐ後に「僕は必死だった。」とある。

3 すぐ前でシンタが「僕が嫌いって言ったとき、シュンタが傷ついたのもわかった。」と言ったことから考える。

4 (1) この後で、「僕」が「シンタと違うところを発見するのが怖かった」と言い、シンタが「僕も！」と言っている。二人は、**たがいに相手との違いを見つけないように、つまらないことばかり話していた**のである。
(2) シンタが「またシュンタを傷つけるのも怖かったしさ。」と言っていることをおさえる。

5 記述対策
・**考え方**…「僕」が「だからこそ話そうよ。どうして好きなのか、どうして嫌いなのか。」と言っていることに着目する。
・**書き方**…「好きな理由」「嫌いな理由」を「話すようにしよう」ということを書く。

6 シンタを見つめた「僕」は、自分たちは「そっくりだけど、全然違う人間なのだった。」と感じている。

7 重要 好き嫌いが分かれたときこそ話そうと言っていることや、「全然違う人間なのだった」とあることから考える。何でも同じでなければいけないと思う段階から、**二人が違う人間であること**を認め、その違いについて**話せる関係に進んだ**のである。

情報整理のレッスン　比較・分類／情報を整理して書こう

12〜13ページ　ステージ1

漢字
1 ❶とら ❷あま・ぼう ❸るいじてん ❹いす ❺ふせん ❻いた ❼けんさく ❽とくちょう
2 ❶検索 ❷比較 ❸椅子 ❹捉

基本問題　情報整理のレッスン
1 ①応用問題 ②八〇〇 ③[例]学校の教科書の内容に対応。 ④解説動画
2 ①B ②A

基本問題　情報を整理して書こう
1 ア
2 [2]〜[4]
3 二つ目
4 イ・ウ

解説

基本問題　情報整理のレッスン
1・2 情報は、観点ごとに整理すると、比較しやすくなる。

基本問題　情報を整理して書こう
1 説明文を書くときは、目的を明確にして書くことが大切である。この文章では、その目的を文章の初めに明示している。
2 この文章は、初め「題材の提示」、中「具体的な説明」、終わり「まとめ」という構成になっている。
3 「一つ目は……」「二つ目は……」「三つ目は……」と、まとまりごとに整理して書いている。
4 イ…読み手にわかりやすいように、「ポイントは三つある」と、項目《こうもく》がいくつあるのかを初めに示している。ウ…[3]段落で「東町公園」と比較している。読み手にとって身近なものと比較することで、特徴や相違点がわかりやすくなる。

漢字1　漢字の組み立てと部首　ほか

14〜15ページ　ステージ1

漢字

1 ❶ひろう　❷あくへき　❸えっきょう　❹ちょうか　❺れっとうかん　❻じんぞう　❼きそ　❽がんこ　❾おせん　❿あんたい　⓫きょうじゅん　⓬けんめい　⓭けっさく　⓮がくふ　⓯けいこ　⓰ねんざ

2 ❶童謡　❷上昇　❸苦悩　❹拒否　❺維持　❻手袋　❼襟元　❽扱

基本問題　漢字1

1 ①へん　②ごんべん　③つくり　④ちから　⑤たけかんむり　⑥あし　⑦こころ　⑧たれ　⑨まだれ　⑩そうにょう　⑪かまえ　⑫もんがまえ

2 ①にんべん　②りっとう　③おおがい　④れんが（別解れっか）　⑤やまいだれ　⑥うかんむり　⑦こざとへん　⑧しんにょう（別解しんにゅう）　⑨てへん　⑩くにがまえ　⑪おおざと　⑫そうにょう

3 ①コ　②エ　③シ　④ク　⑤キ　⑥オ　⑦ア　⑧ケ　⑨イ　⑩カ　⑪サ　⑫ウ

4 ①安全　②暗記　③病院　④国道

5 ①りっしんべん　②部首

6 ①ウ　②ア　③イ　④エ

解説

基本問題　漢字1

2 「⻏」は、⑦のように「へん」ならば「こざとへん」、⑪のように「つくり」ならば「おおざと」とよぶので注意。

6 ①「地」の「⼟」の部分は「つちへん」、②「洗」の「氵」の部分は「さんずい」、「泰」の「氺」の部分は「したみず」、③「然」の「灬」の部分は「れんが・れっか」、④「貯」の「貝」の部分は「かいへん」とよぶ。

ダイコンは大きな根？

16〜17ページ　ステージ1

漢字と言葉

1 ❶くき　❷ふたば　❸の　❹じく　❺あと　❻から　❼ちえ　❽さいぼう　❾はかい　❿おさ　⓫みりょく

2 ❶魅力　❷破壊　❸知恵　❹伸　❺辛　❻跡

3 ❶ウ　❷イ　❸ア

教科書の要点

1 ①ダイコン　②器官　③味

2 ①根　②胚軸〔①・②は順不同〕　③働き（別解役割・特徴）

3 ①器官　②器官　③根　④胚軸　⑤主根　⑥胚軸　⑦味　⑧糖分　⑨甘み　⑩辛み成分　⑪辛い　⑫辛み

おさえよう　〔順に〕ア・ア・イ

18〜19ページ　ステージ2

1 1 (1)胚軸　(2)主根（別解根）　2 ウ　3 エ

2 1 (1)甘み・辛い　(2)胚軸は、地

2 虫の害から身を守る・辛み成分をたくわえている

3 例1ダイコンの辛み成分は、細胞が破壊されると化学反応を起こして、辛みを発揮する仕組みになっているから。
例2ダイコンの細胞が破壊されると、中から辛み成分が多く出されるから。

4 ア・オ

解説

1 1 4段落に、「ダイコンの下のほうは主根《しゅこん》が太ってできている」「上の部分は、根ではなく胚《はい》軸が太ったもの」とある。

2 2段落の「ダイコンの白い部分はどの器官なのでしょうか」という問いについて、「カイワレダイコン」という具体例を挙げて説明することを示している。

3 重要 2段落で「ダイコンの白い部分はどの器官なのでしょうか」と問いかけ、4段落で「つまり、ダイコンの白い部分は、根と胚軸の二つの器官から成っている」と答えを述べている。

❷
1 (1) 2・3段落の初めの文に着目。味の違いを説明している。
2 重要 続く段落で、ダイコンの根に見られる「植物の知恵」について説明している。下のほうに辛み成分が多い理由を、「虫の害から身を守るため、辛み成分をたくわえている」と述べている。
3 記述対策
・考え方…直前の「そのため」に着目する。その前の一文に理由が書かれている。
・書き方…細胞が壊れるとどうなるのかがわかるようにまとめ、理由を示す形で結ぶ。簡潔にまとめるので、「虫にかじられて」などは省く。
4 1段落で「(二つの器官の味が) なぜ、違っているのでしょう。」と問いかけ、2～4段落で答えを述べている。特に、4段落は、3段落で述べた「下のほうが十倍も辛み成分が多い」理由について、くわしく説明している。

ちょっと立ち止まって

20～21ページ ステージ1

漢字と言葉

❶ ❶してき ❷かげえ ❸か ❹めずら ❺あご ❻けしょうだい ❼すわ ❽しゅうれい ❾ろしゅつ ❿あらあら ⓫しば ⓬ため

❷ ❶距離 ❷指摘 ❸露出 ❹奥 ❺浮 ❻縛

❸ ❶ウ ❷ア ❸イ

教科書の要点

❶ ①優勝カップ・顔 ②若い・おばあさん ③化粧台・どくろ

❷ 他の見方

❸ ①指摘 ②優勝カップ ③二人の顔 ④中心 ⑤目 ⑥背景 ⑦見る ⑧中心 ⑨若い女性 ⑩おばあさん〔⑨・⑩は順不同〕 ⑪意識 ⑫近く ⑬遠く〔⑫・⑬は順不同〕 ⑭富士山 ⑮見方

おさえよう 〔順に〕ア・イ・イ

22～23ページ ステージ2

❶
1 ①白い部分 ②黒い部分
2 ウ 3 背景 4 一瞬のうち

❷
1 (1) どくろをえがいた絵 (2) 例目を遠ざけること。
2 エ 3 私たちは、
4 ・例中心に見るものを変えること。
・例見るときの距離を変えること。〔順不同〕

解説

❶
1 「ルビンのつぼ」の絵から二種類の絵を見るために、どうすればよいかという点をおさえる。白い部分と黒い部分のどちらを中心に見るかによって、見える絵が変わるのである。
2 「このようなこと」が指すのは、直前の段落の内容。「つぼ」と「二人の顔」のどちらを中心に見るかで、見えるものが変わることを述べている。
3 直後に「橋や池など周辺のものは全て、単なる背景になってしまう」とある。
4 重要 直後の一文に着目する。これまでの例で述べた内容をまとめた一文になっている。

❷
1 (2) 記述対策
・考え方…直後に「目を遠ざけてみよう。すると、……」とあることに着目する。
・書き方…「目を遠ざける」という内容をおさえ、「……こと。」という形で結ぶ。
3 私たちが物を見るときの傾向《けいこう》について「思いがち」と述べている。
4 重要 筆者は、物を見るときに「他の見方を試してみてはどうだろうか」と呼びかけ、その後で「……たり、……たりすれば」と、具体的な見方を二つ挙げている。

思考のレッスン1／話の構成を工夫《くふう》しよう　ほか

24〜25ページ　ステージ1

漢字

1 ①もと ②おも・こ ③かくにん ④けんない ⑤きそ・あ ⑥にるいしゅ ⑦おおわざ ⑧ほうがん ⑨さ ⑩きゅうどう ⑪さんれんぱ ⑫ひってき ⑬さくさん ⑭きゅうし ⑮かいきん ⑯こうたく

2 ①信頼 ②喪失 ③根拠 ④審判 ⑤喝采 ⑥海浜 ⑦光沢 ⑧基礎

基本問題　思考のレッスン1

1 ①○ ②×

2 例マイバッグを使えば使い捨てのレジ袋が減るので、プラスチックごみを減らすことができるから。

★基本問題　話の構成を工夫《くふう》しよう

1 「初め」…イ　「中」…ウ・エ　「終わり」…ア

2 (1) みなさんに　(2) みなさんも　3 イ

解説

基本問題　思考のレッスン1

1 ②「後から読み返すことができる」のは、メールも手紙も同じなので、メールのほうが便利であると言える根拠になっていない。

2 解答は、「マイバッグを使うことで、プラスチックごみが減る」という内容が書けていればよい。

★基本問題　**話の構成を工夫しよう**

1 「中」の部分には、具体的な説明を、5W1H（いつ・だれが・どこで・何を・なぜ・どのように）を落とさないように書く。

2 **問いかけや呼びかけの言葉を入れることによって、聞き手の興味を引くことができる。**

3 「始めたばかりのころは」「今では」と、過去と現在を比較することによって、「私」にとってのジョギングのよさを説明している。

文法への扉《とびら》1　言葉のまとまりを考えよう

26〜27ページ　ステージ1

教科書の要点

1 ①順序 ②使われる ③文法

2 ①文字 ②音声 ③文 ④改行 ⑤。（句点） ⑥意味 ⑦文節

基本問題

1 3

2 4

3 ①私の／妹は／まだ／とても／小さい。
②遠くに／きらきら／かがやく／湖が／見える。
③先生が／理由を／くわしく／説明する。
④よく／晴れた／空を／飛行機が／通り過ぎる。
⑤暖かな／春の／光が／降り注ぐ。
⑥雨が／上がって／大きな／にじが／現れた。

4 ①兄｜は｜自転車｜で｜学校｜へ｜向かう。
②ベンチ｜に｜座り、｜冷たい｜ジュース｜を｜飲む。
③夏休み｜に｜友達｜と｜山登り｜を｜する。
④あの｜問題｜は｜たいへん｜難しい。
⑤向こう｜に｜図書館｜の｜入り口｜が｜ある。
⑥やみ｜の｜中｜から｜波｜の｜音｜が｜聞こえる。
⑦私｜は｜毎日、｜ピアノ｜を｜一｜時間｜練習する。
⑧赤い｜葉っぱ｜が｜どんどん｜散り始める。

5 ①イ ②ア ③ウ ④ア ⑤ウ ⑥イ

解説

3 ③「説明する」、④「晴れた」、⑤「降り注ぐ」は、一文節である。

4 ①「兄は」の「は」や、「自転車で」の「で」は、別の単語の下に付いて、文節を作る単語。③「夏休み」や「山登り」は、二つの単語が結び付いてできた複合語。**複合語は一まとまりで一つの意味をもつ**ので、一つの単語である。⑥「聞こえる」は一つの単語。⑦ものの数

量を表す「一時間」のような語は、一つの単語として扱う。また、「練習する」のような「○○する」という語も、一つの単語。⑧「散り始める」は複合語で、一つの単語。

28〜29ページ ステージ2

❶ (1) 3 (2) 4

❷ ① 道に沿ってたくさんの桜の木がある。木は春に美しい花をさかせてくれる。私はこの道が好きだ。

② 犬は人間の様子を見て気持ちを読み取るのが得意である。人間の目の動きや表情をすばやく読み取ってそれに合わせた行動を取ることができる。

❸ ①ウ ②ア

❹ ①風に／ふかれて、／旗が／ばたばた／音を／立てる。
②卵を／銀色の／ボウルに／入れて／かき混ぜる。
③キャンプ用品を／購入してから／家に／帰る。
④強い／雨が／降ったが、／すぐに／やんだ。
⑤「若草物語」と／いう／本を／読んだ。
⑥私の／兄は、／鉄道会社に／勤めて／いる。

❺ イ・オ・キ・ク

❻ ①鳥｜の｜鳴き声｜が｜森｜の｜中｜に｜ひびきわたる。
②白い｜ちょう｜が｜ひらひら｜花壇｜を｜飛び回る。
③ここ｜から｜学校｜まで、｜徒歩｜で｜三十分｜かかる。
④子犬｜が｜急に｜公園｜の｜方｜へ｜走りだす。
⑤夕方｜に｜なり、｜家｜に｜帰る｜準備｜を｜始める。
⑥父｜は、｜ときどき｜弟｜と｜買い物｜を｜する。
⑦姉｜は、｜大学｜で｜宇宙｜の｜成り立ち｜を｜研究する。

❼ ①私は／毎朝、／家の／前を／掃除する。
②思い出に／残る／すばらしい／体験だ。
③僕の／祖母は、／いつも／元気だ。
④六時を／過ぎると、／空が／明るく／なる。
⑤妹は、／ちょうど／昼食を／食べて／いる。
⑥試行錯誤の／末、／やっと／作品が／できあがる。

❽ ①ア ②ウ ③イ ④イ ⑤ア ⑥ウ ⑦イ ⑧イ ⑨イ ⑩ア ⑪ウ

解説

❸ ①「天の川」「横たわる」は一つの単語なので注意。

❹ ⑥「勤めている」のように、**「〜て／いる」の形になっているものは二文節**。「〜て／ある」「〜て／いく」なども同じ。覚えておこう。

❻ ①「鳴き声」、②「飛び回る」、④「走りだす」、⑥「買い物」のような複合語は、一つの単語。⑦「研究する」のように**「漢語＋する」は一つの単語**。

❼ **重要** ①「掃除《そうじ》する」は一つの単語。②「体験だ」は、「体験｜だ」で二つの単語。同じ「……だ」でも、③「元気だ」のように、**様子を表すときは一つの単語**。⑥「試行錯誤《しこうさくご》」など、四字熟語は一つの単語。

30〜31ページ ステージ1

情報を集めよう／情報を読み取ろう／情報を引用しよう

漢字

❶ ❶しぼ・こ ❷せいきゅう ❸かしらもじ ❹ほ ❺すいとう ❻かたかな ❼ぬ・だ ❽じゅんしゅ

❷ ❶哲学 ❷彫刻 ❸雪辱 ❹占

基本問題 情報を集めよう

❶ ①ウ ②ア ③イ

❷ ①エ ②ア ③ウ ④イ

❸ ①〔順に〕エ・イ・ウ・カ ②〔順に〕オ・ア

基本問題 情報を読み取ろう

★ 1 イ
2 ア

基本問題 情報を引用しよう

1 ①エ ②ウ ③オ ④イ ⑤ア

2 ①〇 ②〇 ③× ④× ⑤〇

解説

基本問題 情報を集めよう

2 「歳時記《さいじき》」は、季語とその使い方がまとめられた本。

基本問題 情報を読み取ろう

★ **2** 棒グラフは数量の大小を示すとき、円グラフは全体に対する割合を示すとき、帯グラフは全体に対する割合を比較して示すときに使うとよい。

基本問題 情報を引用しよう

2 ①著作者の没後《ぼつご》七十年を過ぎた著作物は、許可を得ずに利用できる。②レポートを書くときなどに、必要最低限の範囲《はんい》を適切に引用する場合には、著作者の許可は必要ない。④著作物の内容を許可なく変えることは禁じられている。

詩の世界

32〜33ページ ステージ1

漢字と言葉

1 ❶ふつう ❷すみ ❸わた ❹こ ❺さばく ❻さ ❼もど

2 ❶弧 ❷砂漠 ❸普通 ❹咲 ❺戻 ❻隅

3 ❶ウ ❷ア ❸エ ❹イ ❺オ

教科書の要点

1 〔順に〕イ・イ

2 ①自筆のサイン ②薬缶

3 ①湖水 ②絵筆 ③サイン ④空 ⑤まじわる ⑥薬缶 ⑦水 ⑧こっそり ⑨かしげて ⑩砂漠 ⑪大好き

おさえよう 〔順に〕ア・ア・イ

34〜35ページ ステージ2

1
1 画家・絵筆
2 朝の色
3 (1) 湖水の隅で動きをとめた
(2) ア

2
1 薬缶
2 天の河の下
3 (1) 薬缶・一生けんめい
(2) エ
4 砂漠・大好き・水

解説

1

1 **重要** 直後に「画家きどりで／足を／絵筆にして。」とあることに着目する。倒置《とうち》になっていて、「湖水を／めぐった」ときの様子を表している。水鳥を画家に見立て、その泳ぎ回る姿を、**湖水というキャンバスに絵をかいていると表現している。**

2 第二連に「水面《みなも》に／朝の色を配りおわると」とある。**1**で見たように、作者は水鳥が湖水というキャンバスに絵をかいていると捉えている。そして、水鳥が足を絵筆にして湖水をめぐったことによって、**水面が朝の色になった**と表現している。

3 (1) 倒置になっていて、「自筆の／サインのように」は「湖水の隅で／動きをとめた」ときの様子をたとえている。湖水をめぐって絵をかきおえた水鳥が湖水の隅で動きをとめた様子を、**画家が完成した絵の隅に記すサインのようだ**と表している。

(2) 「サインのように」とあることに着目する。「……ようだ」「……みたいだ」などの言葉を使ってたとえる表現技法は、直《ちょく》喩《ゆ》である。

2

1 第一連で「薬缶《やかん》だって、／空を飛ばないとはかぎらない。」と歌いだし、第二連と第三連で、空を飛ぶ薬缶の姿をえがいている。つまり、この詩で空を飛んでいるものは「薬缶」である。題名の「未確認飛行物体」の正体が空を飛ぶはずのない薬缶であるというところに、この詩のおもしろさの一つがある。

2 ――線①は、薬缶が飛んでいる場所を表し、「町の上」「畑の上」「つぎの町の上」と、「……の上」という形で三つ挙げている。これに対応するのは、第三連の「天の河の下、渡りの雁《かり》の列の下、／人工衛星の弧の下を、」という二行。「……の下」という形で三つ挙げていて、――線①と同じく、薬缶が飛んでいる場所を表している。

3 (1) 「息せき切る」は、急いだりあわてたりして、息づかいが激しくなること。ここでは、第二連の最後にあるように、薬缶が「一生けんめいに飛んで行く」様子を、「息せき切って、飛んで、飛んで、」と表している。「……な様子。」につながるように抜き出すので、「に飛んで行く」はふくめない。

(2) 人間でないものを人間にたとえて表す表現技法を、擬人《ぎじん》法という。ここでは「薬缶」を人間に見立てて、「息せき切って」と表現している。この詩では、他にも「こっそり台所をぬけ出し」「身をかしげて」「一生けんめいに」などの表現が使われており、全体的に**薬缶を擬人化している**。そして、そのことによって**ユーモラスなふんいき**が感じられる。

4 **重要** 最後の三行から、飛んでいる薬缶の行き先とその目的がわかる。薬缶の行き先は「砂漠（のまん中）」であり、目的は、「一輪咲いた淋《さび》しい」「大好きな」白い花に水をやることである。つまり薬缶は、**水をいっぱい入れて、身をかしげながら、息せき切って飛んで行き、その水をみんな「大好きな」**花にやっているのである。そのけなげな様子からは、**大切なものへの愛情**を読み取ることができる。

比喩で広がる言葉の世界

36～37ページ　ステージ1

漢字と言葉

1 ❶ひゆ　❷ほ　❸ことがら　❹しゅんじ　❺おも・えが　❻つ　❼かみなり　❽ひび・わた　❾げきれつ　❿はくりょく　⓫きんちょう　⓬かがや

2 ❶緊張　❷迫力　❸与　❹輝　❺描　❻揺

3 ❶イ　❷ウ　❸ア

教科書の要点

1 似たところ・帆

2 形状・特性

3 わかりやすく・印象的

4 ①蝶の羽　②ヨットの帆　③似たところ　④共通点　⑤形状　⑥特性　⑦感情　⑧入れ物　⑨印象的　⑩創造

おさえよう　〔順に〕ア・イ・ア

38～39ページ　ステージ2

1 1 ある事柄を～で表すこと

2 ウ・エ

3 形状をわかりやすく伝える効果

2 1 物事の特性をより生き生きと印象づける効果

2 (1) 入れ物・知識や感情

(2) イ

3 (1) 例「深い」という言葉を、表面からはうかがい知れないほどの中身があるという意味で用いている。

(2) 形のないもの

解説

1 1 最初の一文が、「……を、比喩という。」という、定義を述べる表現になっていることに着目する。比喩は、「ある事柄を、似たところのある別の事柄で表すこと」と定義されている。

2　この後の説明を読み取る。「あの人は歩く辞書だ」という比喩は、『あの人』が豊富な知識をもち、たずねればいつでも必要な知識を与えてくれること」を伝えている。比喩が成立するのは、「辞書にはたくさんの言葉の意味がのっており、知りたいことがあるときに役立つもの」ということが**共有されている**からである。したがって、**ウ・エ**が正解。**ア・イ**は、「あの人は歩く辞書だ」という比喩によって伝わることであって、比喩が伝わる前提として共有されていることには当たらない。

3　図のような形の部品は、相手が「真ん中に穴の空いた丸いドーナツ」を知っているならば、「ドーナツのような形」という比喩で説明することができる。このことを例に、「比喩には、**形状をわかりやすく伝える効果**がある」ということを説明している。

❷

1　**重要**　――線①の直前に「例えば」という言葉があることに着目する。その前に書かれている「(比喩がもつ)**物事の特性をより生き生きと印象づける効果**」の例として、――線①の「雷のような大声」という表現を挙げている。

2　(1)　――線②の直後で、具体例を挙げて説明している。「『頭』が『入れ物』、知識や感情が『その中に入っているもの』として捉えられている」のである。つまり、「頭の中」という表現にも、**ある事柄を、似たところのある別の事柄で表す**という、**比喩の発想が生きている**のである。

(2)　(1)の「頭の中に入れておく」と同様に、「胸」が「入れ物」で、その中に感情が入っていると捉えられるものを選ぶ。**イ**は、「希望」という感情が「胸」という入れ物にたくさん入っていることを表す。**ア**の「胸を借りる」は、実力が上の人に稽古の相手をしてもらうこと。「胸」を入れ物として捉えていない。**ウ**は、「胸」(＝胃の辺り)が焼けつくように感じる状態を表す。感情に関する表現ではない。**エ**は、単に体の部分としての「胸」を表している。

3

(1)　記述対策

・**考え方**…この後の部分で、「深い」の本来の意味から発展した比喩の発想における意味を説明している。比喩の発想では「表面からはうかがい知れないほどの中身がある」という意味で「深い」を用いていることを読み取る。

・**書き方**…「どの言葉」＝「『深い』という言葉」であることをおさえ、「表面からはうかがい知れないほどの中身がある」という意味で用いていることをまとめる。

(2)　――線③のような「深い」の使い方について、「表面からはうかがい知れないほどの中身があるといった意味で、精神活動についても『深さ』が用いられる」と説明している。それをふまえて、最後の文で「思考や感情など、形のないものでも、こうした**比喩の発想**によって表現していくことができる。」とまとめている。

言葉1　指示する語句と接続する語句／言葉を集めよう

40〜41ページ　ステージ1

1 漢字　❶めいしょう　❷ばっさい　❸へいれつ　❹るいか　❺か　❻せんたく　❼じこう　❽たくわ　❾しょうかい　❿あずき　⓫やわ　⓬しゅうしょく　⓭くふう　⓮と　⓯きわ　⓰ほど

2　❶連絡　❷紹介　❸蓄　❹涼　❺扉　❻含　❼鍵　❽透

基本問題　言葉1

1　①これ　②それ　③ここ　④そこ　⑤そちら　⑥あんな　⑦こう　⑧あの　⑨どの

2　①向こうのかべに掛けた写真　②大きな公園　③全力を尽くす(。)　④(「)努力が大切だ(。」)　⑤トナカイ

3　①したがって　②ところが　③そのうえ　④あるいは　⑤なぜならば　⑥では

4 ①ウ ②オ ③ア ④イ
5 ①しかし ②だから
★ 基本問題 言葉を集めよう ①ウ ②イ ③エ ④ア

解説

基本問題 言葉2

2 **指示する語句は、原則として前にある内容を指し示す**が、④のように、後に続く内容を指し示す場合もある。

5 この文章の場合、**逆接の「しかし」**を用いると、「毎日勉強した」ことがよい結果に結び付かず、「九十点」だったのが残念だという気持ちが表れる。つまり、九十点という結果に不満をもっているということである。いっぽう、**順接の「だから」**を用いると、「毎日勉強した」ために「九十点」が取れてよかったという意味になる。つまり、九十点という結果に満足しているということである。

本の中の中学生

42〜43ページ ステージ1

漢字
1 ❶はば ❷のぞ ❸きおく ❹す・き ❺いっせい ❻まじょ ❼おごそ ❽どう ❾は ❿かくしん ⓫うえきばち ⓬たな ⓭す・きず ⓮ひま ⓯みが・つづ
2 ❶顧問 ❷脱 ❸腕 ❹髪 ❺彼 ❻挟

教科書の要点
1 ①気後れ ②喜び ③痛み
おさえよう 〔順に〕イ・ア・ア

★ 基本問題
1 はなやかさ・勢い・気後れ
2 僕にも仲間 〜 だと思える
3 エ

★ 解説

1 直前に「そう気後れしそうになって」とあることに着目し、「そう」が指す内容を捉える。「そう」は、周りの選手に「**はなやかさや勢い**」があり、桝井《ますい》のように「**人を引きつける**」ところがあると感じて、「**僕とは違う**」と思ったことを指している。

2 直後に、襷《たすき》をつないでいるときの思いが表されている。「駅伝をしているときだけは、**僕にも仲間とよんでも許される存在がいるんだと思える**」とある。「僕」は、**仲間の存在を実感できる**ところに、ただ走ることとは違う、**駅伝の魅力**を感じている。

3 重要 「僕はがんばってと言ってもらえることが、幸せなことだと知っている」に着目する。具体的な指示ではなくても、そのように**期待されることは幸せなことだ**と、「僕」は感じている。

44〜45ページ ステージ2

1 1 ママが声の
2 喜び
3 ア

2 1 何回水をかいたらかべが来るのか
2 例1 スピードを追い求める
例2 タイムを縮める
3 ストロークの数を覚える
4 イ

1 解説

1 「核心」とは、物事の重要な部分のこと。当たりさわりのない話から、重要な話に移ったと考えられる部分を探す。第三段落に「ママが声のトーンを落とした。」とあることに着目する。また、この後、まいが「何をしゃべっているのかうまく聞こえない」と会話に聞き耳を立てていることや、おばあちゃんが「力強い声」で「まいといっしょに暮らせるのは……感謝していましたから。」と言っていることにも着目する。これらのことから、**話の核心と**

はまいに関することであり、まいに聞かれないように、ママが声のトーンを落としたと考えられる。

2 おばあちゃんは、「まいといっしょに暮らせるのは喜びです。」と言っている。

3 重要 おばあちゃんが「まいといっしょに暮らせるのは喜びです。」と言った直後、まいの目に雑草が――線②のように見えたことをおさえる。おばあちゃんの言葉を聞いたまいの心に、**おばあちゃんとの生活に対する希望が生まれ**、そのせいで雑草が愛らしく「きらきら光っている」ように見えたのだと考えられる。

❷

1 「それ」が指す内容を、前の部分から捉える。前の部分で、顧問の先生は「何回水をかいたらかべが来るのか、身体《からだ》で覚えるんだ。」と指示している。

2 記述対策

・**考え方**…「そんなこと」は、前の文の「痛くないようにするため」に「スピードを落とす」ということを指している。つまり、競技者として「スピードを落とす」ことなどできるはずもなかったということである。

・**書き方**…「スピードを追い求める」あるいは「タイムを縮める」など、「スピードを落とす」こととは反対のことを、（　）に当てはまるように書く。

3 重要 前の文に「頭をぶつけた痛みが『ストロークの数を覚えるしかないだろう。』と河合《かわい》に言っていた。」とあることに着目する。頭をぶつける「痛み」によって、どう泳いだらよいのかを知ることを「『痛み』をコーチにして」と表現しているのである。

4 最後の段落から、水泳部の仲間がしたことを読み取る。失明してかべが見えない河合のために、「当たっても痛くないよう、河合が泳ぐコースのかべにタオルを何枚もはり付けてくれた」のである。**失明してもなお水泳の技術を磨き続ける河合を仲間は支え**たのである。

大人になれなかった弟たちに……

46〜47ページ ステージ1

漢字と言葉

1 ❶くうしゅう ❷ばくだん ❸ぬす・の ❹そかい ❺しんせき ❻けいりゅう ❼おお ❽となりむら ❾かわ ❿ばくげき ⓫すぎいた ⓬けず

2 ❶遠慮 ❷交換 ❸菓子 ❹桃 ❺薄 ❻掘

3 ❶イ ❷ア ❸ウ

教科書の要点

❶ ①太平洋戦争 ②ヒロユキ

❷ ［右から順に］4・1・6・5・3・2

❸ ①ミルク ②悪い ③美しい ④幸せ ⑤大きく ⑥弟の死

おさえよう ［順に］ア・ア

48〜49ページ ステージ2

✪ **1** お乳 **2** 食べられない **3** ウ **4** ウ・オ

5 (1) 引っ越しの相談

(2) 例食べ物をもらいに来た（と思った）。

6 イ **7** 子供を必死で守ってくれる

✪**解説**

2 母が「ミルクはヒロユキのご飯だから、ヒロユキはそれしか食べられないのだから」と言っているように、**まだ幼いヒロユキにとって、ミルクは命をつなぐ大切な食べ物だった**のである。

3 直後の段落からわかるように、「僕」はヒロユキのことがかわいかったし、盗み飲みが悪いことだともわかっていた。しかし、戦争中のため、「僕」は甘いものにうえていたのである。二つ前の段落の「**甘い甘い弟のミルクは、よだれが出るほど飲みたいものでした**」という部分に、「僕」の気持ちがよく表れている。

4 ミルクを飲まずにはいられなかった「僕」の気持ちは、直前の部分に書かれている。「……」「それなのに」「しまいました」という表現には、後悔や罪悪感、やりきれなさが込められている。

5 (2) 記述対策
・**考え方**…親戚の人が、母と弟と「僕」を見るなり、「うちに食べ物はない」と言ったことに着目する。
・**書き方**…「食べ物をもらう」ために来たと思ったことを書く。

6 重要 「悲しい悲しい顔」は、引っ越しの相談に行ったのに、食べ物をもらいに来たと思われて追い返されたことや、戦争が人の心を変えてしまうと思い知らされたことに対する悲しみの表れと考えられる。また、「強い顔」は、「僕たち子供を必死で守ってくれる母の顔は、美しいです。」という部分に着目すると、頼るものがない厳しい状況《じょうきょう》の中、これからは**自分一人で子供を守り育てていくのだという強い決意**が表れた顔だとわかる。

7 「僕たち子供を必死で守ってくれる母の顔は、美しいです。」とある。

50～51ページ ステージ3

1 (1) 栄養失調 (2) ア
2 ヒロユキ〔別解 弟〕・僕・母〔順不同〕
3 イ　4 空襲の爆撃・みとられて　5 小さな小さな口
6 例 ヒロユキが大きくなっていたこと。
7 例 ひもじさや弟の死を招いた戦争をにくむとともに、平和を願う気持ち。

解説

1 (2) 後の「僕は忘れられません」という部分から、弟の死が痛切な思い出となっていることがわかる。また、「栄養失調です……。」という表現から、**戦争がなければ避《さ》けられた死に対する無念さ**が伝わってくる。

2 すでに死んでいる弟を入れて三人と言っている。家族でいっしょに帰るんだ、という思いが感じられる表現となっている。

3 B29はアメリカの爆撃機であり、本来は、恐怖《きょうふ》の対象である。それを単なる物体として美しいと感じているところに、弟をなくしてうつろになっている「僕」の様子が表れている。

4 重要 続く母の言葉から読み取る。みとられて死んだ分、爆撃で死ぬよりは幸せだと思うことで、**なんとかヒロユキの死を受け入れようとしている**のである。

6 記述対策
・**考え方**…母が「大きくなっていたんだね」と言ったことに着目する。ヒロユキが栄養失調だったのにもかかわらず大きくなっていたことに気づいた母は、ヒロユキを死なせてしまったことへの悲しみが一気に込み上げ、泣いたのである。
・**書き方**…「ヒロユキが大きくなっていた」ことをおさえてまとめる。

7 ひもじさも、栄養失調による弟の死も、その原因は戦争である。戦争さえなければ、食べ物に困ることもなく、弟は死なずにすんだだろう。「一生忘れません」という言葉からは、そういったものを招いた**戦争をにくむ気持ち**が読み取れる。また、同時に、二度と悲劇をくり返すまいという、**平和を願う気持ち**も読み取れる。

星の花が降るころに

52～53ページ ステージ1

漢字と言葉

❶ ①せんぱい ②ろうか ③なが ④そうぞう ⑤くちびる ⑥か・よ ⑦たましい ⑧にく ⑨ひかげ ⑩ふ ⑪そうじ ⑫かか
❷ ①挑戦 ②帽子 ③涙 ④押 ⑤遅 ⑥誘
❸ ①ア ②ウ ③イ

教科書の要点

❶ ①私 ②夏実 ③戸部(君)
❷ 〔右から順に〕1・4・3・2

❸ ①笑った　②仲直り　③心臓　④友達　⑤くだらない　⑥涙
⑦銀木犀

おさえよう　〔順に〕ア・イ

54〜55ページ　ステージ2

1 （戸部君に）関わり合っている暇はない
2 (1) 仲直りをする　(2) それなのに
3 イ
4 例緊張で胸がどきどき鳴りだしたということ。
5 夏実だって
6 例1夏実に声をかけて無視されたところを、戸部君に見られたと思ったから。
例2夏実に無視されて傷つき、ひどい顔をしている様子を、戸部君に見られたから。
7 エ
8 例1夏実のことは気にしていないふりをして、その場を取りつくろいたかったから。
例2夏実に無視されたことを戸部君に見られてきまりが悪かったので、何事もなかったふりをしたかったから。

解説

1 すぐ後に「戸部《とべ》君に関わり合っている暇はない。」とある。
2 (1) 前の文に、「今日こそは仲直りをすると決めてきた」とある。
(2) 直後の段落に、小学校まで親友だった「私」と夏実《なつみ》が中学生になって、小さな擦れ違いや誤解が重なるうちにいっしょに帰らなくなったこと、また、その理由を「おたがいに意地を張っていたのかもしれない」と考えていることが書かれている。
3 ビニール袋の中には夏実との思い出の銀木犀《ぎんもくせい》の花が入っている。「私」は、それを大切に持っていれば、きっと、何か手作りに挑戦しようと言っていたころの仲の良い二人に戻れる、と思っているのである。ビニール袋をポケットの上からそっとなでる動作には、夏実とうまく仲直りできるようにと願う思いが表れている。
4 直後の一文に着目する。普段は意識しない心臓がどこにあるかわかるほど、どきどき鳴りだしたということ。仲直りをしようとしている夏実が現れたので、緊張が一気に高まったのである。
5 「きっと待っているはずだ」という文末の表現から、「私」が夏実の気持ちを推測して、期待していた様子が読み取れる。
6 記述対策
・考え方…少し前の「戸部君がこちらを見ていることに気づいた」に着目する。夏実に無視されたところや、「ひどい顔をしている」様子を戸部君に見られたことを、「きまりが悪」いと思ったのである。
・書き方…戸部君に見られた内容を具体的に書き、「……から。」という形でまとめる。
7 重要 前の段落に「音のないこま送りの映像を見ているように」という表現があるが、それと同じように、夏実に無視されたショックで呆然《ぼうぜん》としている様子を表している。
8 記述対策
・考え方…「外にいる友達を探しているふうに」とあることから、他に仲の良い友達がいるふりをして、夏実のことを気にしていないように見せたかったことがわかる。
・書き方…「夏実のこと」、あるいは「戸部君に見られた」ことを「気にしていないふりをしている」ことを書く。

56〜57ページ　ステージ3

1 例運動部のみんなの、次々と水を飲みにやって来る様子。
2 (1) 繊細さのかけらもない
(2) 例自分と夏実とのことを戸部君がどこまでわかっているのか探っておきたかったから。
(3) それを考え
3 エ
4 例1本来の自分　例2落ち着いた気持ち
5 夏実とのこと　6 ウ

解説

1 直前に「運動部のみんなは」とあるので、——線①は、「運動部のみんな」のことだとわかる。また、直後に「入れかわり立ちかわり水を飲みにやって来る」とあるので、次々に水を飲みにやって来る様子をたとえているとわかる。

2 (2) 記述対策
・考え方…「夏実《なつみ》とのことを見られたのが気がかりだった。」「どこまでわかっているのか探っておきたかった。」という部分から考える。
・書き方…「夏実とのこと」について、「探っておきたかった」ということを押さえる。

(3) 「弱みをにぎられた」ようで、「憎らしくてしかたがなかった」のである。

3 それまでの「私」は、戸部《とべ》君がみんなの前で夏実とのことを何か言うのではないかとおそれ、探りを入れようとしていた。しかし、みんなとは離れた所で、一人黙々とボールを磨く戸部君のひたむきな様子を見て、自分のことしか考えていない自分のつまらなさに気づいたのである。

4 「自分の考えていたことがひどく小さく、くだらないことに思えてきた」ことと、顔にかけた水の冷たさで、気分がすっきりして冷静になり、本来の自分を取り戻したような感じがしたのである。

5 「私」が何をおそれていたかは、第二段落の「夏実とのことを見られたのが気がかりだった。」から読み取れる。

6 重要 この場面で、「私」が、今まで「繊細《せんさい》さのかけらもない」と思っていた戸部君の、真面目さや強さ、やさしさなどに気づいたことを押さえる。そのうえでこの部分を読むと、落ち込んでいた「私」を戸部君が笑わせてくれたことに、思いやりを感じて涙ぐんだのだと考えられる。「笑いすぎた」とあることから、ア「がっかりした」、エ「腹を立てていた」というような気持ちは読み取れない。また、イのように、背の高さに「驚いた」せいで涙がにじんできたというのも考えられない。

聞き上手になろう／項目を立てて書こう／[推敲《すいこう》]

58〜59ページ ステージ1

漢字

1 ❶ここち

基本問題 聞き上手になろう

1 ①ウ ②イ ③ア

2 ①イ ②ア

基本問題 項目を立てて書こう

★1 エ

2 ウ

基本問題 [推敲《すいこう》]読み手の立場に立つ

★1 功→候

2 例開催いたします

3 エ

4 ① 例東川美術館へ出発
② 例15:45 西山写真美術館着
③ 例17:30 中央公民館着

5 エ

解説

2 **基本問題** 聞き上手になろう

答えが絞られる質問を「クローズド・クエスチョン」、相手に自由に答えさせる質問を「オープン・クエスチョン」という。

基本問題 [推敲]読み手の立場に立つ

★2 「なさいます」は尊敬語なので、謙譲《けんじょう》語に書き換える。

4 何時に、何をするのかが一目でわかるように整理する。

5 読み手の立場に立って、「いつ」「どこで」「何をしたらよいのか」がわかる情報を優先してのせるようにする。イ・ウのような見た目を飾るイラストや写真は、必要な情報ではない。

言葉2 方言と共通語／漢字2 漢字の音訓

60〜61ページ ステージ1

漢字

1 ❶そく ❷ふきゅう ❸えんかつ ❹せんさい ❺いきづか ❻うむ ❼どしゃ ❽せいか ❾げし ❿しゅしょう ⓫ちき ⓬かいどう ⓭ごうきゅう ⓮しんこく ⓯しょもう ⓰しゃだん

2 ❶繊細 ❷企画 ❸技巧 ❹互 ❺幾 ❻継 ❼猫 ❽湿

教科書の要点 言葉2

❶ ①方言 ②共通語

基本問題 言葉2

★ ア・エ

教科書の要点 漢字2

❶ ①音 ②訓

基本問題 漢字2

1 ①イ ②ア ③イ ④ウ ⑤エ

2 ①Aなみ Bなら ②Aま Bまじ ③Aそだ Bはぐく

3 ①Aたいか Bおおや ②Aしきし Bいろがみ ③Aけんぶつ Bみもの

解説

基本問題 言葉2

★ 自分と異なる地域の人と話す場合は、どの地域の人にも通用する共通語を使うほうがよい。また、不特定多数を対象とした講演を行う場合も、方言だと、聞き手に意味が伝わらないおそれがある。

基本問題 漢字2

1 ①イは「キョウ」、他は「コウ」と読む。②アは「エキ」、他は「イ」と読む。③イは「ビン」、他は「ベン」と読む。④ウは「ネン」、他は「ゼン」と読む。⑤エは「コ」、他は「キョ」と読む。

3 ①A「大家《たいか》」は、その道で特にすぐれた人のこと。

「言葉」をもつ鳥、シジュウカラ

62〜63ページ ステージ1

漢字と言葉

1 ❶ころ ❷ほお ❸はんしょくき ❹いかく ❺けいかい ❻ふ・ま ❼くわ ❽だれ ❾きょうい ❿かくとく ⓫みりょう ⓬さか

2 ❶解釈 ❷分析 ❸状況 ❹詳 ❺餌 ❻払

3 ❶ア ❷ウ ❸イ

教科書の要点

❶ ヘビ・単語

❷ ①振る舞う ②イメージ

❸ イメージ・探す

❹ ①鳴き声 ②ヘビ ③単語 ④振る舞う ⑤地面 ⑥イメージ ⑦接近 ⑧見間違えた（のだ） ⑨ヘビ ⑩単語 ⑪言葉

おさえよう ［順に］ア・ア

64〜65ページ ステージ2

★

1 ヘビを示す「単語」

2 (1) 鳴き声を発する状況を記録する
(2) ヘビの存在をつがい相手に伝える・（単なる）恐怖心から鳴き声を発している

3 (1) ヘビを警戒するようなしぐさを示す
(2) ヘビのいない・行動変化
(3) ⓐウ ⓑイ ⓒア

4 イ

★ 解説

1 文章の最初に、「……を調べるには、どうすればよいのでしょうか。」とあることに着目する。

2 (1) 指示語が指す内容は、原則として前の部分から探す。「……

こと。」とつなげて「それ」と置き換えられる言葉を抜き出す。

(2) 次の文の終わりが「……からです。」となっていることに着目する。意味を確かめられない理由を、この文で説明している。

3 (1) 次の文に、「……かもしれないと考えた」という、筆者の予想を表す表現があることに着目する。

(2) 次の段落で実験の方法を説明している。「まず、……」「そして、……」という、順序を示す言葉に注意して手順を読み取る。

(3) 重要 第三段落で、実験の結果を述べている。「『ジャージャー』という鳴き声を聞くと、……**地面をじっと見下ろしたり、時には巣箱の穴をのぞいたり**」「『ピーツピ』という鳴き声を聞かせても、……首を左右に振り、周囲を警戒するだけ」「鳴き声を流さない場合には、どのような種類の警戒行動もほとんど示しませんでした」という部分から、それぞれの聞かせた音声に対するシジュウカラの行動を捉える。

4 最後の一文で、「『ジャージャー』という鳴き声を聞いて地面や巣箱を確認しに行くことは、親鳥がヘビの居場所をつき止めるうえで大いに役立つ」という考えを示している。その前の文からも読み取れるように、**親鳥は卵やひなを守るために、ヘビの居場所をつき止め、追い払わなければならない**のである。

66〜67ページ ステージ3

1 命令

2 そこで今度　3 エ

4 (1) 小枝

(2) ⓐイ　ⓑウ　ⓒウ

(3) 例1「ジャージャー」という鳴き声からヘビの姿をイメージし、小枝をヘビと見間違えた。

例2「ジャージャー」という鳴き声を聞いてヘビをイメージし、小枝をヘビと見間違えた。

5 「ヘビ」を意味する「単語」である

解説

1 次の文で筆者は、――線①と述べる理由を書いている。「『ジャージャー』という鳴き声は、『地面や巣箱を確認しろ。』といった命令であり、それを聞いたシジュウカラは**ヘビの姿をイメージすることなく**、それらの行動を取ったのかもしれ」ないというのである。

2 第二段落に「そこで……検証しようと考えました。」とある。

3 2の検証について述べた第二段落の最後に、「シジュウカラにも見間違いが観察されれば、……証拠になる」とある。ここでいう「見間違い」とは、**単語から得たイメージによって、ある物を他の物と見間違えること**。これをシジュウカラに当てはめると、**シジュウカラが、「ジャージャー」という鳴き声を聞いて、木の枝をヘビと見間違えること**。

4 (1) 実験の手順の最後で、ヘビのように小枝を動かしていることを押さえる。

(2) 重要 どのような音声を流し、小枝をどう動かしたか、そして、シジュウカラがどう反応したかを押さえる。「『ジャージャー』**という鳴き声を聞かせたシジュウカラは、ヘビのように動く小枝に近づき、確認する**」とあるので、ⓐには**イ**が当てはまる。「『ジャージャー』以外の鳴き声を聞かせた場合、小枝に接近するシジュウカラはほとんどいません」とあるので、ⓒには**ウ**が当てはまる。「『ジャージャー』という鳴き声を聞かせながら、……ヘビに似ていない動きとして見せた場合も、同様の結果」とあるので、ⓑにも**ウ**が当てはまる。

(3) 記述対策

- **考え方**…第五段落の初めの「つまり」に着目。前の段落で述べた実験結果について、筆者が解釈をまとめている。
- **書き方**…「『ジャージャー』という鳴き声」を聞いたことによって、「ヘビの姿をイメージ」し、その結果「小枝をヘビと見間違えた」ということをまとめる。

5 最後の一文に「……と結論づけられます。」とあることに着目し、筆者の出した結論を捉える。

思考のレッスン2　原因と結果／根拠を示して説明しよう

68〜69ページ　ステージ1

漢字

1 ❶ふ　❷かくり　❸かんきょう　❹ぐうぜん

2 ❶環境　❷隠

基本問題　思考のレッスン2

1 ①これは、梅　②生徒会では

2 例漢字テストのクラスの平均点が上がったのは、クラスで毎朝五分、漢字練習の時間を取ったためと考えられる。

3 ①イ　②ア　③ウ

基本問題　根拠を示して説明しよう

★

1 24.2

2 英語、国語、社会、理科

3 例中学生は、数学を嫌いな人が多いが、好きな人も多かった。

4 (1) 例好きな科目、嫌いな科目ともに三番目までは数学、英語、国語が占めていること。

(2) 中学になる

解説

基本問題　思考のレッスン2

2 どちらが原因でどちらが結果かを読み取ってまとめる。

3 ②は、原因と結果が逆で、水質汚染が進むと、メダカが少なくなると考えられる。③は、雨の日が多くて湿気が高いことが隠れた原因。

基本問題　根拠を示して説明しよう

★

3 仮説の、数学を「好きな人は少ない」は、証明されなかった。

4 (1) 「ここから、……と考えられる。」とあるので、直前に根拠が書かれているとわかる。

(2) 文末表現に着目して事実と考えを読み分ける。「～ではないだろうか。」は、考えを表す文末表現。

［話し合い］話し合いの展開を捉える／話題や展開を捉えて話し合おう　ほか

70〜71ページ　ステージ1

漢字

1 ❶たびかさ　❷しゅっか　❸けいだい　❹じゅれい　❺い・え　❻さち　❼さいきん　❽なっとう　❾ひろう　❿こうてい　⓫こうさ　⓬そうにゅう　⓭ばいしん　⓮ばいたい　⓯ちゅうしゃ　⓰ちゅうかい

2 ❶発酵　❷還元　❸摩擦　❹披露　❺樹齢　❻挿入　❼苗　❽虹

基本問題　［話し合い］話し合いの展開を捉える

★

1 ア

2 イ

基本問題　話題や展開を捉えて話し合おう

★

1 ①全員・きいている　②例楽器が演奏できない人もたくさんいる。

2 ウ

解説

基本問題　［話し合い］話し合いの展開を捉える

★

1 「〇〇さんに賛成（反対）です。」などと、前の人の意見を受けて話すと、話し合いの展開が聞き手にもわかりやすくなる。

2 話がそれたときに元の話題に戻すことも、司会の重要な役目である。

基本問題　話題や展開を捉えて話し合おう

★

1 話し合いでさまざまな意見が出たときには、共通点や相違点を見つけて整理していくことが大事である。ここでは、中村さん、町田さんが「賛成派」、川野さんが「反対派」である。

2 小林さんは、「反対派の、……意見もわかります」と反対派の意見に理解を示し、楽器が苦手でも参加できる方法を提案している。

音読を楽しもう　大阿蘇《おおあそ》

72〜73ページ　ステージ1

漢字

1 ❶しっぽ ❷けむり ❸ふんえん ❹おか

2 ❶噴煙 ❷丘 ❸煙

教科書の要点

1 ①イ ②イ

2 降っている・（草を）たべている

3 ①馬 ②噴煙（別解煙） ③馬

おさえよう　〔順に〕イ・イ

基本問題

1 ウ

2 噴煙・雨雲〔順不同〕

3 ア

解説

1 例えば、「雨は蕭々《しょうしょう》と降っている」「馬は草をたべている」を、「雨は蕭々と降る」「馬は草をたべる」といった表現と比べてみる。すると、「降っている」「たべている」と表現することによって、「降る」「たべる」という状態がずっと続いていることを、読者に印象づけていることがわかる。

2 この「けじめ」は、区別という意味。「けじめもなしに」は、ここでは「噴煙」がそのまま「雨雲」の中に溶け込んでいく様子を表している。

3 重要 作者は、百年たっても目の前の風景は変わらないだろうと感じているのである。自然の永続性や悠久《ゆうきゅう》さに圧倒《あっとう》されていることを読み取る。

音読を楽しもう　いろは歌／古典の世界

74〜75ページ　ステージ1

教科書の要点

1 ①いろは歌 ②今様 ③仮名 ④順序

2 ①孔子 ②奈良 ③平安 ④鎌倉 ⑤竹取 ⑥源氏 ⑦平家 ⑧清少納言 ⑨兼好法師 ⑩松尾芭蕉

おさえよう　イ

基本問題　いろは歌

1 ⓐにおえ ⓑつねならん ⓒうい ⓓえい

2 一・五

3 ①イ ②エ

4 けふ

解説

基本問題 3 ①「見じ」は「見ることはしない」という意味。②「酔《ゑ》ひ」の言い切りの形は「酔ふ《（ウ）》」で、「本心を失う」という意味。それを否定しているので、「本心を失わない＝心をまどわされはしない」という意味になる。

蓬萊《ほうらい》の玉の枝——「竹取《たけとり》物語」から

76〜77ページ　ステージ1

漢字

1 ❶つつ ❷ぼうとう ❸かご ❹むすめ ❺けっこん ❻あきら ❼たず ❽うば ❾むか ❿め ⓫そ ⓬おく

2 ❶斜面 ❷恐

教科書の要点

1 ①平安 ②最古

2 ①わ・い・う・え・お ②い・え・お ③じ・ず

❸ ①かわいい ②とても ③よくない

❹ ①竹 ②なよ竹 ③五 ④褒美 ⑤月 ⑥不死の薬

おさえよう 〔順に〕イ・ア

78～79ページ ステージ2

✪

1 ⓐいう ⓑよろず

2 さぬきのみやつこ

3 (1) 不思議に思って

(2) 例根元の光る竹が一本あったから。

4 (竹取の)翁 〔別解〕さぬきのみやつこ

5 ア

6 筒の中

7 (1) うつくしゅうていたり (2) エ

8 イ

9 (1) 三寸ばかりなる人

(2) なよ竹のかぐや姫

(3) 子供はすく

10 ウ

✪解説

1 ⓐ語頭以外の「は・ひ・ふ・へ・ほ」は「わ・い・う・え・お」に直す、ⓑ「ぢ・づ」は「じ・ず」に直す、という原則に従う。

2 後の文に、「名をば、……となむいひける。」とある。

3 (1)「あやしがる」の「あやし」は、現代語の「あやしい」とは意味が異なるので、注意する。

(2) 記述対策

・**考え方**…直前に「もと光る竹なむ一筋ありける」とある。根元の光る竹があったので、不思議に思い、近寄って見たのである。

・**書き方**…「根元の光る竹」があったことを押さえ、理由を表す形でまとめる。

4 古典の文章では、**主語**などが省略されていることが多いので、文脈を押さえ、補いながら読む。

5 古典の文章では、**主語を示す助詞**(「は」「が」に当たる言葉)が省略されていることが多い。

7 (1)「iu」→「yu」と直すので、「うつくしう(siu)て」→「うつくしゅう(syu)て」となる。また、「ゐ・ゑ・を」→「い・え・お」と直すので、「ゐたり」→「いたり」となる。

(2) **重要** 古典語の「うつくし」は、現代語の「美しい」とは異なり、「かわいらしい」という意味で使われることが多い。また、「ゐたり」は、「ゐる」という言葉と「たり」という言葉から成っており、「ゐる」は「座る」、「たり」は「……た」「……ている」という意味である。

9 (1) 翁《おきな》が、竹の筒の中に見つけた「三寸ばかりなる人」のことである。

(2)「娘を『なよ竹のかぐや姫』と名づけた」とある。

(3)「わずか三か月ばかりで一人前の娘になった」というところが、普通の人間とは違っている。

10 「なかでも熱心な五人の貴公子の求婚を断り切れず」とある。断ることができなかったので、**難題を出して相手に諦めてもらお**うとしたのである。

80～81ページ ステージ3

✪

1 ⓐよそおい ⓑこたえていわく ⓒよう ⓓもうで

2 ア

3 (さすがに)恐ろしく

4 女

5 (「)これは、蓬萊の山なり(。」)

6 ウ

7 例1この山が、探していた蓬萊の山だったから。
例2探し求めていた蓬萊の山に着いたから。

8 イ

9 例色さまざまの玉でできた橋の付近
10 いとわろかりしかども

解説

1 ⓐ・ⓑ語頭以外の「は・ひ・ふ・へ・ほ」は、「わ・い・う・え・お」に直す。ⓒ・ⓓ「au」→「ô」と直すので、ⓒ「やう（yau）」→「よう（yô）」、ⓓ「まう（mau）で」→「もう（mô）で」となる。

2 ここでの「ならむ」は、「……だろう」という意味。

3 直前に「さすがに恐ろしくおぼえて」とある。「おぼえて」の言い切りの形「おぼゆ」は、現代語の「覚える」とは意味が異なり、「自然に思われる」という意味であることに注意する。

4 「天人のよそほひしたる女」は、後に「が」を補えるので主語。

5 直後に、「女、答へていはく」とあることに着目する。

6 この場面に登場しているのは、「くらもちの皇子《みこ》」と「女」の二人。

7 記述対策
・**考え方**…直前に「これを聞くに」とある。「これ」は、女が答えた「これは、蓬莱《ほうらい》の山なり。」という言葉である。つまり、この山が探し求めていた蓬莱の山だったので、うれしかったのである。
・**書き方**…ここが「探していた蓬莱の山」だったということを押さえ、理由を表す形でまとめる。

8 「さらに」は、打ち消しの表現をともなって、「全く……ない」という意味を表す。全く登ることができなかったので、山の斜面の裾を回ってみたというのである。

9 記述対策
・**考え方**…直前に書かれている内容を指している。
・**書き方**…空欄《くうらん》に当てはまるように、文末を「……付近」「……あたり」のようにまとめる。

10 重要 すぐ前で「いとわろかりしかども」（＝たいそう見劣りするものでしたが）と言い訳をしている。にせの玉の枝のできが悪いことをごまかすために、このように言ったのである。

今に生きる言葉

82～83ページ ステージ1

漢字
1 ❶めい ❷むじゅん ❸だそく ❹かた
2 ❶矛盾 ❷銘 ❸蛇足 ❹堅

教科書の要点
❶ ①白文 ②書き下し文
❷ 返り点
❸ ①2・1・3 ②3・1・2・4 ③4・1・2・3・5
❹ ①ウ ②イ
❺ ①故事成語 ②盾 ③矛
❻ ①推敲 ②蛇足 ③四面楚歌

おさえよう ［順に］イ・イ

84～85ページ ステージ2

❶ 1 ①ウ ③ア
2 ウ
3 あなた
4 (1) 盾と矛を売る者 (2) 例つじつまが合わない

❷ ①少年老い易く学成り難し ②家書万金に抵る

❸ 1 ①蛇足 ②推敲 ③四面楚歌
2 ①故事成語…ア 意味…キ ②故事成語…エ 意味…コ ③故事成語…イ 意味…カ ④故事成語…オ 意味…ク ⑤故事成語…ウ 意味…ケ

解説

❶ 1 重要 ①「能《よ》く陥《とほ》すもの莫《な》きなり」は、盾をほめている。つき通せるものがないほど堅いということである。③「陥さざる無きなり」は、矛をほめている。「つき通せないものはない」、つまり、

どんなものでもつき通せるほどするどいということである。

2 「吾《わ》が矛の利なること」は、現代語訳では「私の矛のするどいことといったら」となっている。「利」は、するどいという意味である。

3 「子《し》の矛」は、現代語訳では「あなたの矛」となっていることに着目する。「子」は、漢文によく出てくる語句である。

4 (2) **記述対策**
・**考え方**…「盾と矛を売る者」が、「或《あ》るひと」に「あなたの矛で、あなたの盾をつき通すとどうなるのかね。」と尋ねられ、盾をつき通せるものはなく、矛がつき通せないものはないという話はつじつまが合わないので、何も答えることができなかったのである。
・**書き方**…「つじつまが合わない」という意味のことを、空欄《くうらん》に当てはまるように書く。

❷ ①レ点の付いた「易」を飛ばして「老」を先に読む。それから、レ点に従って一字上の「易」に返る。②「抵」に二点が付いているので、二点を飛ばして「万→金」と読む。「金」には一点が付いているので、二点の付いている「抵」に返る。

「不便」の価値を見つめ直す／助言を自分の文章に生かそう ほか

86～87ページ ステージ1

漢字と言葉

❶ ❶いっぱん ❷しせつ ❸うなが ❹な・と ❺しえん ❻めんどう ❼きがん ❽かんよう ❾かせ ❿とどこお ⓫もう ⓬しぼ

❷ ❶途中 ❷完璧 ❸渇 ❹繰 ❺衰 ❻忙

❸ ❶ウ ❷イ ❸ア

❹ ウ

教科書の要点 「不便」の価値を見つめ直す

❶ 不便・よさ

❷ ①発見 ②技術力 ③意欲（別解モチベーション）

❸ ①便利 ②不便益 ③よい ④道のり ⑤身体能力 ⑥（自分なりに）工夫 ⑦出会い ⑧体力 ⑨意欲（別解モチベーション） ⑩多様

おさえよう ［順に］ア・イ

88～89ページ ステージ2

✪ 1 エ 2 不便益

3 徒歩…時間がかかったり疲れたりする
タクシー…目的地を伝えれば、あとは座っていられる（のだ）

4 徒歩・（気づかずに）通り過ぎ

5 （途中の道のりがあるからこそ、）出会いや発見の機会が広がる（というよさ）

6 園庭をわざとでこぼこに設計している幼稚園

7 例1 身体能力の低下を防いだり、身体能力を向上させたりすること。
例2 身体能力の低下を防ぐことと、向上させること。

✪解説

1 「そう」が指す内容は、直前の文の「便利はよいこと」「不便は悪いこと」という一般的な考え方である。筆者はこれを否定し、「『便利』の中にもよい面と悪い面があり、『不便』の中にもよい面と悪い面がある」という考え方を述べている。筆者は、「『不便のよい面』と『便利の悪い面』という新しい視点」を示している。

2 次の段落で「『不便のよい面』、つまり『不便益』」と言い換えている。説明・補足の接続語「つまり」に着目する。

4 ――線④の前では、徒歩で移動すれば、「タクシーに乗っていれば気づかずに通り過ぎたであろう場所」に立ち寄り、「人や景色との出会いを楽しむ」ことができると書かれている。――線④の後では、徒歩で通学したために、バイクでは通り過ぎていた「お気に入りのお店に出会えた」例が挙げられている。速く移動できる交通手段では通り過ぎていた場所も、ゆっくり徒歩で移動すると、発見できる機会が生まれるということである。

5 重要 徒歩での移動は「不便」だが、**4**で見たように、人や場所との「出会い」の機会がある。これを、第三段落の最後で「つまり、……というよさがある」とまとめている。

7 記述対策

・**考え方**…施設のデザインの事例について述べた段落の最後で、「このように、……というのも、『不便益』の一つと考えられる。」とまとめていることに着目する。

・**書き方**…「身体能力の低下を防ぐ」「身体能力を向上させる」という二点を押さえ、「……こと。」とまとめる。

90〜91ページ ステージ3

1 ①イ・エ ②ア・ウ

2 ①工夫 ②モチベーション（別解意欲） ③技術力 〔②・③は順不同〕

3 ①発見や出会い ②体力や知力、技術力（別解体力・知力・技術力） ③意欲（別解モチベーション）

4 一つの事例 〜 まれること **5** 「不便」の価値

6 例1「不便」だからこそ得られるよさを生かして新しいデザインを創り出そうという考え方。

例2「不便」の価値を認識して、それを生かして新しいデザインを創り出そうという考え方。

解説

1 この後、「ライン生産方式は……」「これに対してセル生産方式では、……」という形で説明している。作業者一人一人にかかる負担という点で、ライン生産方式は「便利」であり、セル生産方式は「不便」であるといえる。

2 直後に「自分なりに工夫できる余地が大きくなる」「作業者のモチベーションを高めるとともに、技術力を高める」とある。これが、セル生産方式の「不便益（不便のよい面）」である。

3 重要「次のようなことが挙げられるだろう」と述べたうえで、次の段落で「まず、……」「次に、……」「また、……」という形で三点について説明している。

4 徒歩には、「発見や出会いの機会が増える」と「運動能力の低下を防ぐ」という二つの「不便益」が含まれることから考える。

5 ——線⑥を含む文の初めに、「さらに、『便利はよいこと』という考えの下、社会全体が『便利』だけを追求していけば」とあることに着目する。逆に言えば、——線⑥の状態にならないようにするためには、「便利はよいこと」という考えにとらわれず、「便利」だけを追求しないようにすることが必要なのである。それは、前の文にあるように、固定観念の下では見落とされがちな、「『不便』の価値」に目を向けるということである。

6 記述対策

・**考え方**…直前の「それを生かして新しいデザインを創り出そうというのが」に着目し、「それ」が指す内容を捉える。

・**書き方**…「それを生かして新しいデザインを創り出そう」という部分を利用して、「それ」が指す「『不便』だからこそ得られるよさ」という内容を補ってまとめる。

文法への扉2 言葉の関係を考えよう

92〜93ページ ステージ1

教科書の要点

❶ ①主語 ②述語 ③修飾語 ④連用修飾語 ⑤連体修飾語 ⑥接続語 ⑦独立語

❷ ①述部 ②修飾部 〔①・②は順不同〕 ③並立 ④補助

❸ ①連用修飾部 ②主部 ③述語

基本問題

1 ①イ ②オ ③ア ④エ ⑤ウ

2 ①私は 見た ②夏休みが 終わる ③あなたこそ ふさわしい ④雨まで 降りだした

3 ①ア・イ・カ・キ ②エ・ク
4 ①思い出が ②飾りつける ③量が ④過ごす ⑤乗った
5 ①または ②楽しくて ③もしもし ④努力
6 ①ウ ②エ ③ア ④イ

解説

2 まず述語を探し、次に述語の表す内容から主語を探す。主語には「○が（は）」以外の形もある。③ふさわしいのは「あなた」、④降りだしたのは「雨」、のように考える。見当をつけたら、「あなたが→ふさわしい」のように、「が」に言い換えられるかを確かめる。

3 主語の中心になれるのが「体言」、それだけで述語になるのが「用言」。

4 後の文節と組み合わせていって、意味が通じる文節で、最も下の位置にあるものが、被修飾語である。例えば、④は「のんびり→休日を」では意味が通じない。「のんびり→過ごす」は意味が通じる。したがって、「のんびり」は「過ごす」を修飾しているとわかる。

6 ①二つの文節が対等な関係になっている。②「みる」が上の文節に意味を補っている。「みる」には、「試しにする」という意味がある。

94〜95ページ ステージ2

1 ①主語…漫画も 述語…ある ②主語…× 述語…行くよ ③主語…雑草さえ 述語…生えない ④主語…小学生だけ 述語…参加した
2 ①イ ②オ ③ア ④ウ ⑤エ
3 ①いつも ②宿題に ③きれいに
4 ①方法を・イ ②選ばれた・ア ③風船が・イ ④ほえた・ア ⑤かばんを・イ ⑥遅れるだろう・ア
5 ①暑かったら・ウ ②だから・ア ③悲しかったが・イ
6 ①いいえ・イ ②太宰治・ウ ③おや・ア
7 ①エ ②ア ③イ ④ウ
8 ①みかんか りんごを・ア ②訪ねて きた・イ ③広く ない・イ ④安くて おいしい・ア ⑤歌って いる・イ
9 ①母と弟は ②はってある ③有名な作家に ④外が寒かったので ⑤私の夢
10 ①コ ②オ ③エ ④イ ⑤エ ⑥ク ⑦ア ⑧オ ⑨ウ ⑩カ ⑪イ ⑫エ
11 必死で走る弟を私は追いかけた。

解説

1 2 ②「行く」のは誰かを考えると、主語が省略されていることがわかる。オの「ない」は、存在しないという意味である。③の「見ない」は「見る」という行動を取らないという意味なので、オには当たらない。

4 用言を修飾するのが「連用修飾語」、体言を修飾するのが「連体修飾語」である。

5 「暑かったら」「悲しかったが」は、文節全体で、後に続く文節に対する条件や逆接を示している。

7 ②「風の強い」は、「風が強い」と言い換えられ、主・述の関係である。③「私の」は、「時計は」を修飾している。

9 ①「母と／弟は」は、並立の関係にある連文節。一まとまりで主部になっている。②「はって／ある」は、補助の関係にある連文節。③「有名な」は「作家に」を修飾し、「有名な作家に」という一まとまりで「会った」を修飾している。④「外が／寒かったので」は、二文節から成る、理由を示す接続部。⑤「私の」は「夢」を修飾し、一まとまりで独立部になっている。

10 重要 ①「新入生の」は「皆さん」を修飾し、「新入生の皆さん」というまとまりで独立部となっている。②は「覚えておこう」を修飾している。③「覚えて／おこう」は、補助の関係にある連文節。④「成功までの」は「道のりは」を修飾し、「成功までの道のりは」というまとまりで主部になっている。⑤「遠く／険しい」は、並立の関係にある連文節。⑥「よく／晴れたが」と二文節から成る、逆接を示す接続部。⑩「浮かんで／いる」を修飾している連文節。

11 「必死で」が「走る」だけを修飾していることがわかる順序にする。

考える人になろう

96〜97ページ ステージ1

漢字と言葉

1 ❶ふ ❷しんけん ❸じまん ❹とくしゅ ❺つばさ

2 ❶自慢 ❷真剣 ❸特殊 ❹翼

3 ❶ア ❷ウ ❸イ

教科書の要点

1 ①自分 ②制約（別解 条件）

おさえよう ［順に］ア・ア

★基本問題

1 例1 どこかの窓から自分たちをながめている人がいるかどうかということ。
例2 ビルディングの窓から自分を見ている人がいるかということ。

2 目・コペル君　3 エ

★解説

1 記述対策
・**考え方**…おじさんの「いまだって、……どこかの窓から、ぼくたちをながめてる人があるかもしれないよ」という言葉を聞いて見まわしていることと、「窓が、みんなコペル君の方に向かっているように」思っていることから考える。
・**書き方**…「窓から自分を見ている人がいるかどうか」を確かめていることがわかるようにまとめる。

2 ――線②は、前の文にある「その目にうつっている自分（＝コペル君）の姿」のことである。「その目」とは、さらに前の文に書かれている、「どこか自分の知らないところで、じっと自分を見ている目」を指している。コペル君は、**他者の目にうつる自分の姿**というものを意識している。

3 重要 コペル君は、「いろいろな自分」が思い浮かんできて目まいを感じ、「なにかにゆられているような気持ち」になっている。「いろいろな自分」とは、「見ている自分、見られている自分、それに気がついている自分」などである。つまり、**他者から見た自分という存在、そしてそのことを意識している自分などの存在に気づき、自分は何者なのだろうと、不思議な気分になっている。**

98〜99ページ ステージ2

★

1 (1) ①（縦と横の）直線 ②数字とイコール ③イコール
(2) （二も三も五も六も九も、）構成している直線の本数が同じ

2 夢中・大声・自慢げ

3 (1) 例1 自分に対して何らかの条件を考えて、そのうえで表現する課題。
例2 個人個人で考えた条件を付けたうえで、何かを表現する課題。
(2) ア　(3) 悩んで・ぼろぼろ

4 自分の裁量で自由に制約を変えられる　5 ウ

★解説

3 (1) 記述対策
・**考え方**…筆者が学生に説明した言葉から読み取る。
・**書き方**…学生が自分で条件を付けて表現するということを押さえてまとめる。文末は「……課題。」で結ぶ。

(2)・(3) 筆者は「他人から条件を与えられるのではなく、自分で好きな条件を付けられるのだから、さらにいい表現が生まれるだろう」と予想したが、学生たちは「悩んで」しまい、「結果はぼろぼろ」だったのである。

5 重要 「そんなこと」とは、直前の、筆者が考えた内容を指している。筆者は「その制約（＝「ちょうどいい制約」）があるからこそ、人間のもっている知性という翼を自由にはばたかせる喜びもある」と考えている。つまり、制約がなければ自由な発想ができるというわけではなく、**適度な制約があるからこそ発想が広がる**ということである。

少年の日の思い出　ほか

100～101ページ　ステージ1

漢字と言葉

1 ①びしょう　②ゆうぎ　③けっかん　④さと　⑤つくろ　⑥けいべつ　⑦ののし　⑧つぐな　⑨へんげんじざい　⑩しゅびいっかん　⑪しこうさくご

2 ①攻撃　②模範　③大胆　④網　⑤震　⑥恥

3 ①ア　②ウ　③イ

教科書の要点

1 ①私　②僕　③彼

2 〔右から順に〕4・2・3・5・1

3 ①ちょう　②コムラサキ　③得意　④欲望　⑤満足感　⑥不安　⑦悪漢　⑧償い

おさえよう　〔順に〕イ・ア

102～103ページ　ステージ2

★

1 宝を探す人

2 微妙な喜び～った気持ち

3 イ　4 得意

5 (1) エ　(2) 模範少年　(3) そのため、

6 例1 少年にこっぴどく批評されたため、自分の獲物に対する喜びが傷つけられたから。

例2 少年から厳しい批評を受けたので、自分の獲物に対する喜びがかなり傷つけられたから。

解説

1 「まるで宝を探す人のように、網を持って待ち伏せていた」とある。「まるで……のように」という表現に着目する。

2 第一段落の最後に、「そうした微妙な喜びと、激しい欲望との入り交じった気持ちは、……」と、ちょうをとらえようとしているときの「僕」の気持ちがまとめられている。

3 前の部分から、「僕」の気持ちを読み取る。初めのうち、「僕」は自分の収集を喜んで仲間に見せていたのだが、他の者はぜいたくな設備を持っていたので、自分の幼稚《ようち》な設備を見せることが恥ずかしくなったのだと考えられる。

4 直後に、「得意のあまり、せめて隣の子供にだけは見せよう、という気になった」とある。

5 (1) 「非の打ちどころがない」とは、非難するところがない、つまり、完全であるという意味である。それを「僕」が「悪徳」だと考えていることに注意する。欠点がないことが、人間らしくなく、親しみが感じられないのである。直後で「子供としては二倍も気味悪い性質」といっていることも手がかりになる。

(2) 非の打ちどころがない少年のことを、この段落の最後のほうで「あらゆる点で模範少年だった」と述べている。

(3) 重要 「模範少年」であったために、「僕は妬み、嘆賞《たんしょう》しながら彼を憎んでいた」のである。

6 記述対策

・**考え方**…直前に「それで」とあることから、前の文の「こっぴどい批評家のため、自分の獲物に対する喜びはかなり傷つけられた」ことが理由とわかる。「こっぴどい批評家のため」とは、少年に厳しい批評を受けたためということ。

・**書き方**…厳しい批評を受けたことと、獲物に対する喜びが傷つけられたことを押さえて、「……から。」などの理由を表す言い方でまとめる。

104～105ページ　ステージ3 (1)

★

1 例クジャクヤママユを見るため。

2 例クジャクヤママユの有名な斑点を見たいということ。

3 四つの大きな不思議な斑点

4 ウ

5 盗みをした、下劣なやつ・見つかりはしないか

6 ア
7 例 クジャクヤママユがつぶれてしまったこと。　8 イ

解説

1 記述対策
・**考え方**…「せめて例のちょうを見たいと、僕は中に入った。」という部分から、ちょうを一目見たいと思ってエーミールの部屋に入ったことがわかる。「例のちょう」は、その後の部分から、クジャクヤママユであることがわかる。
・**書き方**…「例のちょう」が「クジャクヤママユ」であることを明らかにして書く。

2 記述対策
・**考え方**…紙切れの下に何があったのかを捉える。直前に「あの有名な斑点だけは見られなかった。細長い紙切れの下になっていたのだ。」とあることから、「僕」は紙切れの下の斑点を見たいと思っていることがわかる。
・**書き方**…「斑点」を見たいということを押さえてまとめる。

3 直前に「それを見ると」とあるので、「それ」が指すものをその前の部分から捉える。直前の一文で、「四つの大きな不思議な斑点」が「僕を見つめた」と表現していることに着目する。「僕」が「四つの大きな不思議な斑点」を見て、その魅力に引きつけられている様子を表している。

4 盗みに至った「僕」の気持ちを捉える。「僕」は、美しい斑点に魅了され、「この宝を手に入れたいという、逆らいがたい欲望」を感じ、盗みを犯してしまった。したがって、この欲望が満たされたことで満足していたのだと考えられる。

6 「見つかりはしないか、という恐ろしい不安」「冷たい気持ち」「びくびくしながら」といった表現に着目する。なお、紙切れを取りのける場面にある「胸をどきどきさせながら」は、斑点に対する期待感が高まる様子を表していることに注意。

7 「クジャクヤママユはつぶれてしまったのだ。」とある。「不幸」という表現に、「僕」のショックや悲しみが込められている。

8 重要 「盗みをしたという気持ちより、自分がつぶしてしまった、美しい、珍しいちょうを見ているほうが、僕の心を苦しめた。」とあることに着目する。「僕」が何より苦しんでいるのは、美しいちょうを自分がつぶしてしまったことなのである。

106〜107ページ　ステージ3 (2)

1 例1 ちょうをだいなしにするつもりはなかったということ
例2 わざとちょうをつぶしたのではないということ
2 軽蔑
3 償い　4 ウ
5 一度起きたことは、もう償いのできないものだ（ということ）
6 エ
7 イ・オ

解説

1 記述対策
・**考え方**…前の場面も踏まえて考える。「僕」がエーミールにわかってほしかったのは、ちょうをつぶしてしまったのは、わざとではないということである。
・**書き方**…ちょうをつぶすつもりはなかったこと、ちょうをつぶしたのはわざとではなかったことを押さえてまとめる。

2 このときのエーミールの様子について、「冷淡《れいたん》に構え、依然僕をただ軽蔑的に見つめていた」と表現している。この後にも、「ただ僕を眺めて、軽蔑していた。」と繰り返している。

3 「僕」は自分にとって大切なものを差し出し、「うめ合わせ」をしようと思ったのである。これを意味する二字の言葉は、最後の段落にある「償い」である。

4 直前のエーミールの「君がちょうをどんなに取り扱っているか、ということを見ることができたさ」という言葉を聞いて、「僕」はかっとなっている。エーミールは、「僕」がちょうを取り扱うときの態度を非難しており、それは、ちょうの収集に熱中していた「僕」にとっては、収集家として失格だと言われ、ちょうへの思いを否定されたのと同じことなのである。

5 重要 最後の段落に「そのとき、初めて僕は、一度起きたことは、もう償いのできないものだということを悟った。」とある。エーミールは「僕」の謝罪も、「僕」が差し出そうとしたものも全て断り、「僕」のことを罵りさえしなかった。罵る価値もないと思われたのである。そのことに気づき、「僕」は、この状況をただ受け入れるしかないと悟ったのである。

6 母が「僕」に構わずにそっとしておいてくれたのは、「僕」が苦しんでいることを察したからである。キスにいたわりの気持ちが表れている。

7 「一度起きたことは、もう償いのできないものだということ」を悟った「僕」は、自分のちょうの収集を壊すことによって、自らを罰しようとしたのである。また、心から大切にしていたちょうを一つ一つ指で粉々に押しつぶすことには、ちょうの収集との決別の意味も込められていると考えられる。

文法への扉3 単語の性質を見つけよう

108～109ページ ステージ1

教科書の要点

❶ (1) ①自立語 ②付属語 (2) 活用

❷ ①動詞 ②形容詞 ③形容動詞 ④名詞 ⑤副詞 ⑥連体詞 ⑦接続詞 ⑧感動詞 ⑨助動詞 ⑩助詞

❸ ①体言 ②用言

基本問題

1 ①ア・ウ・オ・カ ②イ・エ・キ

2 ①その／山に／登るのは／時間が／かかる。
②ポケットから／ハンカチを／取り出す。
③コーヒーの／味を／しみじみ／味わった。
④星のように／輝く／夜景を／見下ろす。
⑤彼とは／以前／話した／ことが／ある。

3 ①通る ②高い ③静かだ

4 ①オ ②カ ③ウ ④エ ⑤ケ ⑥ク ⑦ア ⑧イ ⑨コ ⑩キ

5 ①名詞 ②動詞・形容詞・形容動詞〔順不同〕

解説

2 ③「味わった」、⑤「話した」は、「味わう」「話す」に過去を表す付属語「た」が付いたもの。④「ように」は、単独では意味をなさず、文節を作れないので付属語である。自立語か付属語か、迷いやすい付属語は覚えておこう。⑤「こと」は自立語で、それだけで文節を作る。

3 ①「通る」は「通ら（ない）」「通り（ます）」などと形が変わる。②・③も同様に、「高く（ない）」、「静かな（部屋）」のように形が変わる。

4 ①「たくさん」は、「食べた」（用言）を修飾している副詞。②「この」は、必ず体言（名詞）を修飾するので、連体詞。⑤「たい」は付属語で、「（行き）たく（ない）」などと活用するので、助動詞。⑨「で」は付属語で、活用しないので、助詞。

110～111ページ ステージ2

❶ ①自立語…小さな・弟・公園・遊ぶ
付属語…と・で
②自立語…今日・昨日・かなり・寒い
付属語…は・より・らしい
③自立語…その・角・曲がる・海・見え
付属語…を・と・が・ます
〔それぞれ順不同〕

❷ ①おいしい・買い・出かける ②さわやかに・ふき抜ける
〔それぞれ順不同〕

❸ ①ア ②ウ ③イ ④ウ ⑤ア ⑥イ

❹ イ・ウ・エ・ク

❺ ①ぽろぽろ ②とうとう ③もし ④極めて

❻ ①あらゆる ②どの ③あの ④大きな

❼ ①イ ②ウ ③ア

❽ まあ・はい〔順不同〕

❾ ①エ・ク ②ア・イ・ウ・オ・カ・キ

❿ ①コ ②ウ ③ク ④イ ⑤オ ⑥エ ⑦カ ⑧ア ⑨キ ⑩ケ

⓫ ①体言…自転車 用言…新しい・乗る
②体言…馬・緑・草原 用言…白い・走る
③体言…方法 用言…確実だ

解説

❶ **自立語は一文節に一つしかなく、必ず文節の初めにくる。**

❷ ②「さわやかに」は、「さわやかだ」という形容動詞。

❸ 動詞・形容詞・形容動詞は、言い切りの形にして見分ける。**ウ段の音で終わるのが動詞、「い」で終わるのが形容詞、「だ・です」で終わるのが形容動詞である。**

❹ 名詞は、**「が・は・も」などを付けて主語になることができる。**

❺ 副詞は主に連用修飾語になり、動詞・形容詞・形容動詞を修飾する。

❻ ④**「大きな」は形容詞「大きい」と混同しやすいので注意する。**形容詞は体言を修飾するとき、「白い船」「美しい船」のように「〜い」の形になる。

❾ 助動詞は活用し、助詞は活用しない。

❿ 品詞は次のことを確認して見分けるとよい。
・自立語か付属語か。
・活用するかしないか。
・言い切りの形は何で終わるか。
・どんな文の成分になるか。
②は「すこやかだ」、④は「早い」、⑧は「止まる」が言い切りの形。

⓫ 重要 **体言は名詞。用言は、動詞・形容詞・形容動詞。**③「その」は連体詞、「最も」は副詞。「確実だ」は、「名詞＋だ」ではなく、一語の形容動詞。**「とても＋……な＋名詞」**（例とても確実な方法）**と言い換えることができれば、形容動詞である。**

随筆二編／構成や描写を工夫して書こう

112〜113ページ ステージ1

漢字と言葉

❶ ❶ずいひつ ❷あこが ❸すうけん ❹う ❺こ ❻きおく ❼かわ ❽みのが ❾まく ❿にお ⓫てんじょう

❷ ❶随筆 ❷記憶 ❸埋 ❹見逃 ❺濃 ❻憧

❸ ❶ア ❷ウ ❸イ

❹ イ

教科書の要点 随筆二編

❶ ①冬 ②風花 ③四、五 ④父（別解父ちゃん）

❷ ①雪 ②明るい ③青い ④風花 ⑤青空 ⑥えんぽう ⑦至福 ⑧安心 ⑨せわしく

おさえよう 〔順に〕イ・ア

114〜115ページ ステージ2

❶ 1 一面の雪なのに、辺りが妙に明るい
2 深く濃い冬〜出している
3 イ

❷ 1 安心
2 透明な膜に包まれている
3 例1 父が出張に行くとわかり、不安な気持ち。
例2 父の様子がいつもと違うので、心細い気持ち。
4 イ

解説

❶ 1 直前に書かれている外の様子を見て、「なんか変だな」と思い、空を見上げている。
2 次の文で、このとき感じた雪の様子を「深く濃い冬の青空が、真っ白な雪を生み出しているとしか思えない。」と述べている。
3 重要 最後の二文に着目。筆者は「風花《かざはな》」を見て、「雪の白さ

に引き立てられて、空の青さは、いよいよ濃い。」と述べている。このことから、**筆者の感動の中心にあるものは「空の青さ」**であり、「雪の白さ」はその引き立て役にすぎないことがわかる。「空の青さ」が感動の中心になっていることは、最後の一文で「あんな美しい『青空』を見たことがなかった」と、「青空」を強調していることや、文章の題名が「空」であることからも読み取れる。筆者は、雪国で暮らした最初の冬、「軒までの雪に埋もれて過ごして」おり、空は「灰色の重たい雲」に覆われているのが常だったのである。そんなときにふと目にした「抜けるように青い空」「深く濃い冬の青空」に、心を奪われたのである。

❷

1 「散歩の時間は、至福のひとときだった」とあり、その理由を次の文で「……から。」と述べていることに着目する。父と「たった二人の日々」を送っていた幼い頃の筆者にとって、父との散歩の時間は、「安心」していられる時間だったのである。

2 直後に、出張の日の父の様子が書かれている。いつもと違う父の様子を「透明な膜に包まれている」と比喩で表現している。**すぐそこにいるのに、自分とは違う世界にいる**ように感じていることが読み取れる。

3 記述対策

・**考え方**…父が洋服をきちんと着始めるのを見て、筆者は「息がせわしく」なりながら「父ちゃん、どこ行くの?」と質問している。いつもと違う父の様子に不安になり、動揺して「息がせわしく」なっていると考えられる。父と二人だけで暮らしていた筆者にとって、父といる時間は「安心」だった。しかし、その父がどこかへ出かけるとなると、その安心感が失われ、心細くなっているのである。

・**書き方**…「父が出かける(いつもと違う)」ことに気づいて、「不安に(心細く)」なっていることを書く。

4 重要 最後の段落に「えんぽう」という言葉に対する筆者の思いが書かれている。「『えんぽう』というところに、深く深く憧れた」「いつか必ず行きたいと思っていた」とある。

言葉3 さまざまな表現技法/漢字3 漢字の成り立ち

116~117ページ ステージ1

漢字

❶ ①よいん ②い・か ③ついく ④ぎじんほう ⑤おんぷ ⑥は ⑦はんばい ⑧きょうゆ ⑨きかがく ⑩か ⑪がはく ⑫はくしゃ

❷ ①宿泊 ②販売 ③余韻 ④拍車 ⑤亀 ⑥峠 ⑦蜂 ⑧狩

基本問題 言葉3

1 ①オ ②ウ ③エ ④イ ⑤ア

2 ①ウ ②ア ③イ ④ウ ⑤ア

基本問題 漢字3

1 ①象形 ②指事 ③会意 ④形声

2 ①ウ ②エ ③イ ④ア ⑤イ ⑥ア

3 ①意符…木 音符…反 ②意符…攵 音符…古 ③意符…艹 音符…化 ④意符…心 音符…士 ⑤意符…辶 音符…周

4 ①音符…㑒 音…ケン ②音符…啇 音…テキ ③音符…工 音…コウ ④音符…畐 音…フク

5 ①ウ ②ア ③イ

解説

基本問題 言葉3

1 ①文末を「星」という体言(名詞)で結んでいる。②普通の言い方なら「私はみんなで楽しく過ごした日々を忘れない。」などとなる。④「船は」と「鳥は」、「ゆっくりと」と「ゆうゆうと」、「沖を」と「空を」、「進み(進む)」と「飛ぶ」が対応している。

2 ①「岩」、④「草木」について、「冷たく見下ろしていた」「うれしそうに笑っている」と、人間にたとえて表している。

基本問題 漢字3

2 ①「明」は、「日」+「月」で、会意。②「扌」が手の意味を表し、「召」

が「ショウ」という音を表す。⑤「本」は、木の下のほうに印を付けて、「もと」という意味を表す。

一年間の学びを振り返ろう ほか

118～119ページ ステージ1

漢字

❶ ①しゅうかく ②あきな ③きた ④さ ⑤ほうてい ⑥かへい ⑦こうてつ ⑧くんしょう ⑨きょぎ ⑩きんせん ⑪たいこばん ⑫お ⑬す ⑭あせ

❷ ①勲章 ②琴線 ③収穫 ④更迭 ⑤貨幣 ⑥虚偽 ⑦据 ⑧惜

基本問題 一年間の学びを振り返ろう

1 ①ア・イ・エ ②ウ

2 イ→ウ→ア

3 イ・ウ

4 1 (1)イ (2)皆さん、こ 2 B 3 エ 4 ウ

解説

基本問題 一年間の学びを振り返ろう

3 ア…フリップは、必要に応じて用意する。多ければよいというわけではない。エ…発表では、聞き手や場に応じて表現を変更してもよい。

4 1 (1) **呼びかけや問いかけの言葉を入れると、聞き手の興味を引くことができる。**

2 「二つの対策」について具体的に説明する前にフリップを示すと、聞き手は、フリップを見ながら説明を聞くことができる。

4 ア…「一つ目は」「二つ目は」と順序を示す言葉を使っている。イ…「間を取る」「明るい声で」などの書き込みがある。エ…「初め」で話題を提示し、「中」では具体的な委員会活動の説明をし、「終わり」で来年の目標などを話してまとめている。

さくらの はなびら

120～121ページ ステージ1

教科書の要点

❶ ［順に］イ・イ

❷ ①反復 ②対句

❸ ①たどりついた ②はじまった ③かけがえのない

おさえよう ア

★ **基本問題**

1 (1) 例1散り落ちた 例2散った
(2) 例1命 例2生

2 (1) いま おわったのだ そして はじまったのだ
(2) イ

★ **解説**

1 (1) 記述対策
・**考え方**…「えだを はなれて」に着目し、桜の花びらが散る様子を描いていることを捉える。
・**書き方**…地面に落ちたことがわかるように書く。

(2) 第一・二連には、桜の花びらが散る様子が描かれていることと、「たどりついた」という表現に着目する。桜の花が**一つの命を終えて枝を離れ、最後の場所に行き着いた**ことを表している。

2 (1) 倒置は、普通の言い方と、言葉の順序を入れ替える表現技法。「ひとつのことが」「いま おわったのだ」と言える。

(2) **重要** (1)で見たように倒置になっていることと、桜の花びらが散ったのを受けて「いま おわったのだ／そして はじまったのだ」と言っていることに着目する。作者は、**一つの終わりは、新たな始まり**だと捉えている。つまり、**季節は移り変わり、命は新しい命に受け継がれていく**ということであり、それを「あたりまえすぎる」「かけがえのない」ことだと言っている。

坊《ぼ》っちゃん

122〜123ページ ステージ1

漢字 1 ①すもう ②たび ③さ・つか ④みやげ

教科書の要点 1 ①明治 ②夏目漱石 ③こころ

2 〔右から順に〕5・3・1・2・4

おさえよう ア・イ

基本問題

1 ウ 2 イ

3 (1) 例1 痛い思いをした 例2 損ばかりしている

(2) 親ゆずりの無鉄砲

解説

2 学校の二階から飛び降りて腰《こし》を抜《ぬ》かしたのに、それにこりず、「この次は抜かさずに飛んでみせます」と答えている。

3 (1) 記述対策

・**考え方**…二階から飛び降りることはできまい、あるいは、君の指を切ってみろ、と挑発《ちょうはつ》され、そのとおりに飛び降りたりナイフで切ったりして、痛い思いをしていることを読み取る。

・**書き方**…「痛い思い」、あるいは「損」をしていることを、空欄《くうらん》に当てはまるように書く。

124〜125ページ ステージ2

1 イ

2 例母のためにもう少しおとなしくすればよかったと反省していた

3 さっぱりしない性分で、ずるい

4 イ 5 ウ

6 おせじ・まっすぐ

解説

1 「顔は見たくない」と母に言われ、それを文字どおりに受け取って、顔を見せないように、親類の家に行っていたのである。

2 記述対策

・**考え方**…母にしかられて親類の家へ行っている間に、母は死んでしまった。そのことについて、「俺《おれ》」は、「そんな大病なら、もう少しおとなしくすればよかった」と思い、後悔《こうかい》しながら家に帰ってきた。それなのに、兄に親不孝よばわりされたので、悔《くや》しかったのである。

・**書き方**…母が死んでしまうなら「おとなしくすればよかった」と反省していたことを、字数に合うように書く。

5 重要 「この清《きよ》のようにちやほやしてくれるのを不審《ふしん》に考えた」という部分に着目する。

126〜127ページ ステージ3

1 人に隠れて自分だけ得をする 2 おやじは頑

3 (1) ひいき目

(2) 例「俺」は立身出世して立派な者になるが、兄はとても役には立たない（と思っていた）。

4 ただ手車へ 5 エ

6 ウ 7 ア

解説

1 前の部分に「人に隠《かく》れて自分だけ得をするほど、嫌《きら》いなことはない」とある。だから、**自分だけ清《きよ》からいろいろもらうことを、不公平だと感じた**のである。

3 (2) 記述対策

・**考え方**…前の部分に「ひいき目は恐《おそ》ろしいものだ。清は俺《おれ》をもって、……一人で決めてしまった。」とあることに着目する。

・**書き方**…「俺」は「立身出世」して「立派な者になる」ということと、兄は「役には立たない」ということを押《お》さえてまとめる。

5 **重要** 「清がなるなると言うものだから、やっぱり何かになれるんだろうと思っていた」「俺も、なんだかうちが持てるような気がして」とあるように、「俺」は、清のほめ言葉を「ひいき目」だと思いながらも受け止めている。

幻《まぼろし》の魚は生きていた

128～129ページ ステージ1

言葉 1 ①イ ②ウ ③ア

教科書の要点

1 ①サケ ②田沢湖 ③西湖

2 ウ

3 深い・浅い・水温

4 イ・エ

5 ①絶滅 ②酸性 ③食料 ④農業用水 ⑤環境 ⑥文化 ⑦産卵 ⑧消化器官 ⑨卵 ⑩水温 ⑪環境 ⑫共存

おさえよう 〔順に〕イ・ア

130～131ページ ステージ2

★ 1 とりすぎない 2 かつて、田

3 (1) 大凶作・食料の増産

(2) ・玉川の水を田沢湖に引き入れて酸性を弱め、それを農業用水として使うこと

・（電力の供給を増やすため、）湖の水を水力発電に利用すること 〔順不同〕

4 (1) 例玉川の酸性の水を田沢湖に引き入れたこと。

(2) クニマスをめぐる文化

5 クニマスの卵・西湖

6 エ

★ **解説**

3 **重要** 後の部分から読み取る。「大凶作《きょうさく》が襲《おそ》うと、食料の増産が人々にとって切実な課題となった」とあり、「そこで、……こと、また、……ことが計画された。」と、計画が書かれている。

4 (1) **記述対策**

・**考え方**…前の段落に書かれている、玉川《たま》の水が田沢湖《たざわ》に引き入れられたということを指している。

・**書き方**…直前の「玉川の（酸性の）水は田沢湖に引き入れられた」という内容を押《お》さえる。

132～133ページ ステージ3

★ 1 (1) ①三 ②四十

(2) ①秋 ②四十 ③五十

(3) （ほぼ）一致する・（もしかしたら）クニマス

2 えら・消化器官・遺伝子の解析

3 例1産卵場所の周囲の水温が四度で、田沢湖と同じだったから。

例2クニマスが産卵して生存できる条件を備えていたから。

4 エ

★ **解説**

3 **記述対策**

・**考え方**…後の部分に「田沢《たざわ》湖と西湖《さい》には共通点があった」と書かれている。それは、「田沢湖も西湖も、クニマスの産卵《さんらん》場所の周囲の水温は、四度だった」ということ。つまり、「西湖は、クニマスが産卵して生存できる条件を備えていた」のである。

・**書き方**…「産卵場所の周囲の水温」が同じだったこと、あるいは、「クニマスが産卵して生存できる条件を備えていた」ことを押《お》さえてまとめる。

4 **重要** 筆者の考えは、「一つには、……ことが必要だ。そして、……ことが大切である。」という形で述べられている。「クニマスだけを過度に保護する」ことには否定的である点に注意する。

プラスワーク 聞き取り問題① スピーチ

134ページ

〔解答の漢字や片仮名《かな》の部分は、平仮名で書いてもかまわない。〕

(1) 池や田んぼ
(2) 例ヤゴを踏《ふ》みつぶしてしまうから
(3) 二千四百匹《ぴき》（別解二四〇〇匹）〔算用数字でも可〕
(4) （餌《えさ》の）アカムシ（別解餌）・飼い方の説明書〔順不同〕
(5) ウ

解説

(2) 交代で入るのは、大勢が一度に入ってヤゴを踏《ふ》みつぶすことを避《さ》けるためである。
(3) 坂上《さかがみ》さんのチームでは七百匹《ぴき》ほど捕《つか》まえたが、全体では二千四百匹のヤゴが見つかったと話している。
(4) 坂上さんは、「最後に、」以降で子供たちにヤゴを配るときのことを詳《くわ》しく説明している。
(5) 重要 坂上さんはスピーチの中で、「ヤゴ救出大作戦」**の手順を「まず、……」「次に、……」「最後に、……」と話していた**ので、ウが正解。アは「イベントについての質問に最初に答えることで」が、イは「生物部に入った理由を話すことで、」が、エは「当日の天気や参加人数を具体的に示すことで」が、それぞれ誤り。

放送文

それでは、聞き取り問題を始めます。

これから、中学生の坂上《さかがみ》さんが国語の時間に行ったスピーチと、それについての問題を五問、放送します。放送は一回だけ行います。聞きながら、メモを取ってもかまいません。それでは、始めます。

皆《みな》さんは、ヤゴという生き物を知っていますか？　ヤゴとは、トンボの幼虫のことです。

トンボはもともと、池や田んぼに卵を産む生き物です。ただ、最近はそういった環境《かんきょう》が減っているため、人が泳いでいない時期のプールに産み付けることが増えているのだそうです。私たちの学校のプールにも、ヤゴがたくさんすみついているので、みんなが使う夏の前に掃除《そうじ》をしなくてはなりません。

私の所属する生物部では、毎年六月の初めに「ヤゴ救出大作戦」というイベントを行います。それは、近くの小学校からたくさんの子供たちに参加してもらい、プールからヤゴを救い出すというイベントです。

今日は先週の土曜日に行われた、「ヤゴ救出大作戦」の手順について説明します。

まず、参加者を四つのチームに分け、チームごとに交代でプールに入ります。なぜ、交代で入るのかというと、大勢の人が一度にプールに入ると、ヤゴを踏《ふ》みつぶしてしまうからです。プールの水はひざがつかるぐらいの深さですが、滑《すべ》りやすいので気をつけながらヤゴを捕《つか》まえます。

次に、捕まえたヤゴを平たいお皿に入れて数を数えます。数え終わったら、チームごとに用意された大きな水槽《すいそう》に入れます。その日は私たちのチームだけで、七百匹《ぴき》ほど捕まえることができました。全体では、なんと二千四百匹のヤゴが見つかりました。

最後に、子供たちにそれぞれ十匹ずつヤゴを配ります。ヤゴを配るときいっしょに渡《わた》すものは、水草と餌《えさ》のアカムシ、それと、飼い方の説明書です。残ったヤゴは、生物部が交代で世話をします。

今回参加した子供たちに、小さな命を守ることの大切さが少しでも伝わっていたらうれしいです。

問題文

以上で、スピーチは終わりです。それでは、問題です。
(1) 坂上《さかがみ》さんは、トンボは、もともとどのような場所に卵を産む生き物だと話していましたか。
(2) 参加者が交代でプールに入るのは、なぜですか。解答欄《らん》に当てはま

35

る言葉を書きなさい。

解答文 大勢の人が一度にプールに入ると、[　　]。

(3) 坂上さんは、全体で何匹《びき》のヤゴが見つかったと話していましたか。

(4) 子供たちにヤゴを配るとき、水草の他に何を渡《わた》しますか。二つ書きなさい。

(5) 坂上さんのスピーチには、どのような工夫《くふう》がありましたか。当てはまるものを次の**ア・イ・ウ・エ**から一つ選び、記号で答えなさい。

ア イベントについての質問に最初に答えることで、聞き手が理解しやすくしている。

イ 自分が生物部に入った理由を話すことで、聞き手の興味を引きつけている。

ウ イベントの内容を順序よく話すことで、聞き手に伝わりやすくしている。

エ 当日の天気や参加人数を具体的に示すことで、イベントの内容を想像しやすくしている。

これで、聞き取り問題を終わります。

メモを取るコツ

- 全てを丁寧《ていねい》に書こうと思わず、キーワードだけを書こう。
- 漢字で書かなくてもOK！　全部平仮名《がな》でもいいよ。
- 乱暴に書いて後で読み返してもわからない……とならないように気をつけよう。自分で見てわかる程度の字で書こう。
- 複数の人が話している場合は、誰《だれ》の話なのかも書いておこう。
- 問題文は一回しか読まれないことが多い。何が問われているかに注目して、最後までしっかり聞こう。

プラスワーク 聞き取り問題② 会話

135ページ

〔解答の漢字や片仮名《かな》の部分は、平仮名で書いてもかまわない。〕

(1) 例 まちの駅に案内する

(2) 例 お店の情報を発信するため。

(3) （商店街の）郵便局の隣《となり》。

(4) 例 まちの駅を紹介《しょうかい》するポスターを作ること

(5) ウ

解説

(1) 森《もり》さんの話を聞いて、平田《ひらた》さんは「『まちの駅』に案内するっていう方法があるよ」とアドバイスしている。

(2) 平田さんは「まちの駅」を「商店街の人たちが……発信したりするための場所」だと説明している。

(4) 森さんは、まちの駅について学校のみんなに知ってもらうために、総合学習の授業で**ポスターを作ること**を先生に提案しようとしている。

(5) 森さんは、「『まちの駅』を紹介するポスターを作ることを、先生に提案してみるのはどうかな」と言っているので、**ウ**が正解。**ア**は「自分の不思議な体験を」が、**イ**は「インターネットで得た情報をもとに」が、**エ**は「自分からも新しい提案をしている」が、それぞれ誤り。

放送文

それでは、聞き取り問題を始めます。

これから、中学生の森《もり》さんと平田《ひらた》さんの会話と、それについての問題を五問、放送します。放送は一回だけ行います。聞きながら、メモを取ってもかまいません。それでは、始めます。

森さん　平田さん、ちょっといいかな。この間の休みの日に、困った

平田さん　ことがあったんだ。
森さん　何があったの、森さん。

平田さん　商店街で道をきかれてね。その人はインターネットで話題になっているドーナツ屋さんを探していたんだけど、私が知らなくて……。だから交番まで案内したんだけど、交番の人もどこにあるか知らなかったんだ。

森さん　そうだったんだ……。森さんも知らないお店だったんだね。もし、今度道をきかれてわからなかったら、「まちの駅」に案内するっていう方法があるよ。

平田さん　「まちの駅」って、何？　どんなところなの？

森さん　「まちの駅」はね、商店街の人たちが、この町を訪《おとず》れた人に町を案内したり、お店の情報を発信したりするための場所なんだ。最近できたばかりなんだよ。

平田さん　へえ、そうなんだ。どこにあるの？

森さん　場所は、商店街の郵便局の隣《となり》だよ。

平田さん　平田さん、よく知っているね！　どうしてそんなに詳《くわ》しいの？

森さん　実は、僕もこの間利用したばかりでさ……。連休中にいとこが遊びに来て、商店街を案内していて見つけたんだ。中にはボランティアの人がいて、おすすめのお店や、「まちの駅」で行われるイベントを紹介《しょうかい》してくれたよ。

平田さん　私ももっと早く知っていればなあ……。今度、道をきかれることがあったら案内してみるね。

森さん　ぜひ、そうしてよ。ボランティアの人も、「まちの駅」をもっと知ってもらいたいって言っていたよ。学校のみんなにも教えたいよね。

平田さん　それなら、総合学習の授業で「まちの駅」を紹介するポスターを作ることを、先生に提案してみるのはどうかな。ポスターを目立つところに貼《は》れば、みんな見てくれるよね。

森さん　いいアイデアだね！　明日、さっそく先生に提案してみよう。

問題文

以上で、会話は終わりです。それでは、問題です。

(1)　平田《ひらた》さんは森《もり》さんの話を聞いて、道をきかれてわからなかったときに、どのような方法があると話しましたか。解答欄《らん》に当てはまる言葉を書きなさい。

解答文　□方法がある。

(2)　「まちの駅」が作られた目的は、訪《おとず》れた人に町を案内するための他にもう一つありました。それは何のためですか。

(3)　平田さんは、「まちの駅」は商店街のどこにあると言っていましたか。

(4)　森さんは、「まちの駅」を学校のみんなに知ってもらうために、どのようなことを考えましたか。解答欄に当てはまる言葉を書きなさい。

解答文　総合学習の授業で□を先生に提案してみる。

(5)　この会話の内容に当てはまるものを、次の**ア・イ・ウ・エ**から一つ選び、記号で答えなさい。

ア　森さんは、自分の不思議な体験を平田さんに聞いてもらおうとしている。

イ　平田さんは、インターネットで得た情報をもとに、「まちの駅」のことを説明している。

ウ　森さんは、平田さんの話を受けて、自分たちにできることを提案している。

エ　平田さんは、森さんの提案に対して、自分からも新しい提案をしている。

これで、聞き取り問題を終わります。

定期テスト対策 得点アップ！ 予想問題

1 野原はうたう　138ページ

1 おう　あついぜ／おれは　がんばるぜ

2 例夏の太陽の光を浴びてかまをふりかざす姿。

3 ウ

解説

1 第一連と第二連とで、対応する表現が多く見られる。どちらも、最初の二行は「おう……ぜ／おれは……ぜ」という形で、**いせいがよく、生き生きとした感じをえがいている**。最後の二行も「……ほど／……ぜ」という形で対応している。

2 直前の二行「もえる　ひをあびて／かまを　ふりかざす　すがた」を、自身で「きまってる」と感じている。

3 各連の最初の二行には、**暑さに負けない元気な様子**がえがかれている。また、最後の二行からは、**自分に対する自信**が感じられる。

2 シンシュン　139ページ

1 ⓐこわ　ⓑえがお

2 違うところを発見するのが怖かった

3 イ　4 Ⅰ…そっくり　Ⅱ…全然違う人間

解説

2 「僕」（シュンタ）の「シンタと違うところを発見するのが怖かったんだ」という言葉を受けて、シンタは「僕も（同じだった）！」と言ったのである。

3 「どうして好きなのか、どうして嫌いなのか。」を話すのである。

4 すぐ前で「そっくりだけど、全然違う人間なのだった。」と思っている。**二人の違いを認められるようになった**のである。

3 ダイコンは大きな根？　140ページ

1 ⓐさいぼう　ⓑこわ

2 例胚軸の部分は甘みがあり、根の部分は辛い。

3 Ⅰ…虫の害　Ⅱ…辛み成分　Ⅲ…破壊　4 エ

解説

2 **胚《はい》軸**＝甘みがある、根＝辛いという対応をおさえる。

3 「植物の知恵」について説明している第四段落に着目して、適切な言葉を見つける。

4 第三段落に、ダイコンは「下のほうが十倍も辛み成分が多い」とある。**辛み成分の量**によって、大根下ろしの味が決まるのである。

4 ちょっと立ち止まって　141ページ

1 ⓐあらあら　ⓑきょり

2 (1) 化粧台の前に座っている女性（の絵）

(2) 例同じ図でも、近くから見るか遠くから見るかによって、全く違う絵として受け取られること。

3 ア

4 (1) 私たちは、

(2) その物の他の面に気づき、新しい発見の驚きや喜びを味わうこと（ができる）

解説

2 (2) 1段落の最後の一文にまとめられている。

3 「なにも絵に限ったことではない」として、1段落で述べたことについて絵以外の例を挙げているのが2段落である。

4 (1) 「一面のみを……**思いがちである**」という表現に着目する。

5 詩の世界　142ページ

1 隅

2 Ⅰ…一羽の水鳥　Ⅱ…足　Ⅲ…湖水（別解 水面）

3 自筆のサイン

4 (1) ア　(2) ウ

解説

2 「画家きどりで／足を／絵筆にして。」は、「湖水を／めぐった」ときの様子。水鳥を、湖水というキャンバスに絵をかく画家に見立てている。

3 次の二行「自筆の／サインのように。」が、水鳥が「湖水の隅で／動きをとめた」ときの様子をたとえている。

4 (1) 題名と、空と屋根がはるかに距離が離れているのにふれているように見えるという内容から、朝のすみわたった空をえがいていると捉えられる。

(2) 「まじわることなく」は、「ふれている」を修飾《しゅうしょく》している。

6 比喩で広がる言葉の世界　143ページ

1 ⓐ瞬時　ⓑ尽　2 たとえるも ～ ていること

3 Ⅰ…辞書　Ⅱ…豊富な知識

4 (1) 例1 ドーナツの形を相手が知っていること。例2 ドーナツの形の知識が相手にあること。

(2) 形状をわかりやすく伝える効果

解説

3 「あの人は歩く辞書だ」という比喩では、「辞書にはたくさんの言葉の意味がのっており、知りたいことがあるときに役立つものだ」ということが共有されている。

4 (1) 直前に「真ん中に穴の空いた丸いドーナツを相手が知っているならば」と、条件が述べられている。つまり、ドーナツの形についての知識を、相手と共有しているということである。

7 大人になれなかった弟たちに……　144ページ

1 ⓐ乾　ⓑえんりょ　ⓒ杉板　ⓓけず

2 イ　3 エ

4 例 ヒロユキが成長していたことを知り、かわいそうに思う気持ち。

解説

2 「白い乾いた一本道」「空は高く高く青く澄んでいました。」といった表現や、B29を美しいと思っている部分から、「僕」たちが悲しみをかかえながら、うつろな気持ちで歩いている様子が読み取れる。

3 みとられて死んだ分、爆撃で死ぬよりはましだということだが、幼い子供をなくして「幸せ」だと思うはずはない。そう思わなければやりきれない心境なのだということに注意する。

4 「大きくなっていたんだね」と言って、ヒロユキのひざを曲げたことに着目する。ヒロユキの「成長」に気づき、「かわいそうに思う」、あるいは「死なせてしまったことをやりきれなく思う」気持ちが書かれていれば正解。

8 星の花が降るころに　145ページ

1 ⓐやっかい　ⓑぼうし　ⓒかか

2 エ　3 花びらは小

4 例 強く

解説

2 「古い葉っぱ」「新しい葉っぱ」という表現に着目する。また、後にある「いくら木だって生きていけないよ」という言葉から、生きること（＝命）についてふれられていることがわかる。

3 直前の一文に、花びらが縮んで色あせた様子が描かれている。

4 「強く」「大人に」「前向きに」などの答えが考えられる。夏実《なつみ》との関係を維持することにこだわっていた「私」は、ようやく気持ちを切りかえ、新しい一歩をふみ出す決意をしたのである。

9 「言葉」をもつ鳥、シジュウカラ

146ページ

1 （幹をはう）ヘビの姿をイメージ
2 （「怒り」や「喜び」といった）単なる感情の表れ
3 卵やひなを守るため

解説

1 次の段落で、「つまり、……解釈できます。」と、筆者が実験の結果についての解釈を述べている。「『ジャージャー』という鳴き声から幹をはうヘビの姿をイメージし、……小枝をヘビと見間違えた」とある。
2 直前の「そのため」に着目する。前の文に、――線②のような状況だった理由が書かれている。「動物の鳴き声は、『怒り』や『喜び』といった単なる感情の表れであり、……『単語』ではないと考えられてきた」ため、詳細な研究が十分に進められてこなかったのである。
3 最後の一文に、「卵やひなを守るために、……獲得した」とある。

10 音読を楽しもう　大阿蘇《おおあそ》

147ページ

1 イ
2 たっている・たべている〔順不同〕
3 もしも ～ だろう　4 エ

解説

1 「蕭々《しょうしょう》（と）」は、風雨などがものさびしい様子を表す。
2 この詩では、雨が「降っている」という言葉と、馬が「たっている」「たべている」という言葉がくり返されている。このくり返しによって、その状態が果てしなく続くような感じを与えている。
3 同じような情景描写がくり返されている中で、この行は作者の思いを直接的に表している。
4 最後の二行で、「降っている」を三度もくり返していることに着目する。蕭々と雨の降り続く情景が、永遠に続くかのような時間を感じさせている。

11 蓬莱《ほうらい》の玉の枝――「竹取物語《たけとりものがたり》」から

148ページ

1 ⓐおおせたもう　ⓑいいつたえたる　2 ふじの山
3 (1) 例お手紙と、不死の薬（の壺）を燃やすこと。
(2) 例かぐや姫がいないこの世にとどまる気がしないから。
4 エ

解説

1 語頭以外の「は・ひ・ふ・へ・ほ」は、「わ・い・う・え・お」に直す。また、「au」→「ô」と直すので、ⓐ「おほせたまふ」→「おおせたまう（mau）」→「おおせたもう（mô）」となる。
2 「その山を『ふじの山』とは名づける」とある。
3 (1) 帝《みかど》が命令したことは、「御文《おんふみ》、不死の薬の壺《つぼ》並べて、火をつけて燃やすべきよし」という部分に書かれている。
(2) 帝の気持ちは、最初の一文に書かれている。
4 「あまた」は「たくさん」、「具す」は「引き連れる」という意味。

12 今に生きる言葉

149ページ

1 盾　2 例つき通せない
3 ウ　4 例答えることができなかったのである（。）
5 例つじつまが合わないこと。
6 イ　7 宋人に田を耕す者有り。

解説

1 「吾《わ》が盾の堅きこと、……。」と、盾をほめていることに着目する。
2 「物に於《お》いて陥《とほ》さざる無きなり」と言っている。
4 つじつまの合わないことを指摘されたので、答えられなかったのだ。
6 正しい意味は、「蛇足」…よけいなもの、「四面楚歌《しめんそか》」…周囲が敵ばかりであること、「五十歩百歩」…たいして違いがないこと。
7 二点とレ点の付いている字を飛ばし、「田」を読んでから、レ点に従って一字上の「耕」に返る。そして、一点、二点の順番で読む。

13 「不便」の価値を見つめ直す 150ページ

1 例目的地までの時間や道のりが多くなるから。
2 成し遂げたときの達成感
3 ウ

解説

1 ――線①を含む段落の初めに、「物事を達成するのにかかる時間や道のりが多くなる分、発見や出会いの機会が増える」とあることに着目し、「徒歩」という内容に合うようにまとめる。
2 ――線②は、「便利」だけを追求していると失われる「楽しさや喜び」である。言い換えると、「不便」だからこそ得られる「楽しさや喜び（＝不便益）」である。「不便益」について述べた第二段落に、「成し遂げたときの達成感が大きくなる」とある。
3 最後の段落で「誤解してほしくないのは、……ということだ。」と述べていることを押さえる。筆者は、「不便」の価値に目を向けてほしいと考えているが、便利な生活全体を否定しているわけではない。

14 少年の日の思い出 151ページ

1 （自分は）盗みをした、下劣なやつ（だ）
2 例1人に見つかりはしないかという不安に襲われたから。
例2盗みをしたことがばれるのが怖かったから。
3 ウ
4 例ちょうを元に返すため。
5 例クジャクヤママユがつぶれてしまったから。

解説

2 直前に「見つかりはしないか、という恐ろしい不安に襲われて」とある。「見つかることを恐れた」ということを押さえた解答であればよい。
3 「大それた恥ずべきことをしたという、冷たい気持ちに震えていた」という部分から考える。
4 エーミールの部屋に引き返す前に、「すぐに僕は、このちょうを持っていることはできない、持っていてはならない、元に返して」と考えている。
5 直後の一文に、何が起きたかが書かれている。

15 随筆二編 152ページ

1 Ⅰ…雪の白さ　Ⅱ…空の青さ（別解冬の青空）
2 イ
3 例まぶしい晴れやかな場所だと思い、いつか必ず行きたいと思っていた。

解説

1 最後に「あんな美しい『青空』を見たことがなかった」とあることから、「青空」が最も印象に残ったとわかる。そして、その前の文にあるように、「空の青さ」は「雪の白さ」によって引き立てられていたのだ。
2 出張の準備をする父を見て、筆者が「父ちゃん、どこ行くの？」と言っていることを押さえる。四、五歳の頃の筆者は、父と二人で暮らしていて、父の気配に包まれていれば「安心」だった。しかし、その**父が一人で出かけることを察して、急に不安になっているのである。**
3 最後の一文「まぶしい晴れやかな『えんぽう』に、いつか必ず行きたいと思っていた」を利用してまとめる。

6 5 4
D C B A

教科書ワーク
国語

特別ふろく②

定期テスト対策に!

聞き取り問題

こちらにアクセスして，ご利用ください。
https://www.kyokashowork.jp/ja11.html

★自宅学習でも取り組みやすいよう，放送文を簡単に聞くことができます。

★学年ごとに最適な学習内容を厳選しました。

（１年：スピーチ・会話／２年：プレゼンテーション・ディスカッション／３年：話し合い・ディスカッション）

★聞き取り問題を解くうえで気をつけたいポイント解説も充実。

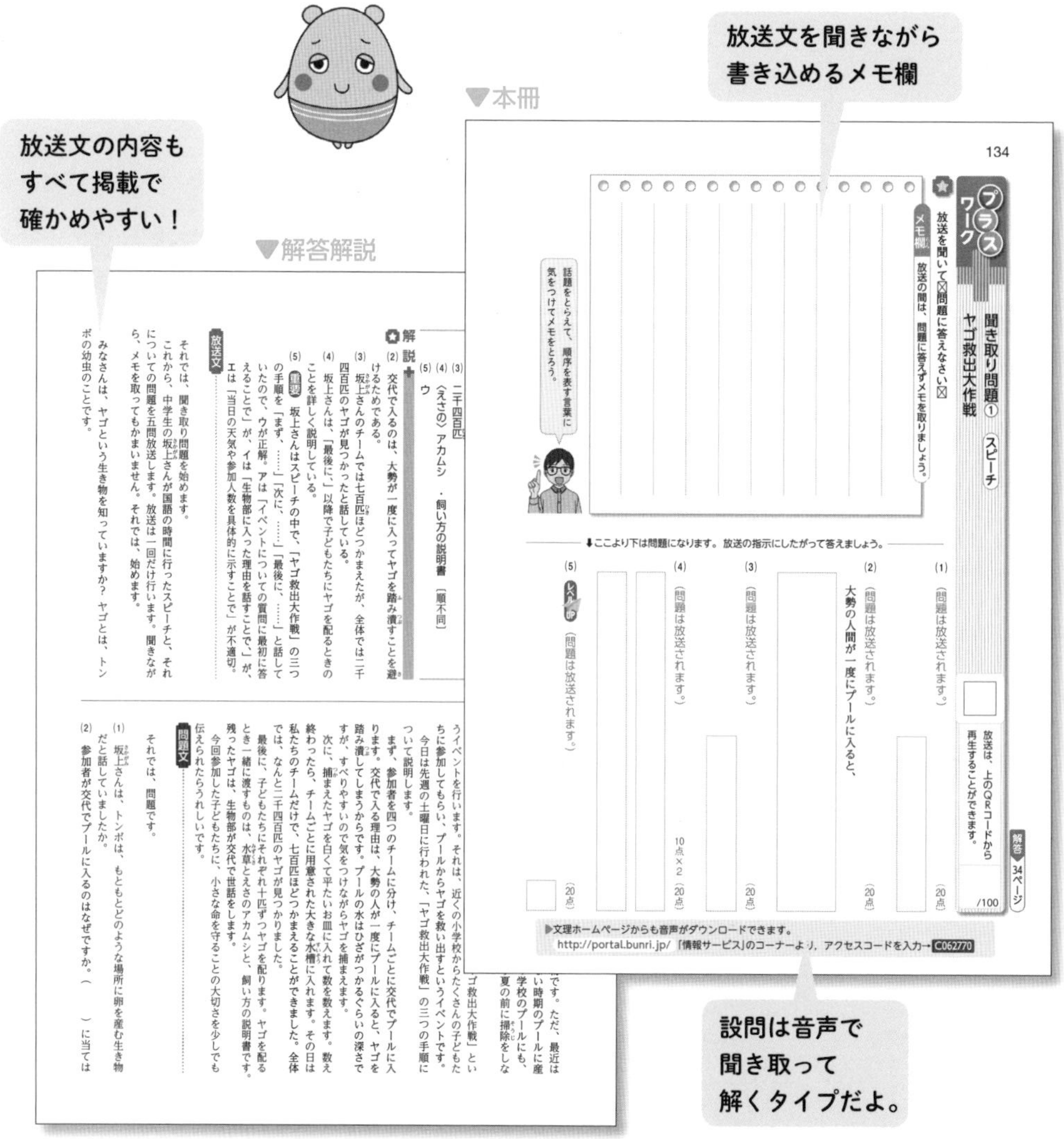